国学与智慧人生系列

大易创新

创新的中国文化渊源

栗四维 著

上海财经大学出版社

图书在版编目(CIP)数据

大易创新:创新的中国文化渊源/粟四维著．—上海:上海财经大学出版社,2018.5
(国学与智慧人生系列)
ISBN 978-7-5642-2893-4/F・2893

Ⅰ.①大… Ⅱ.①粟… Ⅲ.①《周易》-应用-企业管理 Ⅳ.①F272

中国版本图书馆 CIP 数据核字(2017)第 306326 号

□ 策划编辑　何苏湘
□ 责任编辑　何苏湘
□ 书籍设计　张克瑶

DAYI YU CHUANGXIN
大 易 创 新
——创新的中国文化渊源

粟四维　著

上海财经大学出版社出版发行
(上海市中山北一路 369 号　邮编 200083)
网　　址:http://www.sufep.com
电子邮箱:webmaster @ sufep.com
全国新华书店经销
上海叶大印务发展有限公司印刷装订
2018 年 5 月第 1 版　2018 年 5 月第 1 次印刷

710mm×1000mm　1/16　17 印张　220 千字
定价:45.00 元

序

经济学与信息管理出身的粟四维教授，有着丰厚的人文素养，从大学相识开始，他就是一位特别聪明的学弟，讲话有条不紊，气质高雅稳重。对于传统文化，时时潜心阅读研究。近来他结合管理专业，新著《大易创新》大作。笔者拜读全书之后，特为此书撰写推荐序。

笔者自己也是易学研究者，专注于卦爻辞的义理解读，对比于四维教授的《大易创新》一书，更能见出此书的特点。本书在《易经》理、象、数思维的基础上，结合历史史实、现代企业管理案例，呈现《易经》抽象思维在创新意旨上的运用实例，可以说把《易经》活化在现实生活中，让读过此书的人更能了解《易经》的价值功用，也更能让《易经》的学习对自己的生活有所帮助。

本书探讨了许多科技领域的创新变化，以及许多古今中外名人的处事应变事迹，更有知名的当代大企业之兴衰生死；最终根本的重点就是，它们都暗合了《易经》的抽象理论与创新思维。而从读者的角度来说，则是能让抽象难懂的《易经》理论结合丰富的现实事件生动鲜明地展现出来，跃然纸上。就笔者而言，一方面莞尔愉悦于经文的阅读，一方面目不转睛地深入各种现实的案例，可以说本书已经将《易经》的理论与管理的实务做了最佳的交融。以实例充实经文的意涵，以经文统摄实例的原理，这就不仅学到了现实案例、管理原则，更上升到传统文化的精髓中了。

本书探讨的科技领域，包括了酿酒、印刷、采矿、石油、牙膏、摄影、互联网、艺术等；涉及的历史场景，包括了春秋战国、宋明王朝、罗马帝国、欧洲近代文明等；展示的现代企业，包括了微软、亚马逊、IBM、吉列与柯达、英特尔、脸书、任天堂、福特汽车、全录等；介绍的历史名人包括了孔子、老子、商鞅、百里奚、孟尝君、乐毅、马云、比尔·盖茨、稻盛和夫等。

古今中外许许多多的人、事、物与《易经》的关系，经过作者的学养，有了鲜活的呈现。四维教授既有历史的、管理的、科技的专长，又有《易经》的专业素养，所以可以进行这样的理论结合。透过一个又一个案例，我们可以看到，历史上与现代中的人物以他们的素养发挥了《易经》的智能、实践了《易经》的至理。即使书中许多案例是西方的，但我们还是要说，这些人物的素养就是结合以《易经》思维为核心的中国传统文化的智能。《易经》在中国思想舞台上已经屹立了两千年，儒家、道家、佛教的思维不断交流、充实、运用于其中，《易经》的思维已经是中华优良传统文化思维的结晶与代言，这些精华，就表现在本书各章的重点上，包括：简约、专注、自然 、变化、融合、交集、颠覆、平台、以人为本、隐性知识、差异化、不断创新、天翻地覆等。作者不仅提炼了《易经》的抽象原理，同时结合了中华文明各家智能于其中，并附以古今中外的名人事迹案例和现代企业兴革衰亡之道，活灵活现地将中国古老智能展示于世人的眼前。

就众多读者而言，要怎样才能利用本书的智能呢？答案是，商场上的企业家、机关里的主管，如果要让自己经营管理的事业体茁壮成长并与时俱进，首先就是自己的专业技术能力要好，这一部分不行，就遑论下一步的商场经营了。一旦涉及商场经营，《大易创新》书中的思维就派上用场了。关键就是，自己要有奋勇的精神，要全心投入事业中；越用心经营者，越能体察环境的变化与商场的艰难，而平日素养中的变通智能，就能从脑中跳出来应用，从而印证了书本上的道理。如果结合自己的实战经验，体会更深。如果做官的不想福国利民，做生意的不想赚大钱，搞研究的不想创造新知，那么读《易经》是无用的。反之，人生过得越认真的人，读了《大易创新》就更能结合理论与实务，处处都有会心的喜悦。

以笔者个人而言，在本书的阅读中就得到了启发。柯达公司掌握了最好的冲印化学科技，于是胶卷工业成为它独霸的利器，它不是没有注意到数码科技，它甚至在公司垮台的时候都还拥有一些数码照相最高端的技术，只是因为没有和胶卷结合，就没有全力投入，以为不是获利的利器。并不是人们不照相，也不是人们不看相片，而是人们照了更多的相，也看了更多的相片，只是看片的平台从纸质相片转换到了手机、平板电脑、笔记本电脑中了。也不是纸本印刷不存在了，而是它的输出管道都转成了数码形式，而不再是胶卷。这就是科技的创新造成的产业整合，导致独霸全球的公司一夕破产。也就是说，只是顾着既有的获利模式，而不去体察时代的演进，这样的经营，肯定要被历史抛弃。这也表现在本书说明明王朝在国家管理思维上的根本错误的内容中：只顾中央管理的现实有效性，却忽略了大环境的纷纭不齐，反而丧失了有效的统治机制。

笔者作为一名学院的教授，专注于经典的研究，生活在研究、教学、会议、审查、撰稿、备课的生活中，提供世人对于中国传统文化的知识。过去的平台就是学校与学术会场以及期刊论文和学术书出版，以及不定时的社会演讲。然而，拜科技和产业的创新之赐，读书学习的模式和平台更为多样化，不仅是纸张，而且更多地运用着手机、电视等。这让身为学者的我体验到，除了负责极大化自己的专业知能之外，还要随着网络科技的进步，让传播的途径与接收的平台顺应时代的演变。举凡音频传播、视频传播、网络文字传播等，都必须运用。否则，虽然笔者做的不是象牙塔的知识，但笔者的成果也只能被现代社会抛弃在象牙塔里了。

变化、翻天覆地的变化、创新、平台的改变、融合、交集、颠覆，这些在《大易创新》书中所讲述的道理，实实在在地冲击着笔者这样一位学院内学者的职场生活，岂可掉以轻心。同样的道理，国家脱贫扶贫的政策推动、大国外交的具体行动、住房改革、金融改革、国防建设、交通建设，哪一项能够不面对创新？不利用科技？又有哪一项能够不以人为本？这就是《大易创新》能够提供的宝贵观点。

本书适合所有在职场上有冲劲、有企图心、有理想的人士阅读。他可以是没有学过《易经》的一般读者，这样的人在阅读完本书之后，就掌握了进一步学习《易经》经典的管道。他也可以是早已娴熟《易经》经文的读者，这样正好藉由本书把自己的文字般若转化为实相般若。值此弘扬国学的关键时刻，本书之应世，正好是国学有用的体证，也是世人增长智能的宝典。是为推荐序。

杜保瑞
上海交通大学哲学系特聘教授
2018年3月11日

前言

一、从历史的纵深看易经与创新

中国哲学、史学都是充满感情的学问，[①]这是与西方最大的不同。1912 年《老子释译》的作者朱谦之就说，“中国的一套形而上学，乃为‘唯情哲学’”。朱谦之，字情牵，他不仅认为中国文化以“情”为尚，而且他自己也以他的生命，完成了许多探讨中国文化与西方文化融合、中国文化现代化的作品。甚至，他还参与了五四运动，被捕入狱。

《系辞传》的作者孔子就是一个至情至性的人。他与学生的关系，是当下制度化教育所不能比的。他的弟子颜渊过世，他恸哭失声。虽然他提倡“礼”，但还是难过得失礼失容。他的弟子感同身受，劝他不要悲伤过度。他反而说：“我这样算是过度悲伤吗？如果不是为了这样的人才去世而悲伤，又为谁悲伤呢？[②]”

他的弟子也都有情有性、各有志趣。谈论彼此、包括做老师的志趣，常常是师生之间的话题。例如，孔子就会问弟子们，何不说说各自的志向。性情中人子路，往往就抢着回答：他愿意将车马衣裘与朋友分享，即

① http://www.hfu.edu.tw/～lbc/BC/4TH/BC0413.html。

② 《论语·先进》颜渊死，子哭之恸。从者曰：“子恸矣。”曰：“有恸乎？非夫人之为恸而谁为！”

使自己没得穿,也了无遗憾。[1] 在另外一个场合,孔子又问到弟子们的志向,还特别请弟子们放心,不要因为自己虚长一日,就不敢表白。这时候,又是子路抢着回答。他说,夹在两个大国之间的小国,即使连年兵燹饥荒,他去治理,不出三年,全国就可以富强有方。[2] 而谈到自己的志向,孔子却是喟然无所求。他与弟子之一的曾点志趣相同,只想在暮春时分,咏歌沐浴,带着隐然自得的心情,满足而归。[3]

这样一个至情至性之人,对各种学问的批注自然也是充满感情的。《系辞传》就是他对于《易经》所做的批注、甚至可以说是一部关于《易经》的故事书、教学案例(Case Studies)。长久以来,《系辞传》一直是了解《易经》的一把钥匙。没有了《系辞传》以及其他解释《易经》的作品,《易经》不过就是占卜用的谶语。反之,有了孔子的思想,《易经》就成了通达天地之道的桥梁;而此一桥梁的骨架,不是真正的、冰冷的钢筋水泥,而是至情至性。正如同《中庸》所说,"唯天下至诚,为能尽其性。能尽其性,则能尽人之性。能尽人之性,则能尽物之性。能尽物之性,则可以赞天地之化育。可以赞天地之化育,则可以与天地参矣"。

《系辞传》说"天地之大德曰生"[4]、又说"生生之谓易"[5]、"天地絪缊,万物化醇,男女媾精,万物化生"[6],这些都是《系辞传》的巧妙之处:它将天地的道理用人类的感情去理解、以人类的感情作比附,更重要的是将天地之道与人类之情贯串如一。这里没有忠孝仁爱,却有着比忠孝仁爱更重要的人性。没有信义和平,却有着生生不息的生命源泉。

---

① 子曰:"盍各言尔志?子路曰:愿车、马、衣轻裘,与朋友共,敝之而无憾"。颜渊曰:"愿无伐善,无施劳。子路曰:愿闻子之志!子曰:老者安之,朋友信之,少者怀之。"

② 子路、曾皙、冉有、公西华侍坐。子曰:"以吾一日长乎尔,毋吾以也。居则曰:'不吾知也!'如或知尔,则何以哉?"子路率尔而对曰:"千乘之国,摄乎大国之间,加之以师旅,因之以饥馑,由也为之,比及三年,可使有勇,且知方也。"

③ "莫春者,春服既成,冠者五六人,童子六七人,浴乎沂,风乎舞雩,咏而归。"夫子喟然叹曰:"吾与点也!"

④ 《系词传(下)》。

⑤ 《系词传(上)》。

⑥ 《系词传(下)》。

本书的作者承古人之教，也是以“情”作为贯穿全书的中轴。读者也许会问，管理怎么与“情”字扯上关系？其实，管理处处是“情”。营销学、人力资源管理有一大部分就是对人性洞察的应用；而表面上充满数学公式的经济学，其实是人性的科学：它是人性与物性的交互为用、交互为法（研究方法）。将充满人性的《易经》学问与充满人性的现代管理结合并且相得益彰，就是本书的目的。

近代之后，中国哲学与史学又多了一份前所未有的感情行囊，就是“人为刀俎，我为鱼肉”的国族情感。1911 年左右的学者，许多有着这般的历史使命感，就像是序言一开始所提到的朱谦之，想从西洋文明冲击下的中国文化中找寻整个民族的安身立命之所。而这些学者，许多是有着深厚的西学训练。正是因为他们有着深厚的西学背景，才感觉到西方学术就是欠缺着那么多感情的升华，也更感觉到中国文化以人情人性为主轴的可贵。同样是刀光剑影，我们的意象是三国故事，而西方史的意象却是罗马军团横扫高卢的野蛮战场。同样是荒城古道，我们有的是对旧时王谢堂前燕的感慨；而在西方，却是无数次大瘟疫所累积的黑暗时代。同样是烽火边城，我们看到的是杜甫感人肺腑的家书；而在西方，却是罗马皇帝尼禄火烧自家的首都。一段段兴亡盛衰，我们感受到“聚散皆是缘，离合总关情”；而西洋历史却总是波旁王朝、哈布斯堡王朝、拿破仑王朝的扩张、贪婪、堕落。

既然在中国的土地上谈管理、谈创新，而中国的人情人性又与西方大相径庭，一种属于中国的、至情至性的管理学、创新法，自然必须形成。作者希望本书能够带给大家全新的，但却是贴近中国人心的创新管理。

二、易经教给我们的创新道理

从易经学创新似乎是个吊诡的命题：一个是两千多年前古人的智

慧，一个是新时代必须有的商业作为。两者看似泾渭分明，但实际上易经的确累积了创新的原理。

第一，就非常形而下层次的创新而言，个人创意发想如创意思考、创意解难(Creative Problem Solving)而言，《易经》有所谓的“援易”，也就是对《易经》旁征博引，将《易经》的道理广泛运用。《四库全书提要》就说“……《易》道广大，无所不包，旁及天文、地理、乐律、兵法、韵学、算术，以逮方外之炉火，皆可援《易》以为说，而好异者又援以入《易》，故《易》说愈繁”。这几乎将《易经》说成是可以运用在无所不至的领域。创意解难的流程就包括“探索挑战”(Explore Challenge)与“衍生想法”(Generate Ideas)。《四库全书提要》的这一段话，就在说明《易经》可以作为这两者的泉源，帮助人们在各个领域发挥创意。

第二，《易经》是一种既严密但却有生机的系统思维。宋儒张载说：“乾之四德，终始万物。”[①]这里的四德指的是元、亨、利、贞。张载看出，从本体而言，“易”包络万物；从作用与过程而言，“易”创造、开发、发展、繁衍。无论从本体还是作用来看，“易”都可以说是生生不息、具有生命的系统。20世纪90年代彼得·圣吉(Peter Senge)提出第五项修炼(The Fifth Discipline)，也就是系统思考(Systems Thinking)。所谓系统思考，并不是训练人们如同机械系统般地思考，而是让我们的思考能够周延通透；要能够思考周延，就必须以系统的高度看待问题；而要能够以系统的高度看待问题，就必须认识到系统的元素与生命周期、了解系统发展的动态过程。一千多年前的张载就已经为我们点出这个道理了。

第三，学习《易经》就是进行组织学习。我们提到创意。创意就是要生成不同的想法，但想法没有行动实践，就不会是创新；创意是推陈出新，但如果没有提供价值，创意就不是创新；创意可能是个人的，但创新往往需要组织。《易经》不仅是个人的学习，更重要的是组织学习。换句话说，个

① 宋代张载《横渠易说》。

人的占卜固然是《易经》的功能，但《易经》更是帝王将相的治国治民之术。“国有大疑。问于蓍龟”[①]，这话简单说明了《易经》的组织功效。《易经》的《文言传》谈论“坤”的时候说：“阴虽有美，含之；以从王事，弗敢成也。”也提到《易经》的重点是王事、而非私事。所以，《易经》谈君子、谈大人，但也谈国事、谈王事。

第四，创新需要的不仅是左脑也需要右脑；不仅要懂得如何垂直思考，更要会水平思考。《易经》的架构是水平循环，而不是垂直整合。它从代表天的乾卦与代表地的坤卦开始，铺陈出天地的道理。它的第三卦是屯，表示天地乾坤交会，万物滋生。如果《易经》的思维是垂直式的，那应该第一卦是乾，而坤至多是中间卦或最末卦。但《易经》是水平式的、循环式的，具有动能，所以先有乾坤，然后滋生万物。

第五，当前管理的重要议题之一是变革管理，而《易经》就是探究天地变化的书。东汉的郑玄认为，“易”有三义：简易、变易、不易。其中，变易讲的就是变革管理。至于简易、不易，其实也是非常重要的管理学的道理。简易代表着简约法则，是处理复杂系统的方法论。不易则与永续管理（sustainability）不谋而合。

第六，《易经》与各种创新商业模式都有着微妙的关系，尤其创新归根结底，往往非得深入到商业模式变革的层次。有项重要的商业模式创新是开放式商业模式（Open Business Model），它的精髓可以用《论语》的话说：“为政以德，譬如北辰，居其所而众星拱之。”企业如果能做到这点，就成了当前所谓的“平台”（Platform）。其作用就是让自己位居一个战略位置，让天下尽为所用。这其实就是《易经》所说的君子之德：“君子学以聚之，问以辩之，宽以居之，仁以行之”。易曰：“见龙在田，利见大人。君德也。”又说“见龙在田，天下文明。终日乾乾，与时偕行。或跃在渊，乾道乃行。飞龙在天，乃位乎天德。”《文言传》的这些话，其实就与开

① 清代段玉裁《说文解字注》。

放式创新必须具备的特性（君德）以及它的运作方式与功效（见龙在田、飞龙在天）不谋而合。

第七，除了开放式创新之外，当前非常重要的创新是决裂式创新（Disruptive Innovation）。决裂式创新某种程度上可以说是马克思思想的具体化。它是一种不破不立、"正反合"的辩证过程。巴枯宁（Mikhail Alexandrovich Bakunin）的话可以生动地描绘决裂式创新的精髓：破坏的激情，就是创造性的激情。《易经》从乾坤展开，到了最后一卦照理说应该是个大圆满，但《易经》的最后一卦却是"未济"，表示即将周而复始。乾与坤是正与反的相呼应，它们的融合与矛盾创造了"合"。但这个"合"却是以"未济"告终，成为另一回合的开始。

《易经》是个"完型"、是个水平循环、是个动态系统，因此以上列出的七项，似乎有点过于机械。然而，这七项只是开始，只要管理学不中辍，就可以有第八项、第九项、第十项。此外从《易经》学管理，有点类似当代组织学习理论所说的"强制模拟"（Forced Analogy）。借由一种事物比拟并且理解另外一种事物或道理。屈原的《离骚》充满香草美人的隐喻，例如"惟草木之零落兮，恐美人之迟暮"，就是从对香草美人的描绘，让读者了解忠臣之心。从《易经》学管理的道理也是如此，但它更超越了仅仅是"强制模拟"的层次。人人会说"中国文化博大精深"，但如果无法用世，也只能束之高阁、孤芳自赏。从《易经》学习创新，应当是更进一步地为中华文化进行"创造性转化"，使之能够真正地经世致用，也使得管理学成为具有中华文化特色的学问。

目录

第二部分

第三部分

导　论

简介《易经》

《易经》这两个字在中国应该是家喻户晓了。但到底什么是《易经》呢？简单地说，《易经》是一部上古之人设法涵盖天地之道这个系统的大书。《系辞传（下）》提到：

“上古结绳而治，后世圣人易之以书契，百官以治，万民以察，盖取诸夬。”

意思是：在文字还没有形成之前，人类是用结绳记事的。后代的圣人将它改成文字符号。于是政治制度形成，天下可以治理；百姓也以此作为依据，观察世事变迁。这套文字符号系统也就为官民决断的参考。《系辞传（下）》同时也说：

“古者包牺氏之王天下也，仰则观象于天，俯则观法于地，观鸟兽之文，与地之宜，近取诸身，远取诸物，于是始作八卦，以通神明之德，以类万物之情。”

包牺就是伏羲，是远古时代的明君。他观察天文地理，又观察动物与各地风土。根据他的观察，将人以及万事万物模拟到一套符号系统，也就是“八卦”。他将“八卦”用来通达神明的德行，并深刻了解万事万物的情境。

《系辞传（下）》这两段话基本上就将《易经》的来源以及意义解释清楚了。

首先，《易经》与文字有着相同的作用，都是在“记事”。由于结绳事种种的问题，例如不易保存、麻烦、符号有限等，远古之人就发展了比较进步的系统。这个先进的记事系统分为两大支脉：一是文字，二就是《易经》了。所以

《系辞传(下)》又说:“易者象也。象也者像也。”明白表示“易”的作用就是模拟万事万物的形象。那么文字与“易”有什么不同呢?可以说文字是约定俗成的演变,而“易”则是有方法规则的系统推衍。所以许慎将中国文字分为象形、指事、会意、形声、转注、假借六大类。之后又有部首。文字的发展是在有意无意之间根据这些原则任其自然。而《易经》则采取另外一个途径进行,也就是以“八卦”为基础的推衍系统。

第二,所以上述《系辞传(下)》文字的第二个意义就是《易经》是以八卦为基础的系统。“八”是二的三次方,这里的“二”就是阴与阳。所以一个卦就是三个阴线或阳线构成的符号。如表1所示。

表1　　八卦的名与象

卦名	卦象	
乾	☰	111
兑	☱	110
离	☲	101
震	☳	100
巽①	☴	011
坎	☵	010
艮②	☶	001
坤	☷	000

这八卦的排列顺序称作“伏羲八卦”或是“先天八卦”,相传就是伏羲氏原始的排列。这个顺序是有它的道理的,用现代数学来看,就非常清楚:从“乾”到“坤”代表着能量的由大到小:⚊是一,⚋是零,阴阳的结合就是个二进制系统。例如☰(乾)就是111,而☷(坤)就是000。☱(兑)由下而上算,就是110,而☶(艮)就是001。另外,还有一种排列方式称为“文王八卦”或是“后天八卦”,在此不叙。

八卦分别代表了八种不同的自然物、八种不同的性情、八种不同的家族关系、八种不同的方位、八种不同的动物等。而我们根据卦象、卦辞、以及传统模拟物的特征,可以将八卦模拟成八种不同的管理情境如表2所示。

---

① 音同“逊”。
② 音同“亘”。

表 2 八卦简义与管理含义

卦名	卦象	简明卦义	管理含义
乾	☰	天行刚健、自强不息、万物资始	创造性、开创性、规划、目标
兑	☱	悦、湖、泽	人事管理
离	☲	丽、火、明、附丽、日	伙伴关系管理、顾客管理
震	☳	震动、雷、地震、创新	创新管理、决裂式创新
巽	☴	深入、风、木、教化	训练、推广、营销
坎	☵	危险、水、陷、月	危机处理
艮	☶	山、止、静止	永续经营
坤	☷	地势柔顺、厚德载物、万物滋生	执行、导入

如果将两个卦重叠，那么就可以有六十四种不同的组合，也就形成“易”六十四卦的体系。而它们在管理上的含义就可以更为细分了。

八卦代表了八种不同的概念，因此八卦就是系统。往外延伸，八卦再组合成六十四卦。往内聚集，就是所谓的“易有太极，是生两仪，两仪生四象”①。太极是个浑然的主体，是一切万事万物的根本，可以比拟为天文学当中的“引力奇点”（singularity②）。根据宇宙大爆炸理论（The Big Bang Theory），宇宙的生成、包括宇宙所有物质的产生，都是源自于引力奇点的爆炸。两极也就是阴和阳③。它们的互动转换进一步形成了四象。如图 1 所示。

这个“四象图”摆在几何上，就是四个象限。如果是两条相同的线型，就是“太阳”或“太阴”。如果阴爻在上、阳爻在下，因为上方比较轻，代表“少”，所以就称为“少阴”。反之就称为“少阳”。

第三，“易”不仅是系统，更是个管理系统。无论是“百官以治，万民以察”，还是“以通神明之德，以类万物之情”，都告诉我们，“易”不仅是道德系

① 《系辞传(上)》。

② 可参考 http://baike.baidu.com/subview/1452262/7953020.htm。

③ 有关阴阳，请详见“变易：变化”一章。

图 1　四象

统，也是管理系统。《系辞传》的另外几段话可以说明：

> “夫易，何为者也？夫易开物成务，冒天下之道，如斯而已者也。是故，圣人以通天下之志，以定天下之业，以断天下之疑。”

（什么是“易”呢？“易”就是开创成就事业的道理。那是天下大道。如此而已。所以，圣人拿“易”用来通达天下的志向、定天下的事业、决断天下的疑惑。）

> “是以，明于天之道，而察于民之故，是兴神物以前民用。圣人以此齐戒，以神明其德夫！是故，阖户谓之坤；辟户谓之乾；一阖一辟谓之变；往来不穷谓之通；见乃谓之象；形乃谓之器；制而用之，谓之法；利用出入，民咸用之，谓之神。”

（圣哲能明了天道生生不息之理，又能仔细体察民众的心理和需求，于是能创造与兴建神妙的事物，以满足人民潜在的需求。圣人对此戒慎恐惧，以让他的德业能够如同神明般地幽深。德业可以分为八种：阴、阳、变、通、象、器、法、神。以门户比喻：关起门来就幽静阴暗，这叫作“坤”。打开门来就舒畅光明，这叫作“乾”。一开一关、相续不穷，就叫作“变”。门的开合让人可以自由进出，这叫作“通”。显现于外面，有物象可观，叫作“象”。作为器具使用，有方圆的形状，就叫作“器”。门户制作而予以使用的方法，就是“法”。百姓出入于门、日日使用而不自知，就叫作“神”。）①

> “易有太极，是生两仪，两仪生四象，四象生八卦，八卦定吉凶，吉凶生大业。”

---

① 这段翻译主要采用南怀瑾、徐芹庭《周易今注今译》。

（“易”以太极为根本，以此产生阴阳两仪。两仪产生四象、四象产生八卦。根据八卦就可以决定吉凶。了解吉凶之道就可以成就大业。）

子曰：“易其至矣乎！夫易，圣人所以崇德而广业也。”

（孔子说：“‘易’真是最伟大的道理了。根据‘易’，圣人就可以精炼他的德行、拓展他的事业。”）

这些词句都表示《易经》是关乎事业的书。就拿“通天下之志，以定天下之业，以断天下之疑”来说，这包含了目标管理、全球布局、决策系统。“明于天之道，而察于民之故”一段，包含阴、阳、变、通、象、器、法、神，可以说是八种不同的管理方式。“易有太极”一段，简单叙述了《易经》的系统，也标示了系统方法，尤其明显易见的是运用“2×2 矩阵”进行决策或是赛局理论。至于“崇德而广业”，就是告诉我们，《易经》是关乎事业的。所以拿《易经》来说明管理的道理，其实不应该只是一种比附，而是中华文化内在的肌理。

我们接着谈《易经》的结构。《易经》有六十四卦，每个卦有六个爻。例如“乾”卦的六个爻就是䷀，而“屯”卦的六个爻就是䷂。爻是由下而上算。例如“屯”卦的第一爻是阳（⚊），而第二爻是阴（⚋）。在指称各爻的时候，会与爻的阴阳特性合起来，以“九”代表阳，以“六”代表阴。而第一爻与最后一爻分别以“初”“上”称呼，其余就直接称呼该爻的位置。例如“乾”卦的六个爻分别是初九、九二、九三、九四、九五、上九。而“屯”卦就是初九、六二、六三、六四、九五、上六[①]。

六十四卦是从八卦而来——两个八卦形成六十四种排列组合。因此，每一个卦都可以拆成两部分。下面三个爻称为“下卦”或是“内卦”，上面三个称为“上卦”或是“外卦”。

① “乾”与“坤”两卦比较特别。“乾”另有“用九”，而“坤”另有“用六”。

《易经》的书写架构分为“经”与“传”。经是本文，传是解说。一般在编排的时候会依照如表3的体例。

表3　　《易经》的书写架构

乾	䷀	乾上 乾下
乾：元亨利贞。		
彖①传：	大哉乾元，万物资始，乃统天。云行雨施，品物流形。大明始终，六位时成，时乘六龙以御天。乾道变化，各正性命，保合大和，乃利贞。首出庶物，万国咸宁。	
象传：	天行健，君子以自强不息。	
	初九：潜龙，勿用。	
象传：	潜龙勿用，阳在下也。	
	九二：见龙在田，利见大人。	
象传：	见龙在田，德施普也。	
	九三：君子终日乾乾，夕惕若，厉，无咎。	
象传：	终日乾乾，反复道也。	
	九四：或跃在渊，无咎。	
象传：	或跃在渊，进无咎也。	
	九五：飞龙在天，利见大人。	
象传：	飞龙在天，大人造也。	
	上九：亢龙有悔。	
象传：	亢龙有悔，盈不可久也。	
	用九：见群龙无首，吉。	
象传：	用九，天德不可为首也。	

以下是对其书写架构的解说：（每个名称或是图形都是一个超链接到表3的相关单元。）

① 音tuàn。

乾:卦名。

䷀:卦象。

乾上乾下:表示上卦与下卦相对应的卦名。

乾:元亨利贞:卦辞,是对该卦整体的说明。

大哉乾元……万国咸宁:彖辞(或称彖传),是对卦辞的解释。

天行健,君子以自强不息:象辞(或称象传),分为两部分。《大象》也是对卦辞的解读,《小象》则是对爻辞的解读,这里是《大象》。

初九:潜龙,勿用:爻辞。解释每一个爻位。以下九二、九三、九四、九五、上九等句相同。

潜龙勿用,阳在下也:象辞。这里是《小象》。是对爻辞的解释。

《彖辞》与《象辞》以及其他一些解释经文的文献合在一起,称为《十翼》。它们分别是:

《系辞传》是对《易经》的整体说明,阐述《易经》的哲学。

《文言传》是对“乾”“坤”两卦特别的说明。

《说卦传》可以分为两部分。前半部有如《系辞传》,是对《易经》的整体概论。后半部则是说明八卦的象征。例如“乾为天、为圜、为君、为父、为玉、为金……”

《序卦传》说明六十四卦排列顺序的意义。

《杂卦传》是将两个性质相反的卦合在一句说明它们对立的道理。例如“乾刚、坤柔”。

因为《彖辞》《象辞》《系辞传》各分为上下,所以总共十篇解说,称为《十翼》。

从《易经》的书写结构可以看出,《易经》是以《十翼》作为对“易”整体的说明,包含它的哲学体系、序列理论、形象说明、对立比较。而《卦辞》《彖辞》《大象辞》是对每一个卦、也就是每一个情境进行宏观的观照。《爻辞》以及《小象辞》则是根据在某一个情境之下,不同的时间、职位、角色、地点进行微观的分析。

《易经》透过 8×8 的排列组合，产生了不同的情境。除此之外，根据许多其他特征例如阴阳与爻位等，可以形成许多值得探讨的概念。

一、时

八卦三爻成画，由下到上代表了“始”“壮”“究”三个时间阶段。始是开始、壮是茁壮、究是终究，但不说终了，因为《易经》强调的是周而复始的循环。六十四卦则是由下卦与上卦组成。下卦代表现在，上卦代表未来。上下两卦各有“始、壮、究”三个阶段。

二、位

一个卦中六个爻由下而上分为初、二、三、四、五、上六个位。初、三、五是奇数、是阳位。而二、四、上是偶数、是阴位。如果阳爻位居阳位，或是阴爻位居阴位，就是居“正位”，或是“当位”。反之就是“不正”，或是“不当”。例如“既济”六个爻位完全是正：䷾。而“未济”则完全不正：䷿。

三、中

第二爻与第五爻各居于上卦与下卦的中间，所以是“中位”。如果中位得正，就是“中正”或是“正中”。例如“屯”：䷂。第二爻是阴，而第五爻是阳，所以两个中位都得正。

四、应

下卦与上卦各自的第一爻（初与四）、第二爻（二与五）、第三爻（三与六）有着相对应的关系。如果对应的爻阴阳相应，也就是一阴一阳，称为“相与”，如果是同性，则是“不与”。

五、比

两个相邻的爻为“相比”。上爻对下爻称作“乘”，而下爻对上爻则是“承”。与“应”一样，相比两爻以异性为佳。

六、错

“错卦”是一个卦的六个爻全部阴阳相反。例如“屯”(䷂)的错卦就是“鼎”(䷱)。

七、综

“综卦”是将六个爻全部上下颠倒。例如“屯”(䷂)的综卦就是“蒙”(䷃)。

清高宗乾隆编《四库全书》,收录古代的经典。在介绍“易”这个类别的书籍时,有段重要的文字:

> 圣人觉世牖[1]民,大抵因事以寓教。《诗》寓于风谣,《礼》寓于节文,《尚书》、《春秋》寓于史,而《易》则寓于卜筮。故《易》之为书,推天道以明人事者也。《左传》所记诸占,盖尤太卜之遗法。

全句大体认为圣人的责任是开启众生的觉性,而不同的经典运用不同的情境完成此工作。《诗经》寓于风俗与歌谣,《礼记》寓于礼教与规范,《尚书》与《春秋》寓于历史,而《易经》则寓于卜筮。也就是说,圣人写《易经》不仅是预测运势,也借由卜筮达到教化百姓的目的。

《易经》的占卜法有许多种。以最简单的掷钱法算命而言,出现两个正面一个,就记为一阳爻,称作“少阳”。两个反面一个正面为阴爻,称作“少阴”。三个正面为“老阴”、三个反面为“老阳”。从下到上记录,六次就形成一卦。“老阳”或“老阴”不稳定,称为“变爻”。解卦的时候就是参看“变爻”所对应的“爻辞”,以及本卦的“卦辞”。

“变爻”有可能变换阴阳,而形成另外一卦,就是“变卦”,而该卦就称为

① 音同“有”。

"之卦"。解卦的时候往往除了"主卦"之外，必须兼顾"之卦"。

表4的掷币结果是个"屯"[①]卦。其中第四爻是个老阴。变成阳爻之后，就成了"随"卦。

表4　　　　　　　　　　　　占卜结果为"屯"

顺序	掷币结果	阴阳	爻画	卦画	变卦
6	两反一正	少阴	⚋	䷂	随 ䷐
5	两正一反	少阳	⚊		
4	三正	老阴	x⚋		
3	两反一正	少阴	⚋		
2	两反一正	少阴	⚋		
1	两正一反	少阳	⚊		

以这一回合的掷币结果而言，解卦的时候主要看"六四"的爻辞，兼看整体的卦辞，并且参考"随"的卦辞。

如果出现两个或以上的"变爻"，那就只看本卦的卦辞，并参考之卦。

《易经》真的可以说是"民咸用之，谓之神"。为什么？因为《易经》有许多文句或是观念其实是我们经常使用的，但我们却不见得知道它们都出于《易经》。许多名词我们耳熟能详，就不多加解释，只将它在《易经》的原始意义加以说明。

不速之客："需"卦："上六：入于穴，有不速之客三人来，敬之终吉。"

无妄之灾：源自于《无妄》一卦："无妄之灾，或系之牛，行人之得，邑人之灾。"

自强不息："乾"卦："天行健，君子以自强不息。"

① 音同"谆"。

群龙无首：也见于“乾”卦：“用九：见群龙无首，吉。”

亢龙有悔：也见于“乾”卦：“上九：亢龙有悔。”

谦谦君子：“谦”：“初六：谦谦君子，用涉大川，吉。”

顺天应人：“革”卦上说：“汤武革命，顺乎天而应乎人。”

殊途同归：《系辞传》：“天下同归而殊途，一致而百虑，天下何思何虑？”

乐天知命：《系辞传》：“旁行而不流，乐天知命，故不忧。”

变动不居：《系辞传》：“易之为书也不可远，为道也屡迁，变动不居。”

改过迁善：“益”：“风雷，益。君子以见善则迁，有过则改。”

开物成务：《系辞传》：“夫易开物成务，冒天下之道，如斯而已者也。”

俭德避难：“否”：“天地不交，否；君子以俭德辟难，不可荣以禄。”

厚德载物：“坤”：“地势坤，君子以厚德载物。”

见仁见智：《系辞传》：“一阴一阳之谓道，继之者善也，成之者性也。仁者见之谓之仁，知者见之谓之知。”

言之有物：“家人”：“风自火出，家人；君子以言有物，而行有恒。”

匪夷所思：“涣”：“六四：涣其群，元吉。涣有丘，匪夷所思。”

虎视眈眈：“颐”“六四：颠颐，吉，虎视眈眈，其欲逐逐，无咎。”

夫妻反目：“小畜”：“夫妻反目，不能正室也。”

唯变所适：《系辞传》：“易之为书也不可远，为道也屡迁，变动不居，周流六虚，上下无常，刚柔相易，不可为典要，唯变所适。”

突如其来：“离”：“九四：突如其来如，焚如，死如，弃如。”

物以类聚：《系辞传》：“方以类聚，物以群分，吉凶生矣。”

见几（机）而作：《系辞传》：“君子见机而作，不俟终日。”

遏恶扬善：“大有”：“火在天上，大有；君子以遏恶扬善，顺天休命。”

穷理尽性：《说卦传》：“和顺于道德而理于义，穷理尽性以至于命。”

慢藏诲盗：《系辞传》：“慢藏诲盗，冶容诲淫。”

一索得男：《说卦传》：“‘震’一索而得男，故谓之长男。”

启蒙、童蒙：这是“蒙”的概念。在“蒙”的卦辞有“六五：童蒙，吉”。“启蒙”就是打开“童蒙”。

损益：损益也是《易经》的两个卦。“损”卦上说：“损益盈虚，与时偕行。”今天在财务上有所谓的“损益表”“损益比”等。

制度：“节”卦：“节以制度，不伤财，不害民。”又说：“君子以制数度。”

革命：“革”卦上说：“汤武革命，顺乎天而应乎人。”

消息：“丰”：“天地盈虚，与时消息。”

风行：“小畜”“观”“涣”卦各有“风行天上，小畜”“风行地上，观”“风行水上，涣”等句。

观光：“观”卦：“观国之光，利用宾于王。”

鼎革：《序卦传》：“革物者莫若鼎，故受之以‘鼎’。”

枢机：《系辞传》：“言行君子之枢机，枢机之发，荣辱之主也。”

高尚：“蛊”“上九：不事王侯，高尚其事。”

文明、人文：“贲”：“文明以止，人文也。”

三人行：“损”卦说：“六三：三人行，则损一人；一人行，则得其友。”

知进退：“乾”：“知进退存亡而不失其正者，其唯圣人乎。”

二人同心，其利断金。出于《系辞传》。

形而上者谓之道，形而下者谓之器。出于《系辞传》。

书不尽言，言不尽意。也是出于《系辞传》。

穷则变，变则通。也是出于《系辞传》。

同声相应，同气相求。出于“乾”卦。

积善之家，必有余庆；积不善之家，必有余殃。出于《坤》卦。

无平不陂，无往不复。出于“泰”卦。

君子道长，小人道消。也出于“泰”卦。

有些文句不是直接从《易经》而来，而是其重要的概念。例如：

否极泰来：“否”卦到了上九阶段就是“倾否，先否后喜”。否卦到了极点，接着泰卦就出现了。

剥极必复：与否极泰来类似。当“剥”卦到了极点，就该是“复”卦到来的时候了。

错综复杂：“错卦”与“综卦”已经做了解释。《系辞传》也提到“参伍以变，错综其数，通其变，遂成天下之文。”

三阳开泰。“泰”的下卦是三根阳爻。下卦是开始，所以称为“三阳开泰”。《宋史·乐志》就说：“三阳交泰，日新惟良。”

扭转乾坤。从“乾”“坤”二卦衍生而来。乾坤代表天地。

忧患意识。《系辞传》提到“易之兴也，其于中古乎，作易者，其有忧患乎。”君子忧患是害怕自己德不修、学不讲。这种心态就被新儒家形容成“忧患意识”。

九五之尊。“乾”卦的九五是“飞龙在天”，而“乾”又是六十四卦之首。因此“乾”卦的“九五”是一等一的尊贵。

不三不四。《易经》每一卦有六个爻位。第一与第二爻象征“地”。第三、第四爻象征“人”。第五、第六爻象征“天”。所以说“不三不四”就是指这个人的行为举止根本就不像人。

变卦：“卦”指《易经》的“卦”。“变卦”在占卜上的意义已经解释。

许多人名、地名也都是以《易经》取名或是与它相关。最明显的应该就是蒋中正。蒋中正，字介石，都出于“豫”卦：“六二：介于石，不终日，贞吉。”“不终日，贞吉；以中正也。”又出于“需”“讼”“同人”“履”等卦，以及《文言传》。“中正”是《易经》的一个重要的观念。

方鸿渐：钱钟书小说《围城》里的人物。出于“渐”卦：“上九：鸿渐于陆，其羽可用为仪，吉。”

陈诚字辞修：“修辞立其诚，所以居业也。”出于《文言传》的“乾”卦。

军事家蒋百里，字方震，取自“震”卦：“震惊百里，不丧匕鬯[1]。”

工程师、钱塘江大桥的修建者茅以升：《序卦传》：“‘萃’者，聚也。聚而上者谓之升，故受之以‘升’。”

甚至歌手莫文蔚的名字都与《易经》有关。“革”卦说：“君子豹变，其文蔚也。小人革面，顺以从君也。”

古人以《易经》命名的自然也不少。例如陆羽。茶圣陆羽字鸿渐。出于

---

① 音 chàng。

“渐”卦：“上九：鸿渐于陆，其羽可用为仪，吉。”他的姓、名、字全都包含在这句话上了。

唐朝诗人骆宾王，字观光：“观国之光，利用宾于王。”出自《观》卦。

王安石，字介甫。“豫”卦：“六二：介于石，不终日，贞吉。”

白居易，字乐天。《中庸》上说：“君子居易以俟命”，也与《易经》有关。而《系辞传》上说：“旁行而不流，乐天知命，故不忧。”

明朝末年文坛领袖钱谦益，取自“谦”与“益”二卦。他字受之，是《序卦传》常用的术语。例如“有大者不可以盈，故受之以‘谦’”，“损而不已必益，故受之以‘益’”。

鼎泰丰：出自“鼎”“泰”“丰”三卦。

资生堂：出自“坤”卦：“至哉坤元，万物资生，乃顺承天。”

贞观之治：“贞观”是唐太宗的年号。出于《系辞传》：“吉凶者，贞胜者也。天地之道，贞观者也。”

乾清宫、坤宁宫、交泰殿。北京故宫的内廷后三宫。从“乾”“坤”“泰”三卦而来。“泰”卦上说：“天地交泰，后以财成天地之道，辅相天地之宜，以左右民。”

咸丰：清朝皇帝文宗的年号。从“咸”与“丰”二卦而来。

第一部分

许多人听到易经两个字，第一个反应可能是深奥难解，第二个反应就是占卜之书。其实只要将《易经》看作是六十四种情境以及管理方式，就很容易理解了。而且「易」的意义之一就是简易，本质上就是明白晓畅，而不是云山雾罩。

东汉大思想家郑玄解释，「易」有三层意义：简易、变易、不易。[1]另外根据《易经》的大义，可以再加上「交易」。

① 唐朝孔颖达《周易正义》：“郑玄依此义作易赞及易论云，易一名而含三义：易简一也；变易二也；不易三也。”

第一章

《易经》的简易与创新

简易意思就是简单、容易。这道理看似简单，但是寓意深远。它至少有三个含义，一是简约，二是专注，三是自然。

第一节 简约

稍微了解《易经》的朋友都熟悉，“易有太极，是生两仪。两仪生四象，四象生八卦”[①]。这里，孔子将人类与自然的现象与道理以一个太极统摄，经过阴中有阳、阳中有阴的交互作用，衍生出万事万物。这有点像变形虫裂殖，但不一样的是，因为有阴有阳，才产生了无穷的排列组合、产生了多样化(Diversification)。所以，不论系统多么复杂，《易经》的阴阳之道都可以涵盖。《易经》说，“大哉乾元，万物资始，乃统天。云行雨施，品物流形。大明终始，六位时成，时乘六龙以御天。[②]”又说“至哉坤元，万物资生，乃顺承天。坤厚载物，德合无疆。”在此，孔子先赞叹“乾”的德行，认为它的德行是至高无上的。当“乾德”开始有所行为，万物开始创造。这正是说明了“天”是由“乾”所驾驭的。自然界的云雨都是“乾

① 《系辞传》。

② “乾”卦的彖辞。

德”的作用，而此一作用周遍世界。当如此光明的动能周而复始，乾卦所描写的六种万物发展的阶段就逐一完成。就仿佛乘着六条龙，驾驭着天，自由奔驰。

至于象征“地”的“坤”，孔子认为是至高无上，因为它的德行是化育万物，顺承着天“创造万物”的德行。大地深厚、负载万物，因此德行无穷。

所以说天地的道理不难，就是乾与坤的交互作用，促使万物资始、万物资生。乾是阳男、坤是阴女。因此，日本一家有名的化妆品公司就叫作“资生堂”。根据该公司的官方资料，资生堂命名由来就是《易经》这句“至哉坤元，万物资生”。公司在 1872 年创办，创办人福原有信（Arinobu Fukuhara）在经营上采取的是西方技术，但名称却是完全的中国化。这个名称就涵盖了福原有信的企业宗旨：从孕育万物的大地发现生命之美，并不断地追求新的价值创造。

将以上《易经》的文字说成是简约的道理是否有点牵强呢？不然。其实以上的道理正是我们面对各种复杂状况可以采取的上策、也就是“复杂系统”的理论基础。也就是说，要解决复杂系统所面临的种种问题并非要用复杂的方法，而是化约。正如万物的创造化育其实就是单纯的乾坤之道。

我们生活的周围几乎都是复杂系统。举例来说，人的思考系统是极其复杂的。不说别的，光是男人跟女人的思考就是南辕北辙。曾经有人做过研究，当男人迷路的时候，大多非不得已才会问人；他们宁愿在车上研究半个小时的地图。但女人刚好相反：当她们迷路的时候通常第一时间就会想到问人。此外，男人认路靠的是方位，而女人认路靠的是路标。难怪有人说：男人是火星来的，而女人是金星来的。而根据霍金（Stephen Hawking）的说法，人类的思考是一连串的化学反应。现代科学可以运用探针的方式刺激大脑，控制受测者的思考。但为什么同样是化学反应，男人与女人却大不相同？而且纵然现代科学可以在实验室里控制人类思考,但是思考所经历的一连串神经化学反应到底是什么,当前没有人知道。

人类的思考是个标准的复杂系统。一个复杂系统并不一定是规模庞大,主要是在于各个分子之间关系错综复杂。所以相较于行驶中的高铁,或是原子弹爆炸,人类的思考更接近复杂系统。正是因为其系统复杂,如果按照西方传统的解析法了解它、研究它,那就必然是莫名究理、治丝愈棼。

如同“大哉乾元、至哉坤元”一段话所说,《易经》的作者们认为,了解复杂系统、并且解决复杂系统的问题,方法其实是化约法。

在西方世界,一直到了 14 世纪英国圣方济的修道士奥康(William of Ockham)才提出“简约法则”(law of Parsimony),人称奥康剃刀“Occam's razor”。奥康剃刀认为,追求真理的方法应该是不断寻求比较简约的答案,直到更高度的简约导致解释力的下降。或者说,如果现存的各项假设在各个方面都一样,那么需要最少条件限制的就应该被选取。奥康剃刀道理简单,但其运用往往石破天惊或是让人茅塞顿开。例如在西方科学史,它曾经导致科学革命与宗教冲突;这就是从哥白尼、科卜勒到伽利略以降的太阳中心理论(Heliocentrism)。在哥白尼之前,欧洲人遵循托勒密(Ptolemy)的学说,认定地球是宇宙中心。但这个说法要成立,前提是许多天体的运行现象必须得到适切的解释。例如,为什么从地球上看来,有些行星在天体是向后而不是向前运动?也就是必须要解释所谓的“逆行”(retrograde)。为了解释这些天体现象,托勒密的理论系统发展出了非常多的复杂理论,例如 equant、epicycles 等,如图 1—1 所示。图中的“×”代表宇宙中心、小蓝球是地球、橘点是行星。橘点的轨道就是一个 epicycle,而“·”就是 equant。

但是哥白尼提出一个大胆的假设:地球是围绕太阳转的。这个假设去除了托勒密系统里任意添加而且冗赘的 epicycles 以及 equant,以一个简单的系统不仅说明了行星后退运动的现象,同时也解释了春分、秋分,还有四季的变化。今天我们看到的太阳系图就远比托勒密的系统图

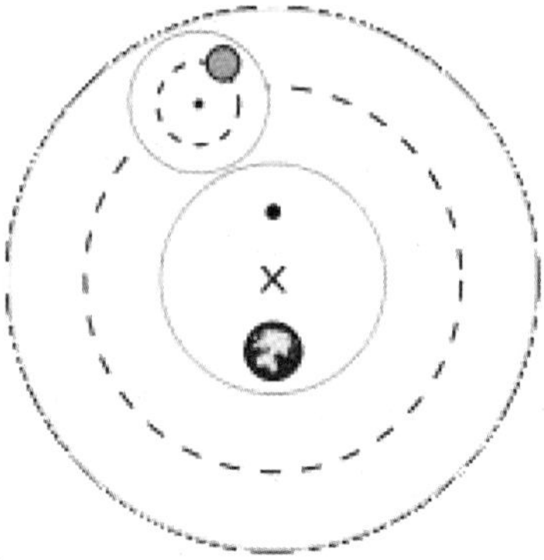

图 1—1　托勒密的地球中心说

简单多了，也就是真实的天文现象。

在计算机科学，简易也是非常重要的原则。例如编写程序码，如果舍简就繁，执行的时候必然耗费不需要的时间与运算能力。这不仅浪费，而且也剥夺了其他工作所需要的资源。在系统分析里，有一项很重要的工作是“实体关系模型”(Entity Relationship Model)，而它最重要的法则也就是简约。工程蓝图之于大楼，就像实体关系图之于信息系统。试想，如果蓝图繁复，工程师们如何相互沟通？又如何让资方与客户了解自己的设计理念？如果实体关系图不遵循简约法则，根据它所设计出来的信息系统也将叠床架屋，缺乏效率。

笔者以前准备 GMAT 文法考试的时候，英文老师给我们十五大准则，例如句子对称法，也就是相对称的句子比较可能是正确答案等。而最后一项法则就是比较句子长短：在没有明确的法则可以遵循的时候，就比较哪一个句子最短，就最有可能是正确答案。这其实是有道理的：西方语言无论英文还是法文，都是科学语言，辞能达意是第一要件，所以才有现在式、过去式、现在完成式、现在进行式等，用字遣词也会因为人称的不同而不同。这些文法的目的就是要让词意的表达在人、事、时、地、物各个方面完全精确。也的确如此，与美国人说话，如果文法错了，例如现在完成式用成了过去式，美国人就不明白了。

有学者曾经研究 iPhone 手机应用与商标标识（logo）的关系，发现成功的游戏程序，其标识必然只有一种或至多两种设计属性。例如休闲型游戏，其标识若是生机型（organic），就比较受到注意。对动作型游戏而言，动态型（active）的标识就比较容易受到青睐。但从来没有什么游戏程序的标识展现 3 种以上的形态却还被大量下载的。[①]

司马迁在形容道家的时候说："指约而易操，事少而功多[②]。"说的虽然是道家，但也贴切地形容《易经》的"简易"之理。也就是说，简易的根本道理就是法规或指令简单，容易操作，这样就可以事半功倍。这也是一个根本的治国道理。相信大家都对繁文缛节很有意见。"如果这件事少一道手续就好了"，是大家心里共同的声音。如果公共部门不握有极大的权力与资源，很少有公司愿意与他们打交道。这道理看似简单，但为什么公共部门总是舍简就繁、叠床架屋？我们可以提出数十个无须太多思考的答案，但凡事应该归根结底，它其实涉及一些深层的、严肃的体制问题。简单说，就是公共部门往往扮演的是管制者、防弊者的角色，而不是人民意志的执行者；我们国家有着大政府的传统，而不是地方分权；我们的法律体系是奉行法典中心主义的欧陆法系（Civil Law），而不是实行判例制度的普通法系（Common Law）。这些根本原因与繁文缛节的关系不是一言两语可以道尽的，我们以后会再详谈。

第二节 专注

"简易"的第二层解释是专注。《系辞传》开宗明义便如同醍醐灌顶地说：

---

① Shu，Wesley and Chia-Sheng Lin，*Icon Design and App Adoption*，Proceedings of the American Conference on Information Systems，Savannah，George，USA，2014.

② 《史记·太史公自序》。

"乾知大始,坤作成物。乾以易知,坤以简能。易则易知,简则易从。……易简,而天下之理得矣;天下之理得,而成位乎其中矣。"

"乾"是天之德,它的智性是从天地初开就周遍世界。而当此一智性都能为大众了解、为人们遵行,那么"坤德"就能够简易地发挥作用、成就万物。《系辞传》甚至认为,遵行"易简"的原则,天地间最珍贵的道理也就得到了、而万事万物也就各得其所。这里所揭示的是,"乾"专注于发挥"大始"的"易知",而"坤"专注于发挥"成物"的"简能",一切就可以成就。

《尚书·大禹谟》有段文字可以作为《易经》"专注"的诠释:"人心惟危,道心惟微。惟精惟一,允执厥中"。这是舜告诉禹的诫辞,意思是说,人心是多变难测的,往往偏倚:时而激进、时而保守。无论是激进还是保守,都是不安定的因子。而道心、也就是天地具备的智性,是莫现乎隐,莫显乎微的,只有靠着精诚专一,才可以体察道心、不偏不倚,也才可以治理好国家。

这段话可以有两层意义。第一层是"专注修为",从古代圣贤的话,可以说就是"内圣"。第二层是"执体为用",古代圣贤称为"外王"。这两层意义在宋代思想家朱熹的《中庸章句序》发挥得剀切深刻。他说:

"精则察夫二者之间而不杂也,一则守其本心之正而不离也。从事于斯,无少闲断,必使道心常为一身之主,而人心每听命焉,则危者安、微者着,而动静云为自无过不及之差矣。"

在此,朱熹解释《大禹谟》的"惟精惟一"。"精"是体察的功夫:体察"人心"与"道心"的本源其实是天地之间一股纯正无杂、虚灵不昧的德性。"一"是专注的功夫:专注于执守那虚灵的德性,不离不偏。以上是第一层意义。接着是第二层意义:如此奉行而不间断,使得"道心"与"人心"形成一种"本体"与"作用"相辅相成的关系:"道心"做为本体,而"人心"则顺应"道心",在自然与社会之间发挥作用。如此一来,"人心”转危为安，而“道心”转微见著。朱熹从修养的角度下了个结论，就是顺着这套“惟精惟一”的道理，我们就能够动静合宜、言行得当，无过而无不及。

宋明理学讲的是修身养性、明心见性，所以朱熹的结论比较属于个人的修为。不过《大禹谟》与《中庸章句序》的这些话，更有着当前管理学的深义。首先就第一层意义来看，“专注”不仅是个人的修养，也是创新的功夫。而个人修为事实上可以说是创新功夫的基础。这话怎么说呢？创新一个重要环节就是个人的创意训练：训练人超越既有的思想规范，提出新的构想。而深层的创意训练往往端乎于心志的培养。这个道理其实与《大学》所说的“欲齐其家者，先修其身；欲修其身者，先正其心；欲正其心者，先诚其意；欲诚其意者，先致其知”不谋而合。而只要我们将“齐家”改成公司治理，它就成了企业管理的根本道理了。我们再回过头来看“人心惟危，道心惟微。惟精惟一，允执厥中”这段话以及朱熹的《中庸章句序》，再加上管理意涵，一种“以心为本”的管理学就出现了。就让我们断句地解释：

人心惟危：无论是消费者、员工、还是主管、部属，他们的心思往往捉摸不定，容易受到外界诱惑。景气的变化、销售的业绩、薪资的升降、职务的调整，都会影响到他们的心情以及与他人互动的关系。他们所说的话、所做的事、所下的决定，未必完全如同经济学家所假设的那般，具备完全的理性。也就是说，他们的理性是受限的。

道心惟微：无论是管理学、经济学还是先圣先贤所传授给予我们的种种学理，都可以作为经世致用或是修身养性的圭臬。然而，这些道理往往看似明白，实则寓意深远；往往字里行间平淡无奇，但深意妙理却藏在细微之处。例如经济学，有些人可能就只把它当作处理经济问题的学科看待，但如果我们能够深入它的精微之处，就可以拿来应用于人生。

惟精惟一：而要能够洞烛人心、发挥学理，两项重要的功夫是“精”与“一”。“精”就是省人之所未省、视人之所未视，也就是要能够无时无刻不将创新的精神贯注于学习之中。“一”就是专心致志。专心致志可以从两方面来说。首先是个人专注能力的培养。专注的第一个效果不遑多言，就是让人能够全神贯注地从事一件事，以达到最大的收获。它第二个效果比较少人谈，是借由专注的训练使人的思虑能够更为灵活、灵敏。我们以下会拿贾伯斯的例子说明。

允执厥中：经过“精”与“一”的训练，管理学的中道就能握在手中了。这“中”也可以有两层意义。第一层是管理者掌握某个商机奋力以搏。以下贾伯斯的例子就是很好的说明。第二层则将这个“一”以朱熹“虚灵不昧”的本心作为根本，成就企业。因为它虚灵不昧，所以可塑性强、包容性高，也就可以作为创新的源泉。创新最重要的功夫就是兼容并蓄、整合万方，而没有一颗虚灵不昧的本心，这些是无法达成的。这与领导艺术类似。过去的领导术可能比较偏向权术，因为“权力”是一切的根本。但当前创新才是企业的存亡关键、“社群”的观念深植人心，包容力、整合力的重要性远超过权术。因此，“一”的功夫就更显重要了。

乔布斯的故事可以说明上述道理。乔布斯年轻的时候沉浸于东方的精神修炼，尤其是禅宗。禅宗强调专注，但此一专注并不是没有灵魂地端详一个对象，或是想要借由专注穷尽天下之理。反而强调在恍惚之间，顿然悟道；强调专注但不失轻松；强调“圣人之道，吾性自足”[①]。乔布斯就说过：“我发现直觉式的了解与意识比起抽象思考或是智性的逻辑分析都还显著。”[②]也就是说，专注的目的之一就是要训练到在潜移默化之中，能够信手拈来令人欣喜的灵感，而这些灵感往往就是创新的泉源。

禅宗式的专注对乔布斯是清晰可见的。《乔布斯传》认为：“乔布斯对禅宗的投入不是儿戏。他是用热情拥抱着它，而他的人格都烙印着禅

---

① 《阳明年谱》。

② *Steve Jobs*, Walter Isaacson。原文：“I began to realize that an intuitive understanding and consciousness was more significant than abstract thinking and intellectual logical analysis.”

宗色彩。”①

《乔布斯传》又说："在佛瑞德兰的农场，乔布斯的工作是修剪苹果树。这项工作在日后成了它开发苹果电子产品的启示：乔布斯坚持公司每一组专注在两三个计划，而不是鼓励他们配合营销部门延伸产品线，或是让无数概念平行发展。"②

《易经》的专注还有另外一层意义，就是朱熹所点示我们的"道心"与"人心"互为体用的关系，如朱熹所言："必使道心常为一身之主，而人心每听命焉"；也就是古代圣贤常强调的"内圣"与"外王"中的"外王"之术。而在管理上，就是商业模式（Business Model）与商业操作（Business Operation）的关系。创新的真谛其实是商业模式的改变与革新。当商业模式不仅具体可行，而且本身就具备了促成公司组织日新月异的动能，商业操作就游刃有余了。这桩道理几乎可以适用于各种产业、各种公司形态、各个文化体。例如比较为人所知的"饵与钩"（Bait and Hook）商业模式，也称作剃刀与刀片（Razor and Blades）模式。我们首先来看看它的商业模式是什么。商业模式必须具备几个元素：

顾客群（Customer Segments），

价值提案（Value Proposition），

① Steve Jobs, Walter Isaacson。原文："Jobs's engagement with Eastern spirituality, and especially Zen Buddhism, was not just some passing fancy or youthful dabbling. He embraced it with his typical intensity, and it became deeply ingrained in his personality."

② Steve Jobs, Walter Isaacson。原文："At Robert Friedland's farm, his job had been to prune the apple trees so that they would stay strong, and that became a metaphor for his pruning at Apple. Instead of encouraging each group to let product lines proliferate based on marketing considerations, or permitting a thousand ideas to bloom, Jobs insisted that Apple focus on just two or three priorities at a time."

渠道(Channels),

顾客关系(Customer Relationships),

收益流(Revenue Streams),

关键资源(Key Resources),

关键活动(Key Activities),

关键伙伴(Key Partnerships),

成本结构(Cost Structure)。

这些组成元素就可以构成一个商业模式、并且将它画出,如表1—1所示。

表1—1　　“饵与钩”商业模式

<table>
<tr><td rowspan="2">关键伙伴

因产品与产业而有所不同</td><td>关键活动

运送产品或服务</td><td rowspan="2">价值提案

饵:先前较为便宜的产品

钩:之后较为昂贵的服务或产品</td><td>顾客关系

用“饵”绑住顾客</td><td rowspan="2">顾客群

视产品而定。以剃须刀而言,中年男性,喜欢干净</td></tr>
<tr><td>关键资源

智慧财产权</td><td>渠道

因产品与产业而有所不同</td></tr>
<tr><td colspan="3">成本结构

补贴作为“饵”的产品</td><td colspan="2">收益流

主要是后续产品(钩)的重复购买</td></tr>
</table>

今天许多公司都采取此策略。例如Epson的打印机不贵,但是墨粉盒却让顾客从腰包掏出更多的钱。PS3卖的不是机器,而是软件。正如此模式的名称所示,始作俑者是剃须刀与刀片制造商吉列(Gillette)。吉列公司的创办人金恩·吉列(King Gillette)在20世纪初年取得了用后即丢的剃须刀与刀片之专利。但让他取得财富的不仅仅是发明,而是

发明的应用。1904～1921年的专利期间，吉列的智慧财产得到保护，他也充分运用此保护而获得排他性的利润。然而随着专利权的过期，他必须要想出一套可以继续不让竞争者有利可图的商业模式。这就是剃刀与刀片商业模式的由来。[①]

我们再回头看此商业模式。在关键伙伴、顾客群等条件已经就位的情况下，吉列要伤脑筋的是如何在专利过期之后持续成长。如此的策略思维，就是"乾知"，也就是总体的规划，而此规划一旦具体成型，接下来的就是遵循此规划展开行动，这就是我们在此所说的"专注"，也就是针对既定的大原则精纯不二。由于吉列公司之前已经销售剃刀与刀片，因此导入新的商业模型就是"坤作"。而"坤以简能"，也就是说操作层面就水到渠成了。

创新可以从个人立场去了解，也可以从组织立场去探究。从个人而言，就是创意，从组织而言，才是真正的创新。"专注"也是如此。个人的专注是心理学的问题；而组织整体的专注，则是创新的精义。过去中国的硕彦大儒注释《易经》时，"专注"是一大重点。王弼在《周易略例》就说：

> "故处琁玑以观大运，则天地之动未足怪也；据会要以观方来，则六合辐辏未足多也。"

王弼的文字典雅精湛，意思是说，处在像类似北斗七星的位置，时运的走势、天地的运动就不足为奇。处在关键时刻，天地四方、古往今来的变化也能尽在指掌之间。换言之，掌握精髓，就能通晓全局。就像是一百年前的吉列，他很清楚新剃刀与新刀片的商业应用，据此执行，不辍不谖，确实成就了一方事业。

为了让读者清楚了解我们在此小节所阐述的道理，我们制作了表格作为本节的结论，如表1－2所示。

---

① 可以参考 http://blogs.hbr.org/cs/2010/09/gillettes_strange_history_with.html.

表 1—2　《易经》的专注

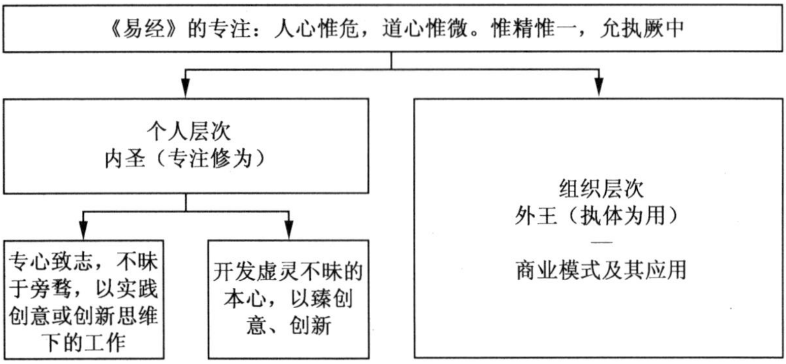

第三节　自然

《易经》所说的简易指的也是自然的力量。确切地说，是在无思无为、寂然不动的情况下，感应天地的力量。《系辞传》第十章说，“易无思也，无为也，寂然不动，感而遂通天下之故”，就是这个意思。

我们读过《大学》。“大学之道，在明明德，在新[①]民，在止于至善”，这是中国人读书的圭臬。南宋的朱熹在批注“明德”时提出：“明德者，人之所得乎天，而虚灵不昧，以具众理而应万事者也。”也就是说，“明德”是人人与生俱来的光明善性，它皎洁明亮，所以能够涵摄万事万物的根本道理，照彻它们。

无论是《系辞传》还是朱熹对《大学》的集注，都点出了中国文化的一个非常重要的精髓，就是一道无为但又是无所不为的力量。这股力量的本体，古人称为“明德”。许慎《说文解字》说：“日月为易，象阴阳也。”日与月并排，就是“明”，而上下排列就是“易”。所以我们可以说，“明德”是这股力量的本体，而“易”则是这股力量的进一步说明与实践，而《易经》就是研究这股力量的经典、并且教导我们如何实践“明德”。

① “新”亦作“亲”。此从程颐解。

无论从儒学、理学、谶纬、气功的角度来看，“明德”都可以做极大的发挥。但它和创新又有什么关联呢？这中间的节点之一可以说是经济学。许多人对经济学有着严重的误解，认为是金钱科学、是沾满铜臭味的。其实不然。经济学是地地道道的人性科学。它的基本关怀是人性，其基本取向是自然主义。[①] 但既是人性，那何来科学呢？难不成是要将人当作机器来解析吗？刚好相反。我们把经济学视为人性科学，就是要认识人性是自然而然地按照一定的规律运行。而人是社会动物。顺着人性，自然也就能了解社会运作的肌理，也就能够知道如何解决社会问题、经济问题。这与《系辞传》所说的：“君子所居而安者，易之序也。所乐而玩者，爻之辞也。是故，君子居则观其象，而玩其辞；动则观其变，而玩其占。是以自天佑之，吉无不利”，有异曲同工之妙。

这段逻辑并不是空穴来风，事实上，经济学的鼻祖亚当·斯密（Adam Smith）开创经济学的演绎过程，就与《易经》这段话，“易无思也，无为也，寂然不动，感而遂通天下之故”所揭橥的道理不谋而合。1776年，亚当·斯密出版了从此改变人类思想与生活的《国富论》（*The Wealth of Nations*）。而《国富论》所立足的基础，是他在1759年出版的《道德情操论》（*The Theory of Moral Sentiments*）。在这本较少为人注意的著作里，亚当·斯密试图了解人类道德的起源：它来自何方、起自何源。他的论述是，人类的道德意念或是道德行动，都源自于一个事实：人类是社会的动物。我们无法离开社会生存，因此发展出适合在社会生存的种种道德规律。举凡自利、同情、正义、慈善，都是基于“人是社会动物”的命题之下所衍生出来的。亚当·斯密认为，人纵然自私，但明显地在人性之中，有股力量让他为他人的福祉着想、认为自己的快乐离不开他人的快乐。即使这样的人性本质除了“人乐己乐”的感觉之外，并无法带给

① 所以Frank与Bernanke就称经济学家为Economic Naturalist。

他什么实质的利益。[①]

那么,同情为什么是“人是社会动物”这个命题所产生出来的道德律呢? 亚当·斯密认为,照顾他人是人类的天性:为了整个社会的生存,也就是说不能因为一个人的利益而让社会整体利益受到妨碍,人类发展出了同理心(Empathy),也就是“人饥己饥,人溺己溺”的胸襟,而这种胸襟就是孟子认为的“不学而能,不虑而知”[②]的良知良能。从纯粹的道德观来看,这就是“恕道”。中国人造字是极富创意的,“恕”这个字是“如”和“心”,如人之心也就是“推己及人”。

不过,亚当·斯密并不是光从这样一种纯粹的道德哲学来看待“忠恕之道”。他从道德的自然律来看,认为人靠着这“不学而能,不虑而知”的同理心,理解到当我们对待他人之时,什么不该做,因为做了会伤害到他们的感情;而当他人的感情受伤,我们自己也会不快乐。这道理一方面看起来具有高尚的情操;另一方面则反映人类要在社会中取得认同的一种出于自身利益的、不假思索的本性。

而“正义”(Justice)的道理与“同情”出于一辙。亚当·斯密认为,人类社会持续的最基本要求,就是不伤害他人,这样我们也才可以在社会中生存。而超越这个最低要求,能够做到“先天下之忧而忧、后天下之乐而乐”,那就是“慈善”(Beneficence)了。

我们在此介绍亚当·斯密的道德学说,目的是要显示,无论西方还是东方哲学,都有以自然律解释道德的说法。而亚当·斯密伟大之处,就是能够从道德论开始,让这套自然律从纯粹的哲学跳脱出来,而演绎成为经济学。西人如此,我们中国也没有什么例外的,只是我们的思想不够创新,几千年来没有像西方那样发展创新思维。而能够让我们从自

① *Theory of Moral Sentiments*, Adam Smith,原文是:“How selfish soever man may be supposed, there are evidently some principles in his nature, which interest him in the fortune of others, and render their happiness necessary to him, though he derives nothing from it except the pleasure of seeing it.”

② 《孟子·尽心上》:“人之所不学而能者,其良能也;所不虑而知者,其良知也。”

然规律发挥经济管理与创新的学问之一，便是《易经》了。

从道德理论到经济学、从经济学到创新，这一以贯之的脉络就是《易经》揭橥的自然主义。《系辞传》说：

> “君子所居而安者，易之序也。所乐而玩者，爻之辞也。是故，君子居则观其象，而玩其辞；动则观其变，而玩其占。是以自天佑之，吉无不利”。

也就是说，君子安身立命之所在，就是六十四卦辞表现的循环周始。君子所乐在其中而玩味再三的，就是爻辞显示出来的象数义理。当然，古代圣贤（此处是孔子）为了让文句具有对称性、节奏性，所以将“居安”与“易”“乐玩”与“爻”并列，但其实这四个概念可以合在一起解读，以下亦同。接着，孔子告诉我们：职是之故，君子平时观察易经所显示的象数、玩味爻辞所阐释的义理；而在行动之时，则观察天地的变化，玩味吉凶的判断。正因如此，君子就能够得天之助，无往不利。《系辞传》表现自然主义的文句还有许多，例如：

（1）“易与天地准，故能弥纶天地之道。”意思是说，《易经》是以天地的道理为准则的，所以能够包容天地之道，并且予以条理化。

（2）“与天地相似，故不违；知周乎万物而道济天下，故不过；旁行而不流，乐天知命，故不忧；安土敦乎仁，故能爱。”《易经》的道理与天地之道相似，所以根据它而行事，就不会违背天地之道而惹祸上身。而《易经》的作用是遍及万物、道理可救济天下的，所以遵行它就能执守中道、乐天知命、无所忧患[①]。它又是具备人性的，其人性就表现在“爱”：只要我们遵循《易经》、效法天道、安分守己、敦厚仁和，就是发挥《易经》的爱。

类似的话不胜枚举。如果亚当·斯密当初有机会阅读《易经》，他一定会发现在千古之外、中原之土，竟然已经有学者圣贤说出他所观察到的道理。无论是“所居而安者，所乐而玩者”，还是“周乎万物”“道济天

---

① “旁行而不流”一语可以说成对“与天地相似，故不违；知周乎万物而道济天下，故不过”的加强，所以无须强加翻译。

下”，都是自然主义完美的化身。而到了亚当·斯密的笔下，就成了经济学中无人不知、无人不晓的根本原理：“看不见的手”。

“看不见的手”是亚当·斯密《国富论》的中心思想。在《国富论》之前，亚当·斯密在《道德情操论》已经描述了“看不见的手”[①]。书中，他假设了一个自私的地主，该地主从来不体恤他人。他的农地产出富饶，取之不尽、用之不竭。不过，正是因为如此，他面临了一个问题：他个人无法消化所有的产出。那他该怎么办呢？是把粮食放到仓库让它腐烂吗？如果他够聪明，他是不会那么做的，因为他如果将粮食拿来与他人交易，他就可以满足其他方面的需求。而此时，他出于自利的行为，却无心插柳柳成荫，也连带满足了其他人在粮食上的需求。

亚当·斯密的这个寓言，简单地解释了出于自利而利于社会的规律，也就是“看不见的手”。有句法文很简单而传神地将“看不见的手”的道理表现出来：laissez faire laissez passer。中文可以翻译成自由放任。而其根本精神，就是遵循自然均衡的规律：当社会没有干预、市场规律得到充分的尊重、政府的职责不是到处都管，而是让市场运作更为顺畅，社会的利益就自然达到最高境界。这与我们之前在刚刚提到的《系辞传》关于自然主义的语句，可以说是同一件事、中西两种不同的版本[②]。

也许有人已经了解到“看不见的手”在经济中的力量，但许多人不知道的是，“看不见的手”在日常生活、在创新上，都可以是根本的动力。由于对创新需求紧急，许多公司在提升创新能力上生吞活剥、囫囵吞枣，而往往所吞食的甚至不是有用的创新理论，而是坊间的一些个人创意训练。在我们看了《系辞传》以及亚当·斯密的理论之后，我们应该知道，天地之道统摄万物，而创新当然也不能是例外；而天地之道就是“道法自然”[③]。具体的做法之一就是要提供一个环境，让创新可以自然而然地

① 可参考百度百科：http://baike.baidu.com/subview/401190/15641500.html。
② 当然，《系辞传》的文字所想要呈现的还有深刻的哲学意涵。这层道理以后会再阐述。
③ 这三个字出于《老子》：人法地、地法天、天法道、道法自然。

滋长。虽说自然而然，但一旦环境适合，创新将可爆发成长。这说得有点玄，但在中国历史上不乏先例。春秋时代的孟尝君不就是最好的例子吗？而整个春秋战国时代有着许多像孟尝君门庭那样的创新温床，不就在中国历史上成为史无前例的“百家争鸣”的创新时代吗？

司马迁的《史记》记载，孟尝君的门下不仅有诸侯宾客，也有亡命之徒。他慷慨大方，所以天下之士都倾心归附。他对待门下几千个食客，都如同对待自己一般。有次，孟尝君在晚上宴客，其中一个宾客桌前的灯光被遮住了，就以为他所得到的待遇不如孟尝君，就生气地离开。孟尝君马上起身，亲自端着饭菜拿给那位宾客端详，表示两人的饭菜没有区别。那人深感羞愧，就自刎而死。

孟尝君出使秦国，秦昭王图谋杀掉孟尝君。孟尝君就向秦昭王的宠妾求救，但是宠妾提出一个条件，就是要他送给她一件集狐狸白毛做成的裘衣。孟尝君本有一件，但已经送给了秦昭王，就不知道该怎么办。这时他的宾客之一就毛遂自荐，到了半夜装成一条狗，到秦昭王宫中偷取裘衣。宠妾得到了礼物，便替孟尝君说项，秦昭王也就放了他。但之后秦昭王后悔了，派人追讨孟尝君。孟尝君暗夜到了函谷关。根据关口的规定，要等到鸡鸣之时才开关。这时候又有宾客出来帮忙了。他学鸡叫，让守关人以为天将拂晓，就把关门打开，孟尝君一伙就出关了。当初孟尝君不分贵贱，将这两个鸡鸣狗盗之辈与其他人一般对待，许多宾客引以为耻。但当事态紧急的时候，却是这两个人救了孟尝君。自此之后，没有任何宾客怀疑孟尝君的礼贤下士了。这段故事便是成语“鸡鸣狗盗”的由来。

许多人读到孟尝君的故事，会在做人上、甚至是领导统御上学到一些道理，但从创新的角度来看，它有着更为深刻的意涵：孟尝君假设了一个多人参与的平台，几乎可以说是春秋版的百度百科（Baidu baike）。在此平台，人们可以没有任何社会制约地贡献自己。而孟尝君的最大贡献，就是将此一创新平台经营得名垂千史。他至少做到以下几点：

第一，他克服了在春秋时代的社会阶层。今天我们看百度百科，至少在这点上不成问题，但春秋是一个阶级森严的时代，能够打破社会阶层而促使一个人人都可以出头的平台从诞生到经营有成，这其中的功夫是我们在一个体制僵化的环境里必须彻底学习的。这也是当前创新者必备的功夫。

第二，创新的一个重要的原则就是撒种，就孟尝君而言，就是养食客；就当代创新而言，则是培育创新种子、等待创新思维的发芽。作为齐国贵族，孟尝君“口袋够深”，撒种无须太在意成本。但他依然必须注意撒的是什么种。“鸡鸣狗盗”的故事告诉我们，撒种之后有收成，关键并不在于“精”，而在于是否足够多样化（diversity）。显然地，如果当初孟尝君只在乎精英，那他就无法成功逃离秦国。我们在以后提到百度百科的时候会进一步说明，这不仅是一个概率问题，也就是说借多多撒种，总是会碰上所需要的果实；但它还是一个与知识结构相关的问题[①]。

第三，创新需要整合的功夫。作为历史学家，司马迁在描写孟尝君的时候，着重在他的宾客如何让他化险为夷，最后还不免揶揄一番，说：“孟尝君招致天下任侠，奸人入薛中盖六万余家矣。”没错，孟尝君靠着宾客解决了个别的问题；但数千宾客累加，所得到的不仅是声势而已。从创新的观点来看，更是一个灵活的集团，它能应付各种挑战。不管环境怎么改变，这个集团都能够迎刃而解。而孟尝君就是这个集团的整合者。

① 可以参考本人《人文与商业：创新的价值》一书《海耶克与百度百科》。

第二章

《易经》变易中的变化与创新

《易经》的英文翻译名称是 *The Book of Changes*——变动之书。司马迁曰:"《易》着天地阴阳四时五行,故长于变……是故……《易》以道化。"[①]他认为《易经》是谈"化"的道理,以研究天地阴阳的互动,四时的更替,五行的相生相克,而用以经世致用。如果能够活学活用《易》的道理,就可以知变而应变,进而能在变化之中乘势造势,化被动为主动。[②]

那么,到底什么是"变易"呢?它只是变动而已吗?与"简易"一样,《易经》的"变易"也涵盖了几层道理:变化、变迁、变革、变异。

---

① 《史记·太史公自序》。完整原文为:"《易》着天地、阴阳、四时、五行,故长于变。《礼》经纪人伦,故长于行。《书》记先王之事,故长于政。《诗》记山川、溪谷、禽兽、草木、牝牡、雌雄,故长于风。《乐》乐所以立,故长于和。《春秋》辨是非,故长于治人。是故《礼》以节人,《乐》以发和,《书》以道事,《诗》以达意,《易》以道化,《春秋》以道义。"

② 过去关于《易经》的书籍也都提到"易"可以解释成变易:

- 《易纬·乾凿度》:"孔子曰:'易者:易也(简易)、变易也、不易也。'"
- 郑玄的《易赞》及《易论》:"易一名而含三义:易简、一也。变易、二也。不易、三也。"
- 《易程传·序》:"易,变易也。随时变易,以从道也。"这句话把"易"做了绝对性的阐述:随时变易,是遵循"道"的行为。
- 陈抟所著、邵雍所述的《河洛理数》:"'易'有二义:交易者,阴阳之对待;变易者,阴阳之流行。"
- 朱子《周易本义》曰:"易……有交易、变易之义。"

《易经·系辞传》曰:“易有太极,是生两仪。两仪生四象,四象生八卦。”而八卦相重叠就形成了六十四卦(8×8)。它们代表了洞察天地间及人事的六十四种不同的情境。《易经》并且根据占卜者所居之位、所处之时、和所乘之势,提出面向这六十四种不同情境的应对之法。《系辞传》的话同时也表示,“易”是一个由简单的阴阳所演化推陈出来的复杂系统。

之前提到《河洛理数》:“‘易’有二义:交易者,阴阳之对待;变易者,阴阳之流行。”在此,邵雍等宋明理学家根据《参同契》的说法,取“易”之字形,解释“易”为“日月为易”,日为阳而月为阴。因此,“易”的意义就是阴与阳的互动关系,也就是交易;也是阴与阳的交互作用,也就是变易。这从图 2—1 的“太极图”就可以明显看出。

图 2—1　太极图

除了白色代表阳,黑色代表阴之外,这个太极图还有三大特点。第一,它具有完美的流线型。第二,阴与阳呈现出一种蜷曲互抱的形态。第三,白色部分中有一小点的黑,而黑色部分中有一小点的白。这些表示,有阴有阳就会发生变化。太极的阴阳不是相对抗的二分法(dichotomy),而是强调阴阳调和、相辅相成。如同《系辞传》所说,“阴阳合德,而刚柔有体”。不但如此,阴中有阳,而阳中有阴,就像《老子》说的,“万物负阴而抱阳。”

这个阴阳之道就是我们所要说明的第一个变易:变化。以阴阳来解释变化，其实隐含着一个往往为人忽略的道理："变化"虽然是同一词，但"变"与"化"其实并不完全相同。"变"有剧变之意，而"化"则是渐变。制变之道，就是要能够在微小处见识到变因，而以"化"推导之。将有形之变，化为无形。仿佛无为，但实际上却是无所不为。也因此，"变"可以说是阳刚，而"化"则是阴柔。①

相信许多人看过哈利·波特(Harry Potter)。小说的作者罗琳(J. K. Rowling)女士就非常擅于运用阴阳的道理，把它摆在小说中两个最主要的人物：哈利·波特以及佛地魔(Lord Voldemort)。在小说中，两人代表了光明与黑暗两极，但他们却处处显出微妙的关联。哈利额头上的疤痕，就是两人的联系点之一。每当佛地魔接近，或是他威胁哈利的时候，疤痕处就开始疼痛。两人都说蛇的语言。两人的魔杖都有着一样的鸟羽。更妙的是，佛地魔在蜕变出人形的时候，他所使用的铁锅沾上了哈利的血液。也就是说，佛地魔身体里流着哈利的血。相对地，当哈利还是娃娃，佛地魔试图用魔咒杀害他。哈利的母亲站在中间，魔咒反射到了佛地魔自己，佛地魔为了自救，只有进入哈利的体内。所以我们可以说，"There is a Harry Potter inside Voldemort, and there is a Voldemort inside Harry Potter"。

阴与阳不必然解释成善与恶。善恶二元是西方的传统。罗琳巧妙地将中国的阴阳观糅合了西方的善恶二元论。我们以下关于创新管理的例子就与善恶无关。阴与阳没有对立，而是相辅相成。

有人会问，什么是创新？和企业家精神类似，创新的真谛在于提供前所未有的商品或服务，以填补现存市场的空隙。例如，消费者希望的"便利"不仅仅是一时的方便而已，而是随时随地都能够处理其日常事务，于是 iPhone 的"便利"就以全新的面貌出现。而四季酒店(Four Seasons Hotels)的夏普(Isadore Sharp)就以类似中国阴阳调和的观念，提

① 宋儒张载曰："气有阴阳，推行有渐为化，合一不测为神。"又说："缓则化矣"。

供前所未有的服务，成功地在酒店经营上创新。

在夏普之前，成功的酒店大体可以分为两种：一种是大型的商务酒店，设备齐全，但少了点人情味；另一种是小巧的汽车旅馆(Motel)，可以让客人感觉宾至如归。因为经济效益问题，两种酒店很难互相跨越。对汽车旅馆而言，像大型酒店那样增设健身房、游泳池、大型会议、餐厅等设施，住房成本将高于旅客所愿支付的。对大型酒店而言，因为大，所以无法让人感到家的温馨。正因为如此冲突，夏普之前的酒店大多属于两者之一，从来没有混合类型。

在此，我们看到了阴阳：大型酒店是阳，而小型汽车旅馆是阴。两者无法跨越，正象征着阴阳无法调和。而阴阳无法调和，就表示整体商业环境存在着空隙、消费者的愿望并没有完全达成。夏普看到了这样的机会。于是他想要成为一个阴阳调和者。他的目标很简单，就是提供中型酒店：既有大型酒店的便利舒适，也有小型汽车旅馆的温馨。但是他要怎么做到呢？

首先，夏普认识到，这样的一个中型酒店，其成本必然比既有的两种都高。其次，他做了任何一个成功的企业家都必须做的功课：客户分析。他发现四季酒店的客人绝大多数都是旅行常客，而他们旅行的频率超过其所希望的。因此，他们所希望的酒店是既有家的温馨、又有办公室的方便。从小处看，四季酒店是全世界第一家酒店提供洗发精、浴袍等我们今天看起来几乎是标准配备的对象。除了这些让人感觉在家的小物品之外，四季酒店也首先提供双线电话、大型办公桌。

从大处看，四季酒店是全世界第一家将房产所有权与经营权分开，自己只负责经营的酒店。这么做，让四季酒店成为真正的酒店管理专家，而不让酒店的经营被房价的波动牵着鼻子走。这么做也起到了比较大的财务杠杆作用，使得四季酒店发展迅速。

如上所述，由于夏普心中的中型酒店单位成本增加，他势必要让旅客觉得这增加的花费是值得的。夏普此时又发挥了阴阳互补的功力：他不仅直接提供更好的服务、前所未有的服务（阳），更优待员工，让员工“推己及人”：公司给予员工最大的关怀，而员工就将这样的关怀自然地惠及顾客（阴）。这些关怀包括：公司重新装潢的时候，必定同时重新装潢工作区；认真对待员工的抱怨，就如同对待客户的抱怨一般；无论在餐厅还是停车场工作，所有员工一视同仁；让基层员工都可以有足够的权责；赏罚分明；以信任代替管束。

于是透过类似《易经》阴阳互动、阴阳交互作用，夏普塑造了一个全新的商业模式，至今不坠。在设计思考（Design Thinking）上开思想之先河的 Roger Martin 称夏普为整合性思考者（Integrative thinker），以区别传统思考者（Conventional thinker）。[①] 从《易经》的观点来看，其实就是能够调和阴阳、深深体会阴阳交互之道。他认为整合性思考者具备几个特点，而我们分别用《易经》的道理阐释：

第一，是以明于天之道，而察于民之故，是兴神物以前民用。[②]

这句话的翻译是：“圣哲能明了天道生生不息之理，又能仔细体察民众的心理和需求，于是能创造与兴建神妙的事物，以满足人民潜在的需求。”夏普希望满足的不仅是顾客说出来的需求，更是他们不可言喻的内心感觉。在夏普之前，大酒店没有人性的温馨，或是小酒店没有商务的便利，人们习以为常，虽然不满意，但只好接受。但夏普独具慧眼，观人之所未观，提供了新的酒店经营模式，消除旅客心中的不快。

第二，接受混乱、甚至拥抱混乱。这方面的概念可以反映在数个《易经》的文句中：

- 言天下之至赜而不可恶也，言天下之至动而不可乱也。拟之而后言，议之而后动，拟议以成其变化。[③]

---

① Roger Martin, *The Opposable Mind — How Successful Leaders Win Through Integrative Thinking*.

② 《系辞传（上）》第十一章。“是兴神物以前民用”可以写成“是兴神物于民用以前”。意思就是在人民还没有动静之前，就能够体察民意，满足所需。

③ 《系辞传（上）》第八章。

我们尝试以管理与创新的角度来翻译这句话，就是：圣哲的道理涵盖了天下种种管理模式，是对复杂的管理手段所进行的概念化、原则化，所以不至于让人觉得道理艰深而烦倦。它也涵盖了天下种种应变的法则，因为是从管理模式演绎而来，所以法则就算多，也不会让人觉得混乱无章。这些原则与变则都表现在《易经》里面：《易经》中的“卦象”就是圣哲所揭示的原则，而“爻辞”就是他所规划出来的变则。原则与变则的合成运用，就能够通达天下变化的道理。

● 易之为书也不可远，为道也屡迁。变动不居，周流六虚，上下无常，刚柔相易。不可为典要，唯变所适。①

我们也一样用管理与创新的方式翻译：《易经》的道理不远离人生实用，其运用也经常有所不同。也就是说，易理经常随着时代与环境的不同而有所变迁。《易经》每个卦象的六个爻就是抽象地象征着六种不同的情境，而彼此交流互动，形成动态的关系。在不同的环境下（例如在不同的国家）、运用的力道不同（例如经济刺激方案的强弱），都会造成不同的效果，甚至是不同的新配方。我们不可以僵固于一成不变的典范，要能随着环境的变化来做调整，以适应时代之需要。唯有顺应时代而变革，方能适变而生存。

● 变动以利言，吉凶以情迁。是故爱恶相攻而吉凶生，远近相取而悔吝生，情伪相感而利害生。②

如同经济学的基本假设：利润极大化或成本极小化一般，《易经》讲的变动也以利润或成本的观念作为基本。而根据此一基础所产生的赚赔成败，则有着人情世故的道理，也是人性的呈现。正因为此一人性基础，人类的爱恶之情、感应之心、真假之意，往往就决定了吉凶。

● 蛊，元亨，利涉大川。③

---

① 《系辞传（下）》。

② 《系辞传（下）》。

③ 《易经·蛊卦》。

《易经》的“蛊”卦以食物放在空气中太久就会腐败做比喻，告诉我们，组织若不革新，日久生弊，而积弊成乱。但是也有可能乱而复治，万象更新，成就江海大业。

这些文句再次阐明了“乱”在《易经》中的种种面相。首先，就像有句话说的，“否极泰来、剥极必复”。也就是说在逆境中，我们仍然应该保持正面向上的心态，因为说不定否极泰来、因祸得福。所以看似大凶的“蛊卦”，在《易经》里却是吉卦。

其次，“乱”往往可以是机会的滥觞。我们提到，企业家的真谛在于提供前所未有的商品或服务，以填补现存市场的空隙。如果空隙明显存在，那么企业家靠的应该是百折不挠的创业打拼精神。如果市场已经均衡，那就必须靠创新，以创造新的空隙，然后乘隙而入。这个道理其实很简单。例如，中国自从1978年之后开始改革开放。当时国家该往哪里走没有定论。所以有邓小平的开放与陈云的鸟笼经济之争、有姓“社”还是姓“资”之争。正是那样的环境给了许多愿意放手一搏的人施展身手的好机会。再说到了20世纪90年代的美国。90年代初期经济萧条，那萧条看似死寂，但却孕育着初春气象，靠着信息科技，创造了90年代末期的网络时代。围绕着信息科技，许多公司从无到有，真可说是名副其实的雨后春笋。这些公司的成功因素当然不少，但其中共同点就是，他们都抓住了因为“乱”而蹦现出来的不均衡。在企业家的打拼精神与创新精神的交互为用之下，成就一方天地。这方面成功的故事不胜枚举，像苹果、谷歌、微软都是其中荦荦大者。但我们想举出亚马逊（Amazon.com）来细看，因为这家公司最能够体现如何看准科技的进展，提出创新主张。也就是说，亚马逊非常懂得如何在“乱”中得利。

亚马逊固然有名，但与苹果、谷歌、微软等公司比起来，似乎没有那么惹人注目。它一直在网络世界中占有一席之地，但又不像台湾的酷朋（Groupon）或脸书（Facebook）那样，声名鹊起。但是，它却像科技界中的“寒鸦”，总能够嗅出科技发展上春江水暖的气息。1995年，网络世界正在含苞待放，杰夫·贝佐斯(Jeff Bezos)就创立了亚马逊。就在不久前的1993年，第一个网站浏览器Mosaic诞生。贝佐斯就看出这样的工具可以打破实体限制，让商业活动跨越时间与空间。这是亚马逊第一次尝试乘着新科技的发展，提出创新主张(言天下之至赜而不可恶也，言天下之至动而不可乱也)。

不仅如此，贝佐斯还看到了一般创新者所忽略的，就是“上下无常，刚柔相易”：贝佐斯看到的不仅是“不均衡”所带来的机会，也看到了机会的大小以及如何因应其大小所应该履行的步骤。而今我们知道，网络具有所谓的“遍在性”，Ubiquity。也就是说网络无远弗届。既然无远弗届，商机自然无限大。而商机如果无限，自然需要比较长久的布局。因此，与其他当时的创业者动辄给投资者编织一个近在咫尺的美梦不一样，贝佐斯开门见山地告诉投资者，他的公司在5年之内是不会赚钱的[①]。千禧年之际，网络泡沫化，整个网络世界兵败如山倒。这是贝佐斯所面临的另外一个“乱”。在那个乱世，亚马逊却逆势而上，于2001年开始获利。

此外，贝佐斯必须决定该在网络上卖什么。许多人创业之时，都是开创自己喜欢的事业。例如喜欢咖啡，就开个创意咖啡店。贝佐斯不然。他慎重选择配合网络特性的产品(不可为典要，唯变所适。)。他选择了书。这有三大原因。

第一，书籍市场庞大，但却分散。它不像音乐，几乎80%的音乐销售集中在大型发行商。因此，现存书商并没有办法阻止新进竞争者，而且在进入市场之后所面对的竞争也会比较小。

第二，书籍不需要详细的产品描述，也没有所谓定制化的问题。在亚马逊之前，书商之间已经存在对书籍介绍的数码数据库。也就是说，书本在网络上的信息非常透明。人们看到书籍介绍以及读者评价，就可

① http://baike.baidu.com/view/552703.htm。

以清楚知道那本书的内容甚至优劣。第三，书籍在网络上比较容易搜寻，只需要书名即可。

尔后随着网络科技的进展，亚马逊总是那么精准地提出相对应的服务。例如，当网络带宽提高，亚马逊就提供"Amazon Instant Video"的服务。在云端计算(Cloud Computing)还没有沸沸扬扬的不久之前，它们就提供了"Amazon Cloud Drive"。社群科技的进展，也带给亚马逊许多机会。其中最明显的自然是更为完整的读者评价服务，而比较不为消费者所知是"Amazon Web Services"(AWS)。简单地说，AWS 就是将原本摆在计算机里面的软件服务摆在云端。而任何人，不仅是传统的软件供货商，像微软，都可以开发自己的软件，让一般人借由网络联机直接使用。这些行动正印证了上述的道理：

"变动以利言，吉凶以情迁。是故爱恶相攻而吉凶生，远近相取而悔吝生，情伪相感而利害生。"

贝佐斯不仅看准时势，也看到了科技的发展，更看到了科技发展之下消费者心态以及行为可能的改变。这里有总体经济上的判断、有对科技发展的掌握、也有对于消费者心理的了解、更有着对投资者的说服力。用《易经》的道理阐释，就是能够掌握变动、乘时趋利，了解爱恶、远近、情伪的道理，趋吉避凶。

第三，整合性思考者了解事情的来龙去脉不是单向的，而是多方面的；不是直线的，而是曲折的。再以《易经》的话来说，还是前面所说的："变动不居，周流六虚，上下无常，刚柔相易。"在此，无论是夏普还是贝佐斯，都展现出他们的功力。就夏普而言，他看到了传统逻辑的漏洞。传统的酒店产业认为大酒店分散固定成本。而要降低成本势必牺牲服务。小酒店的固定成本不能太高，否则平均成本不符合效益原则，所以必须在服务上超越大酒店。这种"顾此失彼""鱼与熊掌不可兼得"的思维是直线的。而夏普并不是天真地以为两者可以兼得。而是清楚地看到，如果要能够平衡大小酒店的利弊，就必须进行管理上的创新，让旅客觉得比较高的价格是值得的。

对贝佐斯而言也是如此。他所想到的不仅是用网络来取代实体商业，更重要的是提供实体商业所不能提供的服务。这样就是逃脱了“网络—实体”的直线型思考，也是他选择书籍作为第一波商品的原因，因为读者可以针对书籍写书评，这是实体书店不能提供的服务。而书评是放诸四海皆可用的，并不会因为某人与另外一人的高矮胖瘦不同、性别性格差异而有适不适用的问题。

第三章

《易经》变易中的变迁与创新

我们在第二章中画出了太极图。太极图有着阴阳的互动，而阴阳的互动就产生了种种变化。所以《易经·系辞传(上)》第十一章说：

> “是故易有太极，是生两仪，两仪生四象，四象生八卦，八卦定吉凶，吉凶生大业。”

在解释两仪的时候，北宋大儒周敦颐就说：

> “自无极，而为太极。太极动而生阳，动极而静，静而生阴。静极复动，一动一静，互为其根。分阴分阳，两仪立焉。”①

《系辞传(下)》第三章说，“爻者，言乎变者也。”孔颖达解释说：“夫爻者效也，效诸物之通变。”“效”这个字的左边是“交”，而“交”是“爻”的变形，所以孔颖达才如此训诂的。

《易经》所讲的变，除了前面一节所讲的变化之外，还有变迁的意思。变化指的是阴阳两种力量所造成的变象；而变迁指的是一个演变的系统。《易经》所阐释的这个“变”的系统可以用一句原出自《易经》、而今则

① 《太极图说》。

成为人们常挂在嘴上的话来说:“易穷则变,变则通,通则久。”[①]从创新管理的角度来说,这句话是企业再造(Business Reengineering)的信条,而企业再造是一个演绎的过程。我们可以图3—1表示。

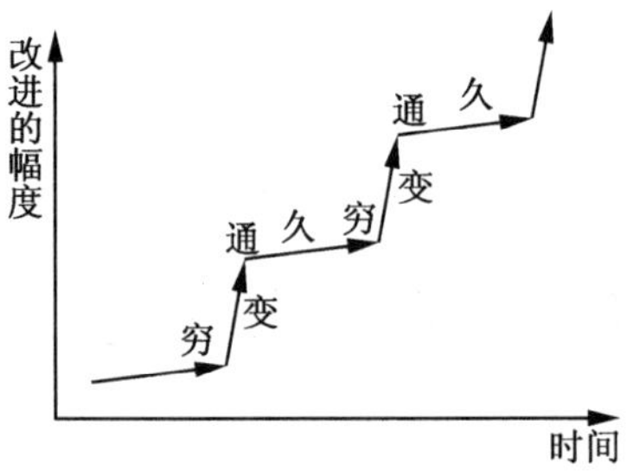

图3—1 “穷则变、变则通、通则久”相续演进示意图

20世纪80年代末期,企业再造是门显学。主要是因为信息科技刚刚萌芽,许多具有前瞻性的学者看到了信息科技可以创造前所未有的管理模式,运用它势必可以对于企业在组织架构上产生前所未有的影响。当时美国正在脱离“日本能,我们为什么不能”的尴尬期,有些企业管理学者认为,日本的企业组织优于美国。例如,日本有着永久雇佣制度,让员工觉得公司就是自己的家,因此有着极高的忠诚度。美国如果要达成像日本那样的成长,组织变革不可避免。而恰巧那时信息科技萌芽,运用信息科技改造组织就成了学者与企业家思索的方向。这其中比较著名的像是麻州理工学院的麦克·韩墨(Michael Martin Hammer)、亚利桑那大学的杰伊·纽那梅克(Jay Nunamaker)。

从这个简单的历史沿革可以看出,当代的组织改造依然遵循着中国文化“易穷则变,变则通,通则久”的道理:美国人发现自己的国力衰弱,于是思考如何变迁(穷则变)。而经过了多年的尝试,在信息科技的带动下,20世纪90年代前半段美国的郁闷一扫而空,换来的是90年代后半段的经济腾飞(变则通)。中间经过了网络泡沫,但随着中国崛起,美国

---

① 《易经·系辞传(下)》第二章。

的国运也形成另外一波的势头(通则久)。而且千禧年之后无论中国还是美国的发展,都似乎更胜从前。

然而,就像任何企业再造都是个永续的工程,世界经济的繁荣也不可能一成不变。21世纪的第二个十年,世界就面临着巨大的挑战。我们回头看20世纪90年代与21世纪的第一个十年的两次景象,就说明了“穷则变,变则通,通则久”是个动态的过程,类似螺旋:前一个“通”蕴含着下一个“穷”的因子;而“久”正蛰伏着下一个“变”。

要说企业当中表现“穷则变,变则通”这个道理的,莫若IBM。以IBM过往的成绩来看,自成立以来,IBM以其强大的发明实力稳坐科技业的龙头宝座,它的光环囊括了数次的诺贝尔奖,连续20年蝉联全美专利排行榜榜首,生活中随处可见IBM的身影:金融卡上的磁条、硬盘技术、自动柜员机与国际条形码系统等至今还在使用。美国政府与企业存取信息的打孔卡片制表机、软盘片等虽已走入历史,但观看IBM的发明史就仿佛叙述了整个科技进步史,少了IBM,人类无法登入月球,计算机也无法理解人类语言。要说苹果改变了人们听音乐的方式,那IBM就等同于改变了人们生活的方式。IBM的地位无人能及,然而,拥有如此辉煌成绩的IBM,却也一度走入了穷途末路的窘境。

IBM在“穷、变、通、久”的过程中,先以“久”的姿态运行了过半百年,并在这一路顺畅的几十年埋藏下了走入“穷”的因子。20世纪80年代中期,在成功开发个人计算机之后,IBM的市场份额达到80%,原本占领个人计算机天下的IBM却因为核心技术委外生产,将自己的路给封堵了。个人计算机时代的来临,让IBM在“久”的过程中将自己推上了巅峰,尽管当时个人计算机的品牌琳琅满目,但消费者对于IBM产品的推崇程度，让 IBM 不费吹灰之力就击败了对手，开启一场计算机革命。但无所不能的蓝色巨人敌不过盛极必衰的魔咒。当时 IBM 所推出的个人计算机，操作系统是由微软（Microsoft）操刀，微处理器是由英特尔（Intel）所制造，着实提供了其他小公司模仿的机会。换句话说，只要有了和 IBM 相仿的计算机硬件，再搭载上英特尔的微处理器与微软的操作系统，就等于是一台品牌不同的 IBM 个人计算机。操作系统与微处理器便是 IBM 走入“穷”这一阶段的开端——一场个人计算机战争。康柏（Compaq）的崛起，给了 IBM 在这场革命中正面的一击，低价个人计算机的高销售利润，让康柏有足够的实力与 IBM 正面对决，IBM 面对迅速流失的计算机市场苦思如何反击，要仿造当时大型主机时代主导市场的地位根本是不可能的，康柏只是这些众多仿冒计算机的其中之一，再加上其他为数不少的小厂商，正瓜分着个人计算机这块市场，只要模仿的风潮还在，IBM 就很难在这场争战中胜出。譬如戴尔计算机（Dell）利用邮购方式销售个人计算机，少了实体店面、业务人员等开销，相对增加个人计算机降低售价的弹性，重创 IBM 在个人计算机市场的占有率。IBM 不仅失去了大片个人计算机的市场，还提供竞争对手削弱自己实力的机会，因此将微软推上了事业高峰，等于是亲手培养了竞争者，让 IBM 在计算机市场上有如国王的地位饱受威胁。IBM 表现出的“穷”就好比是“成也萧何，败也萧何”的重演，因个人计算机而攀上顶峰，也因个人计算机给自己铺了一条走向死胡同的路。

真正让 IBM 无力反击的不是这场计算机战的价格攻击，也不是面对众多小型对手的群攻，而是蓝色“巨人”的迟缓反应。IBM 亲手埋下数个“穷”的因子，好像是注射到“巨人”体内的病毒，潜伏期长达 70 年，自 1911 年成立以来，不随意开除、资遣员工是 IBM 用人的信条，“终身雇用”制度使得 IBM 无法用利润摆脱负债，拥有几十万员工的 IBM 在人事成本上的花费相当可观，被人事成本拖垮的公司通用汽车（GM）就是一个最好的例子；管理模式更让“巨人”无法实时动作：繁复的审核程序、员工提案必须通过层层上奏，才能得到回音、根深蒂固的组织文化以及遍布全球的分公司、庞大且烦琐的组织是造成 IBM 无法及时反应的最大病征。“冰冻三尺，非一日之寒”用来形容 20 世纪 80 年代的 IBM 再适合不过了，个人计算机只不过是将内部管理问题揭露出来罢了。蓝色“巨人”终于病发，一个生病的“巨人”，要如何以残弱的身躯与竞争者对抗呢？

正因为 IBM 终于有了第一次束手无策的局面，背后隐藏的管理漏洞才浮现，促发了 IBM 一连串在管理层面上的变革。要重新整顿 IBM 的第一步是换掉蓝色“巨人”的脑袋：面临重大危机的 IBM 聘请了曾任美国运通执行长的路・葛斯纳（Louis Gerstner），这位新任执行长没有任何管理科技产业的经验，IBM 需要一个不拘泥于其企业文化的外人，当外界都认为葛斯纳接下了一个人人避之唯恐不及的职位时，葛斯纳却在四年内颠覆众人的想法，蓝色“巨人”来到“穷、变、通、久”的第二阶段，葛斯纳掌握着 IBM 要“变”的权力。IBM 终于表现出了“穷则变”的道理，当个人计算机带来的危机让 IBM 濒临崩解，IBM 必须要找到一个出路，这出路就是路・葛斯纳。

现在我们来看看葛斯纳是如何力挽狂澜的。根据他自己的说法，是让一只大象起舞。第一步，是要破除终身雇用的制度，尽管在葛斯纳上任之前，IBM 以退休方式缩减人员编制，但是优越的退休金，相当于终身雇用的延续，人员流失带来的开销并非 IBM 所能负荷。在面临业绩节节下滑、公司不见起色的当下，IBM 所提供的提前退休政策，像是给 IBM 金库凿出一个大洞。因此葛斯纳在重启大量裁员政策时必须狠下心肠，让员工正视什么叫作“生于忧患、死于安乐”。过去的 IBM 文化造就了一群冗员，宛如在蓝色“巨人”身上的肥腻脂肪霸着一碗又一碗的铁饭碗，因为 IBM 在科技业的超群地位，因为 IBM 的产品无往不利，蓝色“巨人”过去创造出一桶一桶的黄金只多不少，面临危机的 IBM 需要裁员之时，要卷铺盖的员工还是可以拾着 IBM 的光环找到新工作，走人之前还能在蓝色“巨人”身上榨出一点油水。葛斯纳破除终身雇用制度，就是要杜绝这种内忧外患的现象。经过初步诊断，蓝色“巨人”所患的疾病叫作肥胖。第二步，是要面对前任执行长艾克斯(John F. Akers)提出的组织重组政策—肢解蓝色“巨人”，也就是艾克斯针对不同事业将组织拆解为数个分公司，像是打印事业、储存产品事业等，定义为新的公司与事业单位。艾克斯认为，蓝色“巨人”的反应迟缓是由于组织过于庞大，若组织拆解为数个分部，势必能加速“巨人”的反应能力，在理论上来说是没错的：当组织缩小了，在管理上除了利用部门间的竞争产生刺激外，还能缩短决策时间，尤其是像 IBM 这种购买零件都需要经过十双手以上的申请模式，这种肢解方式，对于 IBM 来说是必要的解决办法。但葛斯纳却不这么想，表面上决策时间是缩短了，但实际上却造成公司的分裂，将会使 IBM 的未来岌岌可危。同时，葛斯纳必须在短期内改善公司的财务状况，裁员与组织重整是为了防止在人事成本上持续恶化，但是要在市场上继续获利，葛斯纳必须改变 IBM 未来产品的发展方向。过去 IBM 业务员的骄傲在于没有人会拒绝任何挂上“IBM”厂牌的产品，因为 IBM 决定顾客需要什么，因此 IBM 忽略了客户的声音。葛斯纳要做的是在这些业务身上装上听筒，让他们仔细聆听顾客真正的需求，才可以在第一时间理解市场变化。经过减肥的蓝色“巨人”再度爬起，被拆解的肢体也经过重新组装，最重要的巨人之耳也摆脱了重听的恼人症状。蓝色“巨人”要重新动起来，他要以长跑健将的姿态重回市场。葛斯纳以“穷则变”的基本道理带给 IBM 一个重新爬起的机会，前任执行长艾克斯在面临 IBM 危急的时刻，虽然也力求 IBM 的改变，但这两人在变革的本质上有根本的不同，前者是对症下药，而后者却是病急乱投医，结果就是葛斯纳成为撑起蓝色“巨人”的巨人，名副其实，艾克斯却背负着导致 IBM 在 20 世纪 80 年代一蹶不振，罪魁祸首的骂名。

一步一步检视 IBM 是如何表现出“变则通”。葛斯纳新官上任的一把大火烧在精简员工与预算上，一是大量裁员，让员工不再有懒散的心态；二是减少公司内的开销，让研发小组把预算与精力发挥在更具有经济效益的项目中。首先，破除了终身雇用制度。IBM 在 1992～1994 年共裁员了超过八万人，摆脱笨重的身躯，蓝色“巨人”的亏损趋缓，终于在 1994 年，IBM 开始获利。人员的精简对企业的影响并非全都是正面的，像是士气因此而低落，IBM 研发个人计算机位于美国佛罗里达的工厂遭到关闭，IBM 的规模不如以往，葛斯纳反而利用这种负面情绪给 IBM 带来了危机意识，员工才真正了解铁饭碗的时代已经过去；要保住自己的工作，他们必须更加努力。鼓励员工尝试新点子，将冒险精神重新导入 IBM 企业文化中，而不是让骄傲自大取而代之。蓝色“巨人”的细胞要懂得思考，而不能只是日复一日的消耗“巨人”身上的养分。其次，是删去 IBM 大量的研发预算。IBM 每年在研发上的预算大约 51 亿美元，葛斯纳砍掉不具有商品价值的研发项目，将精简过的经费锁定在能够创造营收的项目上，例如：超级计算机。面对不断裁员与研发经费日渐减少的 IBM，员工人人自危，有了这种刺激，IBM 开发的超级计算机“深蓝”(Deep Blue)，才能够打败世界棋王卡斯珀洛夫(Garry Kasparov)，成为科技历史上第一台战胜人脑的计算机。而后超级计算机进化再进化，名为“华生”的超级计算机得以成功，跨足医疗界，都必须归功于葛斯纳带来的危机意识，与沿用老时代 IBM 勇于尝试的精神。换言之，少了这些又裁员又砍经费的举动来刺激员工思考，“华生”就不会诞生到这个世界了。改变终身雇用制度的初衷是为了缓和 IBM 的亏损，随之带来的危机意识间接催化员工持续思考，最后创造出令世界惊艳的超级计算机，这不正是应用了“变则通”的道理吗？

保持公司的完整性也是葛斯纳改变 IBM 思考与行为模式的重要决策。若果真按照艾克斯所想，IBM 分裂成营运各业务领域的分公司，那总公司就如同手握空权的国王。当时由 IBM 分裂出去的事业单位早已具备了独当一面的实力，例如：名为锦标系统公司(Pennant)的打印事业，价值 20 亿美元；专营储存产品事业(Adstar)的总值更高达 110 亿美元。只要脱离总公司持续亏损的黑洞，这些分公司便可借机与 IBM 分离，摆脱负债。这并非否认分权化制度便是分裂组织，但组织庞大如 IBM，若是采用这种肢解计划，就好比周朝封建制度的崩坏，由于王室赋予诸侯的权力相当大，诸侯享有在分封领土内的收益与资源，最终导致周王室实权旁落而逐渐凋零。若给了这些单位独立的机会，那不就相当于周王室权力的架空一样，而最终导致 IBM 消失。葛斯纳推翻艾克斯肢解 IBM 的计划，正是为了避免 IBM 因此而走入历史。当然公司内部对于葛斯纳所采用的改革政策，抱持着反对心态。但事实证明，在艾克斯将 IBM 划分为几个小型蓝色“巨人”后，IBM 在 1991 的亏损仍然高达 27.7亿美元。被肢解的蓝色“巨人”不是缩小，而是被分解成一条手臂、半条腿，七零八落的器官，既已和大脑分离，又怎能要求它能顺畅地运转呢？所幸这些被拆解的身体器官还未离开大脑太久，葛斯纳重整组织，将 IBM 分裂的身体驱块重新组装，利用矩阵式的组织形态，加强部门间的沟通，更针对区域来划分部门，让组织可以在世界各地对市场有更良好的反应能力。IBM 又一次印证了“变则通”的道理：过去的 IBM 繁杂的行政流程，是造成蓝色“巨人”反应迟缓的原因，若实施分权制度使得 IBM 分解成数个事业单位，会导致 IBM 的凋零。不能由本质上来分裂公司，必须借由组织重整来保持公司的完整性，来达到永续的经营理念。看看现在，蓝色“巨人”正计划着下一个 100 年。

上述的两个重要变革是 IBM 从内而外的改造，蓝色“巨人”有了强壮的身体还不够，必须提供一个让他可以尽情发挥的市场。葛斯纳认为，IBM 旧有的辉煌成绩是将公司局限在一条叫作“科技”的跑道，面对大型主机逐渐失去获利能力的时候，IBM 想以个人计算机打破僵局，没想到个人主机带来的销售危机，让 IBM 几乎垮台。然而这些情况，都有个基本的盲点，便是忽略顾客的声音，这相当于放弃了对市场改变的应变能力。IBM 的研发实力出色，这毋庸置疑，若能将咨询服务重新整合到销售产品中，不但可以拓宽市场，更可以有效地增加收益。因此 IBM

推出了一个“拥抱顾客计划”(Operation Bear Hug),目的在于让客户可以更亲近 IBM。以往 IBM 提供的顾客服务是随着产品出售,在购买 IBM 的产品之后,对于产品有操作上的困难、故障,IBM 都会随时待命提供服务。换句话说,这种服务性质只是补强了产品的功能不足,若不购买产品,就无法享受到 IBM 优越的技术。在面临众多科技公司的崛起,顾客所购买的不再只是 IBM 的产品,可能是 Compaq、Digital 或者是其他公司的产品。也就是说,同一顾客所购买不同品牌的设备,就必须联络不同厂商来提供服务。IBM 看准的就是这种整合服务,科技爆炸时代最欠缺的技术,也为 IBM 在 1998 年创造了高达 234 亿美元的营收。适逢互联网吹起微风,IBM 正巧抓住了等待已久的机会,以往企业用于储存数据的大型主机,要转为可以在网络上取用,这种转换技术的不二人选,非 IBM 莫属。葛斯纳因此意识到将来互联网的发展,会影响到计算机工业,IBM 要能夺得先机,才不会又一次上演垂死“巨人”的戏码。例如:“9·11”事件的后续资料回复工作,也仰仗 IBM 出色的重建技术,才将伤害降到最低;以及与人人网的合作,IBM 与人人网共同建立的商业智能系统,让人人网可以更精确地追踪玩家的使用数据,以便能更准确地抓准玩家的喜好。试想 IBM 维持以往专注于产品的开发与销售,便无法实时应对互联网快速的变化,蓝色“巨人”可能还在无尽的亏损中打滚。尽管葛斯纳在组织管理上大动干戈,没有 IBM 可以发挥的市场,这些变革一样无法使蓝色“巨人”起死回生。转换未来发展的方向,IBM 终于发挥“变则通”的精髓,再加上杜绝了 IBM 内部根本性的管理问题,蓝色“巨人”才有今日屹立不倒的业绩。反观曾经打败 IBM 成为个人计算机业翘楚的 Compaq,如今却被惠普(HP)收购;以邮购起家的戴尔计算机,也在网页管理失误上,造成一次又一次的亏损。IBM 不仅一次反映出了“穷则变,变则通”的这个过程,2004 年联想计算机收购了 IBM 的个人计算机产业。一间仅在中国算有名气的计算机公司,就像一条发育未全的蛇,想鲸吞 IBM 这个国际巨人一样。但经过 IBM 层层的考虑，若要将IBM未来的发展方向锁定在服务这条道路，势必要放弃部分的生产线。因此，IBM再次表现了“变则通”的道理，同意联想计算机并购IBM的个人计算机事业。IBM以此专注在点对点的服务事业，又开创了另一片的专营事业，为IBM创造了不可小觑的营收。这些事件都印证了企业必须具备“穷则变，变则通”的概念，才能在商场上占有一席地位。

《易经》的“穷变通久”不仅是一个过程，而且是动态的系统。这层道理其实哲学家们早就整理出来了：黑格尔的辩证法、马克思的唯物辩证法、熊彼特的创造性地破坏、甚至野中郁次郎（IkujiroNonaka）的知识创造螺旋，都反映着类似的模型。只是我们的《易经》，比所有的当代理论早了两千年。我们之后讨论“乾”卦的时候会详细谈《易经》的系统[①]，以及它与上述西方理论的关联。在此，我们先说说《易经》几句简单的、反映系统道理的文字。首先，《易经·系辞传（上）》第五章提到：“生生之谓易，成象之谓乾，效法之谓坤。”这儿的第一个“生”字是动词，作生成、创造解。第二个“生”字是名词，作苍生万物解。“生生”即是“知周万物，道济天下”之意。“生生”是能生养有生命的万物而尽其自然之性，这就是“易”道的发挥。

《系辞传》接着说：“成象之谓乾”，意思是“乾”的作用是形成象，也就是商业模式（Business Model），以判断情势而规划未来。而能效法乾元的规划和领导，脚踏实地、按部就班地实践高远的计划，也就是行动方略（Action Plan），则是坤元的功用。宋朝的理学大师张载就说：“两在，故不测。”“两在”是指有阴阳两仪之存在。这是说任何事物皆是阴中有阳，阳中有阴，阴阳刚柔相反相成，因此能够变化不已，也就难以预测。一般人可能会以为，有了阴阳两仪，天地位焉、万物育焉，真是完美世界。但是真正通晓《易经》的人却可以发现，《易经》其实就像是我们所认识的宇

---

① 见《乾卦与创新》一章。

宙:银河星空,看似皎静,但却包含着亿兆个动荡。而我们今天所了解的任何物体也是如此:虽为实相,但到了原子层次,却是不停地扰动。

所以《系辞传》才又说,“卦有小大,辞有险易”[1]。也说“惧以终始,其要无咎”[2]。所以,《易经》是险易互生、小大相成。任何事物在“易道”看来,都有着小循环与大循环。而每个循环都有着不同的“危险”与“安易(逸)”。大循环就用卦来表示:从乾坤两卦中间经过六十卦,到最后的既济与未济两卦。而小循环就存在于每个卦之中,以爻辞表示,因为每个卦有六个爻(横线或是断线),所以有六个层次。例如乾卦的第一个爻是初九,接着是九二、九三、九四、九五、上九。[3] 而所有的循环都不是原地踏步,而是如同图 3－1 所示,是一个螺旋向上的过程。正如我们的经济发展。毛泽东有首诗说,“无限风光在险峰”,诗意地传达了这个办证道理。

也因此,《易经》谈“终始”,却不说“始终”。因为“终始”表示终而复始、生生不息。而“始终”却是个封闭的体系:一旦结束,遁入空寂。这个“终始”之道,就表现在《易经》的结构中:《易经》始于“乾”卦,接着就是“坤”卦。如果《易经》是个封闭体系,那么“坤”应该是最后一卦,因为先天后地,就成了我们的天地宇宙。但是《易经》的作者不这么认为。他们把象征天地的乾坤摆在最初的两卦,就表示乾坤互相作用,“生生不息”,然后演绎出六十四种不同的情境。

《易经》的最后两卦也显示了这个道理。如果《易》是一个静止的、封闭的、甚至圆满的循环,那么最后一卦应该是个上上的吉卦。但是不然。《易经》的最后一卦、也就是第六十四卦是“未济”,表示尚未完成,象征着虽盈犹损、虽满而亏。《易经·序卦传》说:“物不可穷也,故受之以未济终焉。”“未济”的卦辞形象地用一只小狐狸做比喻:“未济”的状态就像是

① 《系辞传(上)》第三章。

② 《系辞传(下)》第十一章。

③ 乾坤两卦除了这六个爻之外,另外还有用九,比较特别。

小狐狸过河，头已经着陆，但是尾巴还浸在水中。在这样的状态，很难判定是吉还是凶①。

但是，在"未济"之前的第六十三卦却是"既济"，表示已经完成。"既济"的卦辞说："既济，亨，小利贞，初吉终乱。"这里有几点可以注意。第一，既济象征着完成，所以自然是个吉卦。但是却不是大吉，所以说是"小利贞"。第二，既济绝对不是结束，它位于倒数第二卦，而不是最后一卦。第三，它不但不是结束，而且是"初吉终乱"。也就是说，这个大圆满其实正就是乱的开始。

在创新领域颇富经验的人都知道，创新是一回事，而持续创新又是另外一回事。哥伦比亚商学院的葛伦伍德（Bruce Greenwald）教授举出一个例子。1909 年，通用电气公司开发出一种高科技产品，在当时震撼企业界。这个产品是我们今天耳熟能详的烤面包机。烤面包机运用了当时最先进的镍铬合金和红外线技术，之后也经过无数改良。也就是说，当年烤面包机也如同今天所有的高科技一样，精益求精。然而，如果今天有人宣称烤面包机是高科技产品，一定让人贻笑大方，甚至怀疑他的基本常识。烤面包机绝对称不上高科技，任何公司都有能力生产。这寓意着在长期里，任何创新都成为无所差异的商品（commoditization）。从《易经》的道理来说，就是一个创新循环接近了尾声。但是创新并未终止。想要争取下一波的竞争优势，势必要经过一番摸索，从没有领导市场的产品或企业之混乱或是混沌状态中，寻求创新的生存之道。以《易经》来说，就是走到了"既济"然后是"未济"的地步：烤面包机或是所有的创新产品，在开始的时候享受了创新红利，所以是"初吉"。但之后大家纷纷模仿，技术领先溢价（premium）不再，市场厮杀惨烈，就成了"终乱"。然而此时也许有人、有公司脱颖而出，有了新的创新，发展新的创新产品或服务（例如 iPhone，表面上是产品，其实也是服务），但他们的

① 未济：亨，小狐汔济，濡其尾，无攸利。

创新永远不会是真正的圆满，因为市场是个动态的循环。只是我们可以肯定的是，新的产品或服务必然有着比从前更符合消费者需求的地方。

此外，知识管理也显示了这个螺旋向上的过程。将知识管理赋予理论基础的就是方才提到的野中郁次郎(IkujiroNonaka)。野中郁次郎认为知识可以分为显性知识(Explicit Knowledge)和隐性知识(Tacit Knowledge)两种。显性知识指的是正式的、系统的知识。它们可以量化、可以储存为数据、可以用符号来表示与分类、可以放诸四海而皆准。这些知识的价值也可以用一般的量化方式衡量。像是生产力(产出除以投入)、成本、资本报酬率等。另外一种是隐性知识，它是个人的主观判断、灵感、直觉、特殊技巧、特殊体会、特殊经验等。隐性知识往往不能以语言文字传达，但因为它的特殊性，却是创新的根源。

知识的创造是依赖显性与隐性知识的互动。它可以有四种形式，而这四种形式或机制就可以形成新的知识。而新的知识又进入另一层显性与隐性互动的循环，而产生又一轮新的知识。

野中郁次郎以揉面包为例子。松下电器(Matsushita Electric)试图发展一款揉面机，但总是不得其门。揉出来的面团就是无法制成烘烤均匀的面包。为了解决问题，他们甚至使用 X 光比较面包机与面包师傅的面团，想找出相似之处。然而，这样的高科技做法依旧徒劳无功。

松下电器知道大阪国际酒店(Osaka International Hotel)的面包远近驰名，于是派遣一位工程师田中郁子(Ikuko Tanaka)到该酒店学习，看看是否可以将酒店师傅的手艺转化成为机器的参数。田中郁子遇到了一个前所未有的挑战，就是将师傅的隐性知识转化成可以被程序化、设计在机器操作的显性知识。在经过一年不断的试验之后，田中小姐终于归纳出标准程序，并且根据程序改造了机器的硬设备。这台机器不负众望，得到市场广大的回响。

田中郁子的工作就是知识循环里的 4 个步骤。首先，田中郁子跟着师傅学习。这是个隐性知识转存为另外一份隐性知识的过程。野中郁次郎将它称为“社会化”(socialization)。其次，当田中小姐学会了师傅的手艺，她必须将所学到的手艺传达给同僚，让他们知道手艺的细节，这过程是将隐性知识转化成为显性知识，称作“外化”(externalization/articulation)。接着，松下公司必须将这套手艺转化成为机器的参数，并且大量生产，这个过程是显性知识转化成显性知识，称作“合并”(combination)。最后，透过将知识转化为可操作程序的过程，田中小姐对揉面的技巧有了更深刻的掌握，这就是“内化”(internalization)。不过故事还没结束。这个经过知识创造循环的“更深刻的认识”就作为下一个知识循环的起点，而创造了新的知识。

这四个知识转化的过程可以与中国文学做个巧妙而有趣的比附。社会化(隐性转隐性)就像是《老子》所说的，“道可道，非常道；名可名，非常名”。又可以用《庄子》的典故来比附：“啮缺问于王倪，四问而四不知”。用知识管理的语言来解释，庄子的意思是：社会化固然有着口耳相传，但是贵在心领神会。

外化(隐性转显性)就像是《尚书·洪范》所记：“初一曰五行。次二曰敬用五事。次三曰农用八政。次四曰协用五纪。次五曰建用皇极。次六曰乂用三德。次七曰明用稽疑。次八曰念用庶征。次九曰向用五福、威用六极。”也就是把抽象无形的天命(可说是一种隐性知识)现实地表现在典章制度当中。

合并(显性转显性)的工作在中国文学或历史上最早的记录就属伏羲了。《系辞传(下)》记载：“伏羲仰观象于天，俯察法于地……画八卦，以治天下。天下伏而化之，故谓之伏羲也。”这儿，伏羲的工作非常清楚，就是将天地自然的变化忠实地记录下来。

至于显性转成隐性的知识内化，唐朝贾岛的诗非常传神：“松下问童子，言师采药去；只在此山中，云深不知处。”童子只是简单直叙的一句“采药去”，听在诗人贾岛的耳里，那种与隐士之间的心电感应，却是“尽在不言中”。

第四章

《易经》变易中的变革与创新

《易经》的变易也包含变革的意义。在前一章中我们提到,《易经》“穷则变,变则通,通则久”的哲学。既然以变为常态,变革自然是必要的。《易纬·乾凿度》曰:“故《易》始于一,分于二,通于三,‘革’于四,盛于五,终于上。”在原始文献中,“革”字从缺。近人徐芹庭根据文意,认为应该是个“革”字。如果我们看《易经》的六十四卦,都是由两个卦组合而成的。上方称为上卦或外卦,下方的称为下卦或内卦。如果从下往上算,第三爻到第四爻是从下卦到上卦的转折,也就是“革”。换言之,《易经》的每一个卦都有变革的因子。就算是从一爻到另外一爻,也都象征着时、位、势的变迁,也隐含着变革的意味。

此外《易经》的第四十九卦就是“革”。它的卦辞是:“革,己日乃孚,元亨利贞,悔亡。”意思就是,当我们在适当时候进行变革,让人心悦诚服,就能亨通,而无所后悔。所以“革”卦的彖辞就说,天地经过一番变革,才会有春夏秋冬四季的更替。而商汤与周武王的革命也正顺应着天地、符合人们的期待。“革”卦的现实意义实在是太重大了。[①]

---

① 原文:天地革而四时成。汤武革命,顺乎天而应乎人。革之时大矣哉。

西方思想家也有类似的看法。经济学家熊彼特(Joseph Schumpeter,1883－1950)认为,创业家(entrepreneurs)不断地追寻创新的观念、技术、产品、市场和生产方式,经常会彻底消灭目前领导市场的主流公司和其产品,因而激起另一波的经济成长。熊彼特将此现象称为"创造性破坏"(creative destruction),这也就是"变动不居,不可以为典要"的意义:因为在剧变的时代环境下,大家所公认的不变的"典范"(paradigm)也会转移。典范转移(Paradigm Shift)的观念为科学史学者汤马斯·孔恩(Thomas Kuhn)在其 1962 年出版的著作《科学革命之结构》(*The Structure of Scientific Revolution*)所提出,说明科学的进步不是一个演化的过程,而是全新的创意和思维所带来的革命。

我们在此赫然发现中西两方的哲学家真是英雄所见略同。宋朝时候的思想家陆九渊就说:"东海有圣人焉,其心同,其理同;西海有圣人焉,其心同,其理同。"为什么东西两方的哲学家看法会接近呢?这其中的原因之一是"忧患意识"。孔子说:"作易者,其有忧患乎?"读了《易经》之后,孔子发现这部宝典充满了"生于安乐、死于安乐""俭德避难"等让人随时感到戒慎恐惧、居安思危的思想,所以才感慨地说,写《易经》这部作品的圣贤,一定有着忧患意识。而西方思想家也体会到了这点,所以"革"就成了他们的中心学说。

管理者读《易经》,首先要有的也是这个忧患意识。1982 年,彼得斯(Tom Peters)与瓦特曼(Bob Waterman)出版了一本名震四海的书:《追求卓越》(*In Search for Excellence*)。这本书揭示了成功公司的特质,并且鼓励所有企业主都能够效法那些公司。例如,他们表彰企业的人性因素、颂扬组织文化。他们列举了 43 家公司。但就在书籍大卖之后数年,美国商业周刊就做了一个封面故事,标题是:"糟糕!那些卓越公司呢?"(Oops! Who's Excellent Now?)商业周刊报道,在《追求卓越》一书标榜的公司中,超过 1/3 陷入了财务危机。经济学家奥梅拉(Paul Ormerod)不仅指出美国每年有 10%的公司倒闭,甚至运用数学模型推算出，公司的成住坏空远超过我们想象：在我们的心目中，有些 CEO 成了我们的偶像，我们以为他们是企业的救星。但其实企业的成败往往相生相随，远非 CEO 可以扭乾转坤。[①] 这就是西方式的忧患意识。

纽约大学(New York University)的几位学者进一步研究为什么失败是成功之母。这句话用常人的眼光看来，是励志隽语，要人不要灰心丧志，要人吸取失败的教训。但是对企业家、创新者而言，就必须要有进一步的体会。这些学者顺着熊彼特“创造性破坏”的说法，认为“创造性破坏”的价值并不是从失败的废墟中脱颖产生一些拯救企业的超新星。“创造性破坏”的真谛在于旧有的公司灰飞烟灭、过去的商业模式折戟沉沙，导致新的机会、新的思维成为未来经营的春芽。

汤武革命年代久远，已经不可考了。中国最早的关于改革的记载大概就是战国时期秦孝公的商鞅变法。我们可以说，如果没有之前的商鞅变法，就没有之后的秦始皇统一天下。因为商鞅变法为秦国建立了一套合乎理性的制度。《易经》的“革”卦说：“己日乃孚”，意思就是改革要能让人心悦诚服。这句话平铺直叙，但却涵盖了改革最重要的一项工程：如何处理组织抗拒。这也是商鞅变法让我们学到的第一堂课。

有人说构想低廉、实践无价。许多人往往有了新构想，就以为创新唾手可得，其实这样的态度完全没有接触到创新的核心。事实上，创新构想不难，难的是如何实践创新构想。商鞅很幸运，他的变法得到秦孝公百分之百的支持。如果没有秦孝公，商鞅可能在历史上默默无闻，终其一生只是一个失意的旷世奇才。但即使商鞅有着秦孝公的后盾，他还

① 以上所说的是哈弗(Tom Harford)所著《适应力：为什么失败总是成功之母?》(*Adapt: Why Success Always Starts with Failure?*)一书的重点。

是要面对贵族的反扑与民众的迟疑。商鞅的变法核心就是消除贵族势力，所以他要让贵族没有反扑，难于上青天。他最多只能绕过贵族，减少贵族反扑所带来的阻力。不过他虽然在秦孝公在位的时候得志，秦孝公一死，贵族势力复辟，他旋即遭到了俗称五马分尸的车裂之刑。这是后话。

除了贵族势力以外，老百姓的不信任也是商鞅变法的阻力。秦孝公也生怕民众的反对。首先，商鞅说服秦孝公要能斩钉截铁："做大事时若迟疑不决，就难以功成名就(疑行无名，疑事无功)。并且有高人一等办法的能人，常常不为当世的人所认同；有独到见解的人，常会被一般人认为很傲慢。愚笨的人不能将事情做成功，有智慧的人在时机尚未萌芽之际就动手准备，所以事半功倍。和一般人商量国家大事只是徒劳无功，但是成功之后，大家都乐于分享成功的果实(民不可与虑始，而可与乐成)。所以说有最高德行的人和一般俗人想法不同，成大功的人也不会和一般没见识的大众谋划大事(至德者不和于俗，成大功者不谋于众)。所以有智慧的领导者要是有可以强大国家的方法，虽然没旧法可循，也会去做。若是有利于民的事，也不必一定要遵守传统礼俗规章。"

不过，秦国赞成渐进改革的贵族甘龙却不这么认为。甘龙说："有智慧的人不必变法就能把国家治理好。顺着人民的习性去教导他们，不费太多劳力就能成功。依照现有制度和法令去管理，官员们都熟悉政令，而民众也比较安心。"

商鞅的反驳是："常人对旧的习俗比较安心，学者常陷溺于他所曾听闻的知识而不能超越。要这些人做守法的官员还可以，但是没法和他们谈改革现行法治的事。夏、商、周三代用不同礼俗而都称王，齐桓公、晋文公、楚庄王、吴王阖闾、越王勾践这五霸用不同的治理方法也都能称霸。智者创作法律制度，而愚者就受这些法制的管束；贤者更改礼俗仪式，一般人就受此礼俗的约束。"

另一个贵族杜挚接着站出来表示反对。他说："利益没有百倍，不应该变法；功效不到十倍，不改变器物。效法古人不会有过错，遵循现有礼俗不会出偏差。”商鞅说：“治理这国家不止一个方法和道理，只要有利于国家，也不必一定要效法古人。商汤和周武王不遵循古人的陈迹而称王，夏朝和殷朝不改易礼俗也还是亡国了。反对古老的法律制度不一定错，而遵循既有礼俗约束的人也不见得好到那里。”①

这场论战可以说是中国历史上第一场影响日后两千多年的论战，因为商鞅的变法不仅让秦国从一个边陲穷国成为国富民强的大国，从而足以统一全国，也奠定了中国日后基本的政治制度。

从文字上来看，读者可能会觉得双方各自有理，但是如果知道当时历史背景的话，就可以看出商鞅的立场具有决定性的价值。

第一，我们都知道所谓的“战国七雄”，但可能不知道的是同属七雄的秦国，在战国初期还是个半蛮夷之邦，与中原诸国的文明程度不可同日而语。历史学家钱穆就认为，秦国是在秦孝公商鞅之后才加入中原团体。② 要让秦国跻身富强之列，变法是唯一途径。

第二，当时下层社会已经开始变迁，小农经济逐渐发芽。秦国之外的其他六国或多或少都已经实行改革。贵族逐渐堕落，平民阶级反而承继了春秋贵族的传统。③ 商鞅的改革是让新的社会阶层有了发展上的制度保障，是让制度与社会发展能够有理性地互相结合。

第三，商鞅的改革许多是延续孝公之前的献公。例如，秦献公就已经将一些边关地区划为郡县，由中央直接管辖，而不是经过贵族的控制。秦献公也废除了殉葬制度，等于是代表文明进步的王权战胜了守旧的贵族。从这点看，商鞅的价值未必是提出了新的想法，而是如何让仍然是旁枝末节的变革思想，成为未来制度的主轴。④

① 《史记卷六十八·列传第八·商君》。

② 《国史大纲·第五章》。

③ 亦见《国史大纲·第五章》。

④ 杨宽《战国史·第四章·第二节》及同书《第五章·第六节》。

在得到秦孝公百分百的支持之后，商鞅要做的是如何让老百姓信任。他所做的就是历史上出名的“移木立信”的故事：

商鞅预备在秦国进行变法，变法的法令虽然已经准备好了，但是因为怕人民不相信政府这次改革的决心，所以没有马上公布。他派人在国都的南门树立了一个3丈长的木头，宣布能将它搬到北门的人，便能得到10两黄金的赏赐。大家看了都觉得奇怪，认为政府何时曾给百姓提供过这么好的奖励，而且政府以往经常说话不算话，这个件事一定有诈，所以没有人敢去搬这根木头。于是商鞅再下令说：“能搬此木头到北门的人，有50两黄金的奖金。”重赏之下必有勇夫，有一位力气大的勇士便出来把这根木头搬到了北门，商鞅马上发给他50两黄金，表明政府公布的法令一定说到做到，绝不欺骗百姓。

有了人民的信任，最后商鞅才正式下达变法的命令，从此之后官方命令一出，人民就十分相信而遵行。

而商鞅做了哪些改革呢？首先是运用法家思想，严密社会组织。这包括连坐法，也就是一人犯罪，全家受罚。

其次是建立诱因制度。管理学的教科书都会说，有足够的诱因，就可以达成目标。但是这话说来容易做来难。首先，就像任何非营利组织都有一个严重问题，就是目标不明确一样，国家的目标往往也很难界定，大国与小国的治国目标与方略自然不同，美国要的是极大化人民的利益，国家利益不得损害人民利益，而新加坡则强调以国家的力量让人民得到应有的福祉。从这个角度看，国家要能够有着明确的目标，本身就是件不容易的工程。不过还好，当时秦国的目标很明确，就是富国强兵。而商鞅所提出的诱因制度，就完全配合这个目标。这可以说是商鞅对秦国的一大贡献。因为如同我们之前才说的，秦孝公之前的秦献公就已经开始变法①，但是他的变法却存在一个严重的不对称，就是目标与手段

① 秦献公在位于公元前384到公元前361年，而秦孝公则是公元前361到公元前338年。

脱钩:他的目标是富国强兵,但是整个国家的利益分配却是按照贵族等级,而不是贡献度。商鞅解决了这个问题。在此,“移木立信”的故事就更有意义了。它不仅是树立威信而已,更重要的是诉诸人民,让国家的基础再也不是贵族的社会网络,而是人民的信任。人民一旦信任,以贡献度作为升迁依据的诱因制度就容易执行了。

除了军事上的诱因制度之外,商鞅的另外一项诱因就是土地私有制——废除井田、准许土地买卖。井田制度是一个以公有土地为核心的半公有半私有的土地制度。它将一块土地分为九等分,就像一个“井”字。中间那块是公田,而旁边八块是私田。这个制度有许多严重缺点。第一,不切实际。并不是所有的土地都可以精确地分为九等分。我们一直强调,经济现象的重要依据就是制度与实际的经济状况要能够存在一定的理性。井田制度缺乏这样一个合乎实际的理性,注定崩溃。

第二,它只重视土地分配表面上的公平,却忽略了土地细节差异所导致的更不公平。这其实是任何一个中央集权分配制度都会存在的关键缺点。

第三,井田制度将人民绑在土地之上。这在当时战争纷乱、社会变迁加速的时代,也不切实际。而且为了战争的需要、为了实践上述的按照军功奖励的20等爵制度,商鞅也必须要将人民与土地进行某种程度的脱节。

所以,商鞅实施完全的土地私有制,其实正应了《易经》“革”卦里的那句话:“顺乎天而应乎人。革之时大矣哉。”“天”是什么?它不见得只是哲学上虚无缥缈的意识,也不是宗教上顶礼膜拜的对象。它就是自然的、合乎理性的经济规律。而“人”就是人民的信任,也就是商鞅变法的最重要的基础①。

所以,我们可以说商鞅不仅是个思想家,更是实践家、经营家。作为

---

① 商鞅的许多变法后来都经过考古的证实。1975年在湖北云梦地区的古墓中发掘了秦代的书简,让我们对于《秦律》有了更进一步的认识。这批秦律资料后来都出版为书:《睡虎地秦墓竹简》。

思想家，商鞅承袭战国前期各国的变法、以及秦献公变法的准则，建立了更为精致的变法项目。作为实践家、经营家，他有方法、有系统地贯彻改革蓝图。简单地说，这是三段说来简单做来难的层面：

确定目标——富国强兵，得到秦孝公（上层主管）的支持；

配合执行——颁布按照军功奖励的 20 等爵制度以及其他制度；

面对挑战——对抗贵族。

所以《易经》“革”卦才接着才说：“君子治历明时”，就是建立目标、根据目标订定诱因、贯彻执行。“治历明时”这四个字历代各家比较遵照字面，解释成遵循历法，按时行事。这样解释当然没错，但是《易经》的特点就是在于对原文的引申推演，否则为什么都说卜卦容易，但是解卦却难？

我们再来看象征改革的《易经·革卦》。“革”卦的彖辞又说：“革，水火相息，二女同居，其志不相得，曰革”。这儿，《易经》似乎有点男性中心主义。因为它把改革的契机说成是两个女子同室而居，道不同不相为谋。小说家张爱玲就认同这样的说法。她说：“所有的女人都是敌人。”很难想象被孔子说成“其有忧患乎”的《易经》作者，竟然对当代敏感的两性问题也有些主张。不过，这其实就是古书：往往在严肃之间让读者发现令人莞尔的话语。

我们言归正传。“道不同不相为谋”正是变革的滥觞。这句话的意思其实就是我们一直强调的不均衡。我们往往以为产品创新才是创新。其实弥补“不均衡”才是创新的真正意义。我们来看一个例子：全录（Xerox）。我们将从这家公司学到，如何看到了不均衡，及时改革，成就一方事业。又看到公司如何忽略了他们的“道”与市场的“道”“不相为谋”，以至于痛失良机。

我们先看成功的故事。在 1959 年,全录公司发展出了 914 型复印机。它不仅解决了油墨洇开的问题,也是世界上第一台使用一般纸张的复印机。无可否认,这是影印技术的一大突破。然而问题来了。914 型复印机虽然是一大突破,但是它的成本却也惊人。当时一般复印机的售价大约是 300 美元,但 914 型复印机光是生产成本就要2 000美元一台。根据统计,当时一台机器一天印 15～20 张,90%的机器一个月印不到 100 张。这样低的使用率,使得顾客认为,超过 300 美元就不划算。其他复印机的销售者解决这个问题的方法很典型:剃刀与刀柄模型(razor-and-blade)。他们将机器的价格压低到 300 美元,但是却靠着销售周边产品赚钱。例如旧型机器必须要用特殊的纸张,于是特殊影印纸就成了其他公司真正的利润来源。但是全录的新产品却没有办法运用这个古典的商业模式。原因之一是 914 型复印机使用一般纸张,他们不可能靠着卖一般纸张赚钱。第二,914 型复印机价格非常高昂,贩卖周边产品根本无法摊还贱卖机器的损失。也就是说,这把刀的刀柄太贵了。无论怎么销售刀片,都弥补不了低价卖出刀柄的价差。更何况:第一,这把"刀片"也不便宜。第二,当时的分析师认为,914 型复印机固然卓越,但仅仅是质量上的超越,而且以极高的成本生成较高的质量,并无法带给全录决定性的竞争力。用马克思的话,全录在质量上的提升是"量"的改变。它如果要成功,必须寻求一个让量变产生质变的关键点。[①]

在这里,我们看到了明显的不均衡:全录的机器代表了先进的科技。但是因为成本太高,这先进的科技在当时的商业模式下却没有市场的支持。一开始,全录公司想寻找伙伴共同开发市场,他们要求 GE、IBM 等大公司,看看这些大公司是不是可以发挥品牌效应,让顾客愿意多付点钱。但是这些大公司不是省油的灯。他们清楚地看到了这个明显的不

① 这儿可能要稍微解释一下。我们谈的虽然是质量的问题,但从低质量到高质量,这还只是量化。

均衡，当然就没有兴趣。这可以说是西方版的怀才不遇、叫好不叫座。不过正是这样的不均衡，让全录公司“穷则变、变则通”①——新机器将采取租赁的方式推广。

故事到这儿还没结束。就像是我们谈到商鞅变法的时候一直强调的，商鞅最伟大的贡献并不是提出改革构想或是创新思维，而是如何执行与贯彻变法。同样地，全录决定出租(创新思维)，但是该怎么租(贯彻创新思维)？首先，租金绝对不能太贵。其次，如果租金不贵，那 914 型复印机该靠什么生成利润？全录决定进行一场理性的豪赌。它将租金压低到每个月 95 美元。只要使用者每个月影印在2 000张之内，不收取任何费用。超过的部分，每张征收 4 美分。还记得吗？当时影印的平均数量是每个月 600 张左右。这样的优惠，自然吸引了无数的购买者。而 914 型复印机的影印质量以及便利性，果然颠覆市场，使用率超过每天(是每天而不是每月)2 000张。

在此，我们看到了全录充分发挥企业家精神。企业家精神往往与创新相生相成。创新弥补不平衡，而企业家精神则是一种力量：证明自己能够利用这个不均衡，让“量变产生质变”，进而成就一方事业。而当时的全录要让市场看到的，就是它所提供的高质量影印，不仅是质量的提升，而且可以完全改变消费者对影印的需求：过去因为影印质量不佳、油墨沾手、需要特别纸张，影印是非不得已而为。除非是特别需要保留文件，否则尽可能地不用影印。但自从有了 914 型复印机以及更重要的租赁模式之后，影印成了手抄的替代品，这就是“量变产生质变”了。而全录的企业家精神就表现在他们对自己的产品的信心，所以愿意完全消化租赁模式带来的风险。也就是说，如果消费者不欣赏 914 型复印机的质量，就不会大量影印，而全录就必须认赔成本与租金差距导致的损失。他们愿意承担风险，就表示他们对产品充满信心；而他们的信心完全来

① 这里的“穷”当然就不能解释成贫穷，而是穷尽、找不到出路。

自于理性的判断。有理性的信心是企业家精神，而无理性的信心是冲动愚昧。

我们回头看《易经》的“革”。它说：“……志不相得，曰革。”我们读古书都可以发现，古书的文字总是非常简洁。虽然这带给后世解释原文的困扰，但简洁却带给读者震撼之美。就拿这简单的几个字来说吧。我们可能不明白到底什么是革。《易经》简洁地告诉了我们，“革”就是“志不相得”。言简意赅、铿锵有力。这个“志不相得”并不全是口语说的两人“志不同道不合”，而几乎可以指任何两件事产生落差。以全录作为例子，就是新的 914 型复印机在价格上与市场预期有了落差、在质量上超越现存的产品、而这些落差反而导致全录的机会。所以摆在创新管理上，“志不相得，曰革”几乎就是告诉我们，在商场上，到处都是：“不相得”，也间接地告诉我们，到处都是机会。

然而，全录在开创时期的成功却没有让他们屹立不倒。以下的故事刚好与上面的相反。它告诉我们全录因为没有察觉到“志不相得”，失去了“革”的机会。

在经过 10 年的荣景之后，1960 年的尾声对全录却是个挑战：复印机的成长开始放缓。在过去的 10 年间，全录从一间市值3 000万美元的国内企业，成长为将近 2 亿美元的国际企业。公司注意到了成长减缓的警讯。与许多美国公司一样，全录希望透过研究发展，为公司开创新局。于是他们成立了日后赫赫有名的 PARC(Palo Alto Research Center，可以翻译为帕罗奥图研究中心)以及其他许多研究机构。这些研究机构不负所望，在 1981 年发展出了 Star Workstation。除了单纯地追求成长之外，全录的研发事实上承载着一个重要的理想，就是发展未来的办公室(Office of the Future)。Star Workstation 就是这个理想重要的梁柱。在这个办公室构想里，各个工作站(Workstation)互相联结，可以分享档案，并且可以连接到打印机，所有工作站都可以命令打印机印出文件。为了让大家分享，档案可以存在一台主机，其他工作站都可以存取那儿的档案。此外，使用者与工作站的沟通不再是简单的单行指令，而是彩色图像互动。互动的装置是一个我们现在叫作鼠标的东西。为了视觉效果，所有的字形都经过特殊处理，让使用者看起来不会吃力。每个工作站还可以透过相互联结，传送讯息。读者读到此处，一定惊呼：这不就是我们现在每天都在用的信息科技吗？难道我们现在所熟知的与个人计算机相关的信息科技，很多是全录的研发成果吗？正是。这些科技分别是：Ethernet（以太网）、文件服务器（File Server）、图形用户界面（Graphical User Interface，GUI）、鼠标、PostScript、电子邮件。只是当时全录并没有使用个人计算机这个概念，而是未来办公室。

这么好的系统，是否让全录重演创业之初复印机的声势呢？刚好相反，Star Workstation 是个完全失败的计划。因为价格问题，市场完全无法接受该产品。而且价格极端昂贵，以致当初的租赁模式也无法起死回生。此外当时的复印机是独占技术，Star Workstation 却面临在市场上已经平步青云的个人计算机。当时的个人计算机还是非常简陋，但是价格完全可以被市场接受，所以这一仗打下来，个人计算机这个游击兵团，就大胜全录 Star Workstation 这个重装部队。尤有甚者，这些信息科技几乎没有一样成为全录的关键成功因素，反而让其他公司使用，创造了许多了不起的新兴企业。

全录在 Star Workstation 的失败原因很多，例如没有及时对个人计算机的狙击做出反应。不过我们从“革”卦来看，全录的故事实在发人深省。我们之前讲过，全录掌握了“革”卦“其志不相得，曰革”的精神，在市场的不均衡下冲出一条坦路。而 Star Workstation 的失败却也正是没有掌握住另一波的不均衡。Star Workstation 是未来办公室的一环，但因为价格问题，市场无法接受。但是，另外一条可以思考的市场方向是将 Star Workstation 的各个技术切割开来，单独推广。例如，当时个人计算机已经开始成势。如果个人计算机能够结合 Star Workstation 当中的以太网技术，全录势必在 1980 年就扮演个人计算机的重要角色。

然而全录当时完全笼罩在单向思考的模式下，除了“未来办公室”的概念，其他一概不取。这样一来，就让全录完全无法看见其他的市场机会。在个人计算机发展之后，文件服务器（File Server）、打印服务器（Print Server）等概念就已经为消费者所期待，全录的以太网根本就是最适当的解决方案。也就是说，市场供给与市场期待产生了落差，而全录根本就是弥补这个落差的最佳候选人。但是全录竟然放弃这样的角色。

第五章

《易经》的不易与创新

《易经》讲变易，但为什么又是不易呢？这两个不是互相矛盾吗？其实不然。变易与不易两者相生并存。我们就举个最简单的例子：四时推移、昼夜相随是变易；但是四季的变化、日夜的流转都遵循着一定的规律，这就是不易。《易经·乾卦》就说："圣人者，与天地合其德，与日月合其明，与四时合其序，与鬼神合其吉凶。"天圆地方、日转月移、四时推演、鬼神有冥，这些都是古人认为的"变易"，但这些"变易"都是建立在"不易"之上。据此，我们大体可以归纳《易经》的"不易"至少有两层意义。一是肯定"唯一不变者，变而已"，二是"变易"遵循着一定的规律，而这规律就是"不易"。

我们研究《易经》、研究管理，可以发现《易经》涵盖了许多管理，尤其是创新的道理。《易经》说："变动不居，周流六虚，上下无常，刚柔相易，不可为典要，唯变所适。"这"唯变所适"的意思是，在千变万化之中，唯一不变的道理就是根据变化而有所改变与调适。所以唐朝的孔颖达就说："千变万化，不可为典要……皆唯变所适，是其典常也。"[①]宋朝的邵雍在

① 孔颖达：《周易正义》第七章。

《皇极经世书》也说:“体无定用,惟变是用;用无定体,惟化是体。”这些都表明,《易经》讲的是变:任何事物都可以做不同的发挥;同样的运用方法,也可以适用于不同的事物。如果能够领略这样的道理、适应变局,就是《易经》所说的“常”。

这些道理在今天看来不是更正确吗?过去成功的模式往往是今日失败的主因。我们唯一能够掌握的道理,就是与时俱进、不断适应。这里,柯达公司的故事寓意深长。

伊士曼科达公司(Eastman Kodak)1889年创立于美国纽约州的罗彻斯特。靠着5大湖区的交通枢纽地位,罗彻斯特当年创造了不少大公司。柯达公司的主要产品是胶卷底片还有冲洗照片的服务。与吉列公司“刀柄与刀片”商业模式类似,柯达公司甚至免费送顾客相机,让顾客购买柯达胶卷、到柯达服务站冲洗照片、并且购买柯达相纸。除了贩卖胶卷、冲洗胶卷、购买相纸可以获得利润之外,柯达公司另外一个利润来源是冲洗过程中的化学药剂。那化学药剂完全由柯达公司自行研发生产。

在过去几十年来,柯达公司也经历了一些挑战。其中比较重要的是1948年成立的宝丽来(Polaroid)公司。该公司的噱头是“拍立得”——照相之后60秒内,照片自动在照相机里面冲洗。后来柯达公司也发展出拍立得的技术,应对了宝丽来带来的挑战。另外一次是日本富士公司也开始销售胶卷,与柯达公司直接竞争。富士的直接竞争的确给了柯达公司当头重击,但是柯达公司还是撑了过来。

柯达公司能够安然面对挑战、持续成长,除了独占技术之外,也要归功于上述的“刀柄与刀片”商业模式。柯达将这个模式发挥得更是淋漓尽致,因为在柯达的模式中扮演“刀片”角色的底片与冲洗,技术含量更高、价值比重更大、购买率也可能更为频繁。而“刀柄”则是任何相机。柯达公司掌握着“刀片”的关键技术,就不怕摄影者不使用它们的底片、冲洗、相纸。为了方便理解,我们将吉列以及柯达的“刀柄与刀片”商业模式列于表 5—1。

表 5—1　　吉列与柯达“刀柄与刀片”商业模式的运用

	吉列	柯达
刀柄角色	吉列专属的刮胡刀柄	任何照相机
刀片角色	配合吉列刀柄的专属刀片	柯达的底片、冲洗服务、相纸
运用	吉列的专属刀柄必须使用吉列的专属刀片	柯达的底片、冲洗、相纸都是关键技术，任何摄影者无论使用什么相机都必须使用这些产品或服务。

靠着这套商业模式的成功运行，柯达公司志得意满，开始寻求异业结合。它于 1988 年合并药厂 Sterling Drug。它认为自己有着化学技术，靠着化学技术兼并药厂，可以比较顺利地让公司跨越到另外一个版图。这样的策略本质上并没有什么错误，但是结果还是令人沮丧：柯达公司承认合并失策，在 6 年之后将 Sterling Drug 卖出。

2000 年之后，数码照相技术开始发展。在华尔街还没有对它抱有完全的信心之前，柯达公司就开始拥抱它，誓言成为数码照相界的翘楚。到了 2005 年，柯达果然不负所期，数码相机的销售量排名全美国第一。

读到这儿，大家一定会觉得奇怪，因为在整个今天数码摄影界，柯达完全没有立足之地，为什么在 2005 年的时候，它竟然是市场领导者。奇怪的可能不只这点。柯达已经于 2012 年 1 月申请破产。这到底是怎么回事？这是因为柯达公司完全没有体会到“唯一不变者，变而已”。

没错，在 2005 年的时候，柯达公司的数码事业有着显著的成就。但是和传统的照相产业相比，数码照相产业技术粗糙、产值微薄、远景不明。对数码技术短暂的尝试，让柯达公司认为不该朝数码的方向继续前进。不过完全放弃数码，似乎也不是明智之举，于是他们找到了一条自认为安全的运用数码技术的方式。他们发展一套新的服务产业——Photo CD。这项服务让摄影者无论使用什么相机，都可以将照片以专属的数码方式储存。这套商业模式完全套用了柯达公司之前的成功之道。在这套模式新一轮的运用当中，“刀柄”就是任何相机，“刀片”就是Photo CD的服务。柯达有意将“刀柄与刀片”模式更推上一层楼，企图成为照相界的Apple。

但是柯达却失败了。第一个原因是它们忽略了“刀柄与刀片”模式前后的差别。之前，柯达具有独占的关键技术，没有任何的替代方案。纵然柯达有着专属的数码技术，可以将任何照片形式转换为数码，但类似的技术其他公司也有，柯达没有任何独占地位。更重要的是，数码相机日新月异，分辨率越来越高，虽然柯达在市场失血之前，数码成像的分辨率还不能与胶卷底片分庭抗礼，但是对一般消费者而言已经绰绰有余。可以用数码相机直接照相，柯达Photo CD的转换技术自然也就多此一举了。①

易理中“体无定用，惟变是用；用无定体，惟化是体”的道理，可以说就是柯达公司失败的标志。它的第一层意义是，商业环境一直在变。不过要说柯达公司没有体会数码技术之变，也不尽然，否则它们就不会是第一个发展出数码相机的公司、更不可能在一段时期成为数码相机的市场领袖。柯达的关键失败因素是这句话的第二层意义：它们没有体会到数码的兴起不是“量变”，而是“质变”；不是表象的运用之变，而是深层的本体之变。也就是说，不仅是“无定用，惟变是用”，而且是“无定体，惟化是体”。因为柯达并没有参悟到这样的道理，所以它们始终坚持着本业，并且“聪明地”想将新兴的数码技术融入本有的服务之中，开发了Photo CD。但当变化是“质变”、是“体变”的时候，本业将被侵蚀，最终有可能为时代巨浪所淘汰。我们不禁感慨，许多公司将创新矮化为产品创新、将创新当作本业的附加价值、被动地应付创新、以为保守地迎接创新是最安全的、未将创新看成竞争优势，这些公司就算过去是多么不可一世的英雄，也将成为大浪淘尽的细沙。柯达的故事告诉我们的是完全相反

① 这种后来居上的创新称为颠覆式创新(Disruptive Innovation)。我们在《易经简介创新三、四》会详细阐释。

的道理：产品创新是创新的最末一环；搞创新就要有破釜沉舟的决心与毅力、也要主动争取；在此变化万千的商业环境，保守是最不安全的；创新就是竞争优势，而不是混口饭吃。

这一章开宗明义就点出“不易”的两层道理。一是“唯一不变者，变而已”，二是“变易”遵循着一定的规律。柯达的故事解释了第一层。现在我们来看第二层。我们想从希腊哲学开始我们的讨论。

在谈《易经》哲学、《易经》与创新管理的时候，我们发现宋朝陆九渊说得一点都不错：“东海有圣人焉，其心同，其理同；西海有圣人焉，其心同，其理同”，中西两个文化总是在各个层次上有着“其心同，其理同”的默契。在《简易》《变化》《变迁》《变革》各章中，我们都可以看到许多融会中西的案例。而在谈论《易经》不易哲学的时候，我们很容易就看到，古代希腊哲学家赫拉克里特斯的学说与中国哲学可以说是相互辉映。赫拉克里特斯（Heraclitus）以“万物流转，无物常住”来解释现象的生成与变化。他有着一段著名的话语：“No man ever steps in the same river twice。”——涉足之水，今昔已非。也就是说，赫拉克里特斯将不断变化视为唯一不变的真理。

根据这“变”的学说，赫拉克里特斯也发展了类似中华文化中的“忧患意识”。为此，他还有了“哭泣的哲学家”（Weeping Philosopher）的绰号。赫拉克里特斯为什么啜泣呢？哲学家与我们一样，有血有肉，只是感情更往精神层次走。他感慨人生无常，所以忧愁。文艺复兴的绘画大师拉斐尔（RaffaelloSanzio da Urbino，一般称为 Raphael）有一幅经典名画：雅典学派（School of Athens）。这幅画的人物包罗了历史上在希腊、罗马、甚至阿拉伯的思想家。画中的赫拉克里特斯左手撑起脸颊，右手伏案写作，状若沉思，却也想留个只字词组（见图 5－1）。这样的形态，忠实地传达了历史文献对赫拉克里特斯的描绘。

不过中国的忧患意识，尤其是《易经》所展现的忧患意识，虽与赫拉克里特斯隔空呼应，但却略有不同。孔子说，“易之兴也，其于中古乎？

图 5—1 拉斐尔笔下的赫拉克里特斯

作易者，其有忧患乎？”又说：“易之兴也，其当殷之末世，周之盛德耶？当文王与纣王事耶？”[①]“前面一句话我们提过：孔子认为，《易经》的作者是具有忧患意识的。后面一句话是孔子根据《易经》所显现的忧患意识，推测它的成书年代应该是在民不聊生的商朝末年。那时纣王无道。古书记载纣王“刳比干……为炮烙刑。”[②]也就是说将忠臣比干的心挖出来；对于他看不顺眼的人，就将他绑在烧红的铜柱上，皮焦肉黑而死。而他自己却是淫乱于酒池肉林之中[③]。在那样荒淫无道的世界里，《易经》这部作品自然充满了忧患。虽然没有中国圣贤那样忧国忧民的忧患意识，赫拉克里特斯的“涉足之水，今昔已非”，也绝非是黛玉葬花、无病呻吟。

---

① 两句话均见于《系辞传(下)》。

② 《荀子·议兵》。

③ 司马迁的《史记》记载商纣王：“以酒为池，悬肉为林，使男女裸，相逐其间，为长夜之饮”。

和中国古代圣贤一般，他的忧患是有着深刻的哲学意涵、而且是积极的。他认为，虽然世事无常，但所有变幻全都是一个组件不同的面相，他把那组件称为 Logos。① 这个 Logos 可以解释为理性，但其实也像我们中国的太极，是一切万事万物的终极根本。我们说"太极生两仪"，而赫拉克里特斯也有类似的看法。他认为，所有的事物都以二元的方式呈现。例如，人的生命有生也有死、每天有醒也有梦、人生有壮也有老。就如同上山之路，去是上山，回是下山，但路径则一。②

这二元有时矛盾，但赫拉克里特斯对"二元"的看法，却更接近中国哲学。他所说的二元，像中国的阴阳一样，是可以调和的。而调和的力量就是 Logos。所以说，二元是动、是变、是这个世界的常态。但这个世界却有着"Logos"，它是一、是理性、是调和阴阳的力量。

所以无论是目前只剩下断简残篇的赫拉克里特斯，还是以完整体系的面貌呈现在中国两千年的《易经》哲学，都有着类似的"二元互动，一以调和"的世界观。就《易经》而言，整部《易经》就是一个大体系。以它的卦象而言，"乾"卦也自成一格。它一开始就说："乾：元、亨、利、贞。"5 个字，道尽了天下的体系。"乾"指的是天的作用，"元亨利贞"，就是"天"的四个作用。"元"是开始、"亨"是亨通、"利"是收获、而"贞"是巩固。为《易经》收录、相传为孔子的《文言传》说："元者，善之长也。亨者，嘉之会也。利者，义之和也。贞者，事之干也。君子体仁足以长人，嘉会足以合礼，利物足以和义，贞固足以干事。君子行此四者，故曰：乾：元亨利贞。"这一段话寓意深长。《文言传》把它摆在人生修养的范畴，所以说"君子行此四者"。以人生修养而言，"元"就是道德的本体，是人的天性。《中庸》说："天命之谓性，率性之谓道，修道之谓教。"所以，要实践儒家意义的道德，成为君子，第一步就是要掌握这个"天性"。

---

① "It is wise to hearken, not to me, but to my Word [Logos], and to confess that all things are one".

② "The path up and down are one and the same".

接着，想要成就君子之德的志士仁人，在掌握天性之后，就要知道“合礼”。合礼就是合乎礼节。它不仅指的是形式上的礼仪，更是指行事的节度。《礼记·曲礼上》说：“敖不可长，欲不可从，志不可满，乐不可极。”傲慢不可滋长、贪欲不可放纵、志气不可高满、喜乐不可过分。这些就是节度。

而一旦率天之性，行礼如节，就到达了“利”的地步。这个“利”可以有三层解释。第一层就按照字面解释成“利益”。第二层意义可以是经济学上的“效用”(Utility)。效用包含着利益，但也包含着一切对个人产生任何正面效果的任何事。例如，牺牲自己照亮别人，一定是照亮别人比牺牲自己能够带给自己更大的效用，例如无形的自我提升、对得起自己的感觉等。

由于《易经》的原文很短，只有“乾：元亨利贞”数字。但孔子作《文言传》的时候，根据《易经》整体的含义，以及儒家哲学的本质，将“利”解释成“义之和也”。《中庸》说：“义者，宜也”。所以，“利”这个字的第三层意义，就是在承天之性、行礼如节之后，达到了一切合宜的地步。这“合宜”二字说来简单，但其实是非常高的境界。就孔子而言，他说他到了70岁才达到，也就是“七十而从心所欲不逾矩”[①]。

最后一个字是“贞”。“贞”就是贞固。在达到了“元亨利”这三个阶段之后，就要将它们巩固，“造次必于是，颠沛必于是”[②]：无论形势多么压迫紧绷，或是人生多么颠沛流离，都不要离开了“乾”卦所指示的人生作为。

当代严新对于这四个字从哲学体系的角度做了诠释。他说：“元者，善之长也，生命创造与孕育之本体所在，故为生命之本也、始也、生也，乃一动力系统，大也。亨者，嘉之会也，生命创始与孕育的宇宙，故为生命之通也、达也、中易也，乃一运作系统，故达。利者，义之和也，生命创造

① 《论语·为政》。
② 《论语·里仁》。

与孕育的知识，故为生命之宜也、和也、敦也，乃一功效系统，故深。贞者，事之干也，生命创造与孕育的价值，故生命之正也、故也、永也，乃一目的系统，故久。”

孔子的《文言》和严新的批注，合起来用白话解释："元"指的是万事万物生成的根本，是一切善行的首要条件，也就是本体。从作用上来说，是动力系统。这个"元"所具备的德行就是"大"。针对这个"大"字作为本体的形象描述，孟子说得好："大而化之谓圣；圣而不可知之之谓神。""亨"是万事万物的滋长发育，是一切美好事物的结合，具有变易、不易的特性，可以用通达两字说明。从作用上来说，是运作系统。"利"是生命创造成长之后，所形成的和谐而各得其宜的安排。从作用上来说，是功效系统。他所具备的德性是"深"，也就是要深耕勤做的意思。"贞"是一切事物的骨干，是万事万物存在的价值，所以具有纯正而永恒的意义。从作用上来说，是目的系统，其目的就是永续。所以这四个字，就包含了本体论、方法论、认识论、目的论等哲学上基本的命题。

除了在人生与哲学上理解"乾"，从管理的角度理解它也是饶有趣味。西方当代管理学在谈论组织、产品、系统分析等的时候，都常常运用"生命周期"(Life Cycle)的观念架构。我们就拿其中一种"生命周期"来说明《易经》这四阶段论（元、亨、利、贞）。根据波恩（Ingrid Bonn）以及佩第格鲁（Andrew Pettigrew）[①]，组织可以分为四个阶段：开创期、成长期、成熟期、生存期。这四个阶段都有着不同的问题需要面对：

1. 开创期：

(1)外部问题：确认市场、分析市场、选择地点、建立顾客联系、营销策划。

(2)内部问题：财务计划、商业计划、增强商业知识、定价。

---

① Bonn, Ingrid; Pettigrew, Andrew, "Towards a dynamic theory of boards: An organisational life cycle approach," *Journal of Management and Organization*, 15.1 (Mar 2009): 2—16。

2. 成长期：

(1)外部问题：保持与顾客的联系、持续市场分析与确认、扩张、决定地点、面对竞争。

(2)内部问题：存货与成本管理、现金流、财务计划、会计系统、定价。

3. 成熟期：

(1)外部问题：保持与顾客的联系、持续市场分析与确认、扩张、决定地点、计划营销行动。

(2)内部问题：存货与成本控制、生产与设备、组织设计与人事、会计系统、财务计划、商业计划、定价。

4. 生存期：

(1)外部问题：保持与顾客的联系、保持伙伴关系、持续市场分析与确认。

(2)内部问题：监督—衡量组织绩效、公司重组、面对企业死亡。

《易经》与西方的成长阶段论有相同点、也有不同点。相同点非常明显：西方有开创、成长、成熟、生存四期，而《易经》则由元亨利贞。"元"是开始，也就标示着开创期。"亨"是亨通，就是成长期。"利"象征收获，自然就是成熟期。而最后的"贞"，是久远的意思，也就等同于西方讲的生存期。

然而，《易经》的阶段论与西方阶段论不同之处，则是《易经》管理思维精彩的地方。西方学者在谈论类似的阶段论的时候，往往是机械性的。[①] 西方的科学、哲学几乎什么事都可以当作机械来研究。这样的传统其来有自，也的确打开西方思想的限制，让科学顺利发展。我们就以笛卡儿的哲学来说明。很多人一定读过笛卡儿最著名的一句话："我思故我在。"[②]这句话表面看起来是唯心论，但实际上是彻底的机械论、唯

① 管理学界中的组织生命周期理论当然不只波恩与佩第格鲁提出，但大多大同小异。

② 这句话的法文原文是拉丁文：Je pensedonc je suis。笛卡儿之后以拉丁文说成 Cogito ergo sum。英文翻译是 I think; therefore I am。

物论。笛卡儿认为，整个世界都是由“物质”（Substance）构成。但反对者就会问，如果是物质构成，那怎么解释人的思想、自由意志呢？于是，笛卡儿就进一步提出“体物质”（Corporeal Substance）与“心物质”（Mental Substance）两种物质。这个“心物质”就是“我思故我在”当中的第一个“我”。“我思”要么就是真有这件事，要么就是没有。但我们怀疑“我思”真有其事，本身就证明“我思”是真的，因为怀疑本身就是思考活动。所以，无论如何“我思”一定真有其事。而如果“我思”真有其事，那么就证明“我”是存在的。这个存在的“我”就是“我思故我在”一词中的第二个我。

笛卡儿的这层逻辑推演在历史上确实产生深远的影响。过去人们对于宇宙的看法往往流于心性，但受到笛卡儿的影响，牛顿破除了这层魅惑，纯粹以机械的观点研究宇宙，才真正地研究出宇宙运行的正道。而到了20世纪之交，泰勒（Frederick Winslow Taylor）提出科学管理（Scientific Management），将机械主义（Mechanism）的观点融入管理理论之中，也成功地解释了当时的第二次工业革命——大规模的生产线。

因为机械主义的成功，尤其在管理理论上也有所斩获，以至于西方的、甚至整个管理学界充满了机械主义的色彩。生命周期的理论架构也应作如是观。例如上述的组织生命周期理论，就认为组织具备四种泾渭分明的成长阶段。类似的架构并没有错，也的确帮助我们厘清对组织可能有的混乱观念。但它存在的最大问题，就是忽略了组织是有机体、组织的主体是人。因为是有机体，所以组织可以不断地演化与蜕变。因为主体是人，所以具有弹性、韧性，往往不可能像机械一样，一个指令一个动作。

了解这点之后，我们来看《易经》的管理体系，就可以体会它的价值了。《易经·乾卦》讲的是元亨利贞。这四个字固然可以比附成不同的发展阶段，但更适合的理解应该是当作四种不同的管理之“德”。这个“德”可以解释成德性、更可以解释成根据不同原则的行事作风，或是在此一行事作风下产生的效果。"元"是开始,就是开创性。对于任何想要成大功、立大业的人而言,一定要具备开创性。例如,他必须要有前瞻性的眼光,看人之所未看;也要能够经得起失败、打击、中伤、羞辱,所以要忍人之所不忍。他要能够恢宏大度,集天下英雄豪杰。因此,"大"就是"元"的德性。所以说"大而化之谓圣;圣而不可知之谓神"。《系辞传(下)》也说:"天地之大德曰生"。[①] "生"就是"元",因此天地的大德也就表现在"元",而能形容"元"这个德性的也就是"大"。

"元"也可以解释成公司使命(Mission Statement)。一个企业的使命必须清楚标志它存在的目的与价值。例如,谷歌的公司使命就很言简意赅地把该公司的特色、目标、业务,尤其是核心竞争力(Core Competence)说清楚了:"谷歌的使命是组织全球信息,让它普及运用。"[②]我们上大学或是高中,学校往往有所谓的校训,但是中国所谓的校训与公司使命还是有些不同。例如"礼义廉耻""为人民服务"等。这些都是理想,但未必可以称得上使命。使命必须明确而且可行。而且,使命不能单独存在,它一定要有接下来的目标计划。例如谷歌就在其使命之下,制定了他们坚持的十点原则目标:

(1)以客为尊,效益自然产生(Focus on the user and all else will follow)。

(2)能够将一件事做得非常非常好是最好的(It's best to do one thing really, really well)。

(3)快速优于缓慢(Fast is better than slow)。

(4)在网络,民主是行得通的(Democracy on the web works)。

(5)答案不仅只有在桌面获得(You don't need to be at your desk to need an answer)。

---

① 第一章。

② Google's mission is to organize the world's information and make it universally accessible and useful。

(6)为富不需不仁(You can make money without doing evil)。

(7)信息永不匮乏(There's always more information out there)。

(8)信息的需求没有疆界(The need for information crosses all borders)。

(9)严谨不需以严肃的外表包装(You can be serious without a suit)。

(10)伟大还不够(Great just isn't good enough)。

在根据使命订定原则之后,谷歌进一步解释每一个原则。这些原则必须与使命紧密地结合。例如针对以客为尊,他们就解释:"自创业以来,我们就以提供最好的使用者经验为焦点。无论是设计新的网络浏览器,还是网页上的小花样,我们总是细心地保证,这些都是以您为主,而不是公司内部的独断想法,或只是我们非做不可的任务。我们的网页接口清晰简单,换页迅速。我们绝对不会销售搜寻的位置。广告不仅总是词能达意,也一定正中下怀、绝不离题。我们相信新的工具或程序要真能派上用场,才可推出,因此您也会不做他想。"①②

在此,我们可以看到谷歌在为众人所知的创新创意的另外一面,是严谨的管理规范。从企业使命展开,接着是他们的十大原则,然后是对这十大原则的具体说明。

所以在"元"之后,自然就是"亨"了。"亨"是亨通。如果要亨通,没有一套策略计划(Strategic Planning)是不行的。以上述谷歌的例子而

---

① Since the beginning, we've focused on providing the best user experience possible。Whether we're designing a new Internet browser or a new tweak to the look of the homepage, we take great care to ensure that they will ultimately serve you, rather than our own internal goal or bottom line。Our homepage interface is clear and simple, and pages load instantly。Placement in search results is never sold to anyone, and advertising is not only clearly marked as such, it offers relevant content and is not distracting。And when we build new tools and applications, we believe they should work so well you don't have to consider how they might have been designed differently.

② http://www.google.com/about/company/philosophy.

言，使命是“元”，而那十大原则就是执行方略、就是“亨”。“亨”是通、是达，这两个字一方面形容“亨”的效益，另一方面也标示着“亨”的行为。在管理上来说，就是要遵循策略计划，使得策略计划成为公司的DNA，要能通达全公司，而不是束之高阁。

接着是“利”。在儒家典籍中，“利”这个字有正反两方面的意义。例如孔子说：“君子喻于义，小人喻于利。”[①]这是反面的意思。在孔子的眼中，“义”与“利”是分开的、是矛盾的。中国儒家哲学有所谓的“义利之辨”。但是在《易经》当中，“利”却往往是正面的。“利涉大川”“利有攸往”“利见大人”“无不利”“利建侯”等都是。出现“利”字，可以确定就是个吉卦。《易经》更进一步将“义”与“利”结合，用“义”解释“利”：“利者，义之和也”、“利物足以和义”。“义”与“利”到底应该合起来看还是分开来看，是中国哲学史上争论不休的问题。但将它们看作对立面，似乎占了上风。但是，南宋时期的叶适（1150－1223年）却有着不同的看法。从汉朝的董仲舒以来，中国人一直奉行着一个传统：“正其谊不谋其利，明其道不计其功”。[②] 意思就是说，遵循着道义而行，不要计较利害得失。但是叶适提出挑战，他认为这种说法太过于迂阔。首先。古人为天下人谋利，所以才道义光明。如果没有了功利，也就没有了道义。[③] 其次，叶适根据《易经》的说法，“崇高莫大乎富贵”[④]，认为追求富贵不仅没有什么不对，而且还是高尚的事。如果不按照《易经》的道理追求富贵，道德也会跟着灭绝。[⑤]

不过中国哲学在富贵与道德之间的关系并没有进一步的阐述。倒

① 《论语·里仁》。

② 《史记·董仲舒传》。

③ “仁人正谊不谋利，明道不计功”，此语初看极好，细看全疏阔。古人以利与人而不自居其功，故道义光明。后世儒者行仲舒之论，既无功利，则道义者乃无用之虚语尔。”（《习学记言序目》卷23）

④ 《系辞传（上）》。

⑤ “崇高莫大乎富贵”，是以富贵为主，至权与道德并称，《书》、《诗》何尝有此义，学者不可从也；从之则富贵不足以成道德，而终至于灭道德矣。”（《习学记言序目》卷4）。

是西洋哲学却对此有所发挥。我们在《简易》一章中所提到的亚当·斯密(Adam Smith)的《道德情操论》(*The Theory of Moral Sentiments*)就是:透过“看不见的手”,个人利益与社会利益获得了结合。

摆在管理上,“利”与“义”就是商业活动与商业伦理(Business Ethics)的关系。商业活动需要商业伦理规范,而商业伦理则以商业活动为范畴。所以说要拿来规范商业活动的伦理,必须是在商业活动范畴下的伦理,也就是商业伦理。商业伦理与一般的伦理不同。我们平常所说的四维八德是一般的伦理。但商业伦理是建筑在商业活动之上的。我们来看看古典的商业伦理:富兰克林(Benjamin Franklin)的十三条准则。虽然这些准则与今天所说的商业伦理还是有段差距,但是也发人深省。

富兰克林是美国国父(The Founding Fathers)之一。他对美国的贡献在于奠定了制衡与妥协两个非常重要的民主真谛。不过他的自传对于他的丰功伟业并没有着墨太深。他自己说,那本自传是给所有人阅读的,因此着重在他如何从一介贫民努力致富,并获得举世名声。他将成功要件归纳为十三条准则。他认为这十三条准则不仅让他致富,而且让他成为有用的公民。

这个小故事其实深刻地告诉了我们两个商业伦理的道理。第一,商业伦理要能帮助我们将私利与公利完美地接合。第二,让一个人成为呼风唤雨大人物的伦理与让他成为有用公民、让他致富的伦理是不一样的。换言之,伦理与商业伦理并不相同。

他的十三条准则如下。我们除了将每一条翻译成中文之外,还逐一阐释它们的现代意义。

第一条:停止浪费时间,断绝不必要的活动(Lose no time; be always employ'd in something useful; cut off all unnecessary actions)。现代意义:专心致志的人将成其事。

第二条:有条不紊、善管时间(Let all your things have their places; let each part of your business have its time)。现代意义:现代商业行如

流水，建立个人有效管理行事与时间的机制，为当代管理者的当务之急。

第三条：莫以善小而不为，莫以恶小而为之（Wrong none by doing injuries，or omitting the benefits that are your duty）。现代意义：不当商业行为会将你反噬，不能即刻施恩将会后悔莫及。

第四条：欲望止于中道，切不可因此伤及彼此的安详与声誉（Rarely use venery but for health or offspring，never to dullness，weakness，or the injury of your own or another's peace or reputation）。现代意义：办公室的暧昧关系绝对要防微杜渐。

第五条：非有益于群己，一介不做（Make no expense but to do good to others or yourself; i.e.，waste nothing）。现代意义：现代社会讲求效率。金钱如果不能妥当运用，就是浪费。

第六条：勿为琐事所扰（Be not disturbed at trifles，or at accidents common or unavoidable）。现代意义：要认清琐事在现代社会中是家常便饭。我们必须沉着以待。

第七条：永保整洁（Tolerate no uncleanliness in body，cloaths，or habitation）。现代意义：永远示人以英俊优雅、持家以整齐清洁。如此让别人与自己感到愉悦。

第八条：饮食适可而止（Eat not to dullness; drink not to elevation）。现代意义：专注工作，莫沉溺于伤身之事。

第九条：诚实为上、设想纯净、言之有物（Use no hurtful deceit; think innocently and justly，and，if you speak，speak accordingly）。现代意义：商场虽诈，但有智慧地信任他人、阐明立场，厥为王道。

第十条：竭智而行，行于上智（Resolve to perform what you ought; perform without fail what you resolve）。现代意义：思与行是辩证的关系。我们既不能当思想的巨人、行动的侏儒，也不能是思想的侏儒、行动的巨人。

第十一条：允执厥中，人固伤我。憎人之伤我亦伤我（Avoid extremes; forbear resenting injuries so much as you think they deserve)。现代意义：莫守一隅，要能平衡各方。即使对手加害于我，也要平和处理。

第十二条：多言无益，言必有物(Speak not but what may benefit others or yourself; avoid trifling conversation)。现代意义：最好的沟通者说话，总能止于至善。

第十三条：效法耶稣与苏格拉底(Imitate Jesus and Socrates)。站在巨人的肩膀上，才能看得更远。

我们在这些原则上所看到的，不仅是"义之和也"当中"和"的道理，也就是中庸、调和。例如"允执厥中，人固伤我。憎人之伤我亦伤我。"我们同时也看到一套规范"利"的准则。这就是《易经》谈"利"的基本要义、以现代语言来说，就是商业伦理。

"乾"的第四个德性是"贞"，在管理上，它代表了永续管理(Sustainability)以及变革管理的概念。"贞固，足以干事"，做事持之以恒、坚贞不怠，所以代表永续管理。那为什么"贞"也是变革管理呢？从中国哲学的角度来看，"贞"作为乾卦最后一德，并不意味着结束，而是另外一个开始。如同"否极泰来""剥极必复"，乾卦的四德也形成"贞下启元"这样的循环。根据清朝尚秉和的说法，"乾"卦的"彖辞"中的这一段话是用来解释"贞"："乾道变化，各正性命，保合太和，乃利贞"。"乾"卦的"元亨利贞"象征着春夏秋冬四季。"贞"在最后，也就是"冬"。冬天并不是万物死寂，而是"保合太和"，蕴藏着万物的生机，等待春天的来临。所以在"保合太和，乃利贞"之后，"彖辞"接着说"首出庶物，万国咸宁"，也就是万物发芽滋长、天下太平的意思。所以说，"元亨利贞"又是一个循环：从"贞"到"元"这样一个反复循环的概念，就叫作"贞下启元"。[①]

① 在《周易尚氏学卷一上经》有句话："贞者元之本。元者贞之着。下文曰首出庶物。即贞下启元之义也。"

第六章

交　易

“易”字有多重意义。《参同契》取“易”的字形认为“日月为易”。以日月阴阳解释“易”。《易纬·乾凿度》说：“孔子曰：易者：易（简易）也、变易也、不易也。”郑玄顺着这个意思，作了《易赞》及《易论》。他认为：“易一名而含三义：易简、一也。变易、二也。不易、三也。”许慎《说文解字》解释“易”字时引《秘书》说：“日月为易，象阴阳也。”

除了这三层意义之外，“易”其实还有“交易”的意思。在陈抟所著、邵雍所述的《河洛理数》则曰：“‘易’有二义：交易者，阴阳之对待；变易者，阴阳之流行。”万物有阴即有阳，阴阳之间必有互动与交流，因而相辅、甚至相反。经过流转变化而相成。所以“交易”标示着阴阳之对待与流动。朱熹的《周易本义》也说：“《易》，书名也。其卦本伏羲所画，有交易、变易之义，故谓之《易》。”

《易经》交易的道理在“泰”与“否”两卦表现得最为明显。“泰”卦的卦形是䷊。上面是八卦中的坤，下面是八卦中的乾。《系辞传》开宗明义就说“天尊地卑”。既然如此，那么吉卦之一的“泰”为什么天地颠倒呢？这期间的道理就在于交易：因为乾坤易位，所以产生交流。交流形成动态的均衡，《易经》认为这就是“泰”。《易经》对于“泰”卦的“彖辞”说：“泰，小往大来，吉亨。则是天地交，而万物通也；上下交，而其志同也。”在“泰”卦显示着投资小、但回收大，是个吉卦。之所以会如此，是因为天地交流、万物就达到了自然均衡。上下交流，万物突破闭锁的世界，和同汇聚；不仅消弭分歧，也激发创意。这简单的解说，至少显示了三样管理议题：强调一般均衡的经济学、强调沟通的人事管理、强调异质结合的创新管理。

“泰”卦的“象传”也说：“天地交泰，后以财成天地之道，辅相天地之宜，以左右民。”没有天地的交流，这个世界是无由产生的。而一旦天造地设，人民也就根据天地的道理生活在世界上了。

与“泰”卦相反的则是“否”卦。它的“彖辞”与“象传”刚好都跟泰卦相反：

“彖辞”：“大往小来，则是天地不交，而万物不通也；上下不交，而天下无[①]邦也。”“象传”则是：“天地不交，否；君子以俭德辟难，不可荣以禄。”以卦象来看(䷋)，上天下地，照理说应该是各得其所。但其实不然。这一卦表示天地完全没有交流，宇宙一片死寂。

这“象传”也隐含了一层意义，就是君子以俭约原则过活，那是在天地不交的情况下才不得不为的。

中国古代建筑也依照《易经》的规制。例如故宫皇帝与皇后的寝宫就称为“乾清宫”“坤宁宫”，而中间还夹着“交泰殿”。乾清与坤宁二字分别来自《易经》的乾卦与老子“天得一以清、地得一以宁”。“乾清宫”在南方，方位为下，而“坤宁宫”在北，方位为上，也符合了“泰”的卦象。

《系辞传》对于“交”更明显地表示成我们今天认定的交易之意：“日中为市，致天下之民，聚天下之货，交易而退，各得其所，盖取诸噬嗑。”“噬嗑”是《易经》的第廿一卦，卦象是䷔。上卦是“离”，象征白天；下卦

① 《易经》中的“無”都作“无”。此字在简体字中并无区分。

是“震”，象征活动。在白天活动，自然就是市场了。所以孔子才说，市场的交易行为应该是取法“噬嗑”的形象。

而《系辞传》的这段话可以说是对经济活动、甚至这门学问最精致的观察。如果我们用现代经济学的口吻来说，我们不得不佩服孔子的智慧：“在市场机制有着天时、地利、人和的条件下，供给者与需求者自然就会参与。因为市场机制完善，各种交易都有可能发生。交易完成之后，双方各得其所，而且也都心满意足。”这就是不折不扣的经济学。它包含着均衡、消费者剩余、生产者剩余的观念。我们就用标准的经济学原理来解释。

经济学的基本概念是由供给与需求构成的。对需求者而言，货品的价格越高，购买欲望越低。如果我们将价格摆在一张表的 X 轴，而数量为 Y 轴，就形成一条负斜率的线条。如图 6－1 的 D。供给者刚好相反。价格越高，供给越多，所以是正斜率的线条，如 D。

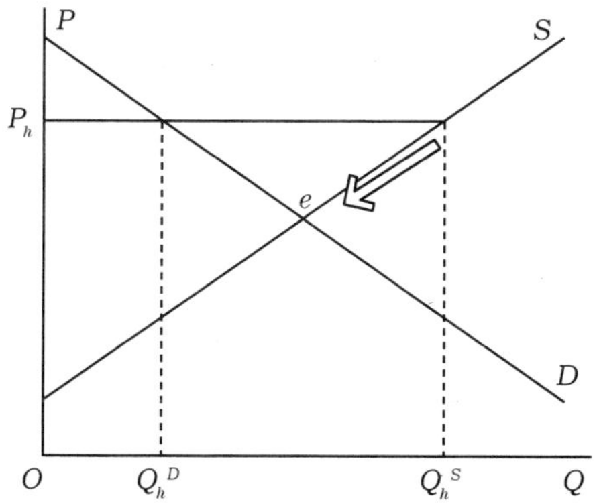

图 6－1 供给超额下的需求与供给调整

我们先就图 6－2 来看均衡是如何达成的。假设市场的价格是 P_h，需求量是 Q_h^D，而供给量是 Q_h^S。但是市场不会在这样的水平下持续太久。（如果市场机能充分得到尊重的话。）在此一价格水平之下，是有超额供给的（$Q_h^S > Q_h^D$）。超额供给的意思就是有些货卖不出去。如果厂商有理性的话，这时候他就会减少供给。也就是说，供给会往 e 点移动。只要价格在 P_e 之前，这样的调整会一直持续。

反之亦然。如图 6—3。如果市场价格是在 P_l，需求量是 Q_l^D、供给量是 Q_l^S，会有供给短缺，厂商就会增加供给。这样的调整也是不到 e 点不会终止。这两种调整最后就会让交易在 e 点持续。这就是经济学上最基本的均衡。

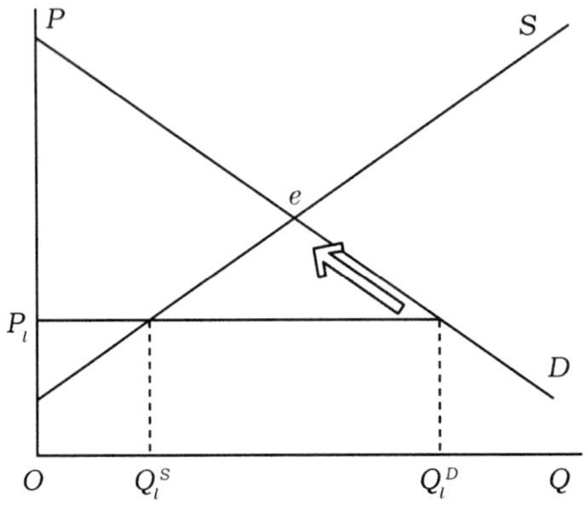

图 6—2　供给短缺下的需求与供给调整

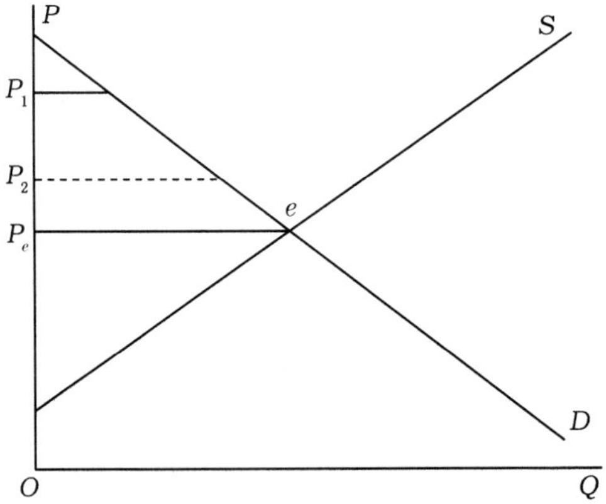

图 6—3　消费者剩余

那么孔子为什么又说“交易而退，各得其所”呢？各得其所就隐含了交易双方都称心满意。之所以会称心满意，就是因为他们都觉得“赚到了”，而事实也是如此。

所谓的需求曲线，代表着消费者愿意付出的价格水平。以图6－3而言，有某个消费者愿意付出 P_1。但对第二个消费者而言，他就只愿意付出 P_2 了。经过了如图6－2、图6－3市场机制的调整，价格会落在 e 点，而 e 点的价格 P_e 比 P_1 或是 P_2 都要来得高。对于这两个消费者而言，他们都愿意付出比均衡点高的价格，但实际上的付价却比较低。因此才会有“交易而退，各得其所”的好结局。对第一个消费者而言，P_1 与 P_e 的差距就是他的“消费者剩余”。市场上都是像这两位一样的消费者，而他们都得到了一定程度的消费者剩余，集合起来，就形成了社会的消费者剩余，也就是图6－4中的灰色三角形。如果消费者愿意出的价格低于均衡点呢？那么交易就不会发生。

这样的逻辑对于生产者而言也适用。

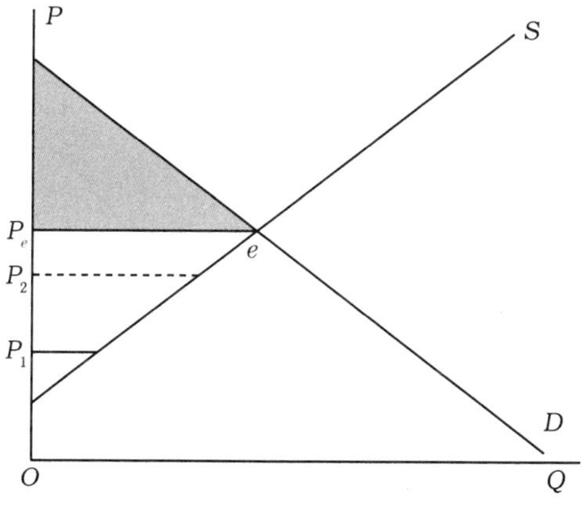

图6－4　生产者剩余

当价格在 P_1 或 P_2 的时候已经有厂商愿意生产了，但均衡价格是在 e 点，所以两人都觉得赚到了。集合起来，社会上的生产者剩余就是灰色三角形。而结合消费者剩余与生产者剩余，我们可以知道，透过市场机制，社会自然就产生能够让大家“交易而退，各得其所”的福利。

除了经济学上的交易之外,“交”这个字在《易经》当中包含了创新的意义。“泰“卦的“彖辞”说:“泰,小往大来,吉亨。则是天地交,而万物通也;上下交,而其志同也。”泰卦的“象传”也说:“天地交泰,后以财成天地之道,辅相天地之宜,以左右民。”天地交泰之后,就形成了一个圆满合宜的世界。

创新理论中有所谓的交集创新(Intersectional Innovation),就反映了这层“财成天地之道,辅相天地之宜,以左右民”的道理。文艺复兴时期(Renaissance)佛罗伦萨(Florence)的美第奇(Medici)家族可以说是交集创新的代表。有人为此还写了一本书:美第奇效应(The Medici Effect)①。现在就让我们来了解美第奇的交集创新,以及它如何造就空前绝后的艺术科学盛世。

一般认为美第奇家族事业的开创者是乔凡尼·美第奇(Giovanni di Bicci de' Medici),他的成功可以归结为两点:一是国际化,二是政治操作。当时意大利是一个各个城邦各自独立的地区。大多数生意人主要的活动范围在本身所处的城市。但是乔凡尼·美第奇却将他的银行事业版图拓及北意大利。虽然乔凡尼·美第奇在财富上大有斩获,但整个佛罗伦萨却标志着血腥动荡的政治斗争。经济实力是不够的,政治势力也是让家族延续的重要手段。于是他想到了教宗。这是政治上的豪赌,但是他赢了。他所扶植的柯萨(Baldassarre Cossa)成为教宗约翰 23 世(Pope John XXIII)。约翰 23 世即位的第一件事,就是让美第奇银行(Medici Bank)成为教会指定银行。乔凡尼·美第奇此举让他们的势力更上层楼,但也因此树敌众多。

---

① Frans Johansson, *The Medici Effect—Breakthrough Insights at the Intersection of Ideas, Concepts, and Cultures*.

这层历史，其实是了解文艺复兴的关键。因为美第奇赞助艺术活动，主要的目的其实是政治经济的。为了巩固政治地位，乔凡尼·美第奇的子嗣科西莫·美第奇(Còsimo di Giovanni degli Mèdici)大力推广艺术。身为诗人，他非常了解诗与画融合相通，甚至科学与艺术也可互为表里。更重要的是，他非常清楚艺术作为武器的制胜关键：例如，现存于佛罗伦萨圣马可教堂(Convento di San Marco)、弗拉·安杰利科(Fra Angelico)所画的圣母加冕像(The Coronation of Virgin)(如图6—5)就是最好的政治宣传。在图上方，天父为圣母加冕，而图的下半部，则是命名为美第奇家族成员的圣者。

图6—5 弗拉·安杰利科的圣母加冕像

另外一个例子是存放于佛罗伦萨巴杰罗美术馆(Bargello)，多那太罗(Donato di Niccolò di BettoBardi，一般称他为Donatello)制作的大卫铜像(David，如图6—6)。大卫是犹太人的传奇英雄，圣经中记载，他独自与巨人歌利亚(Goliath)决斗。大卫时值青春年少,而歌利亚已经是熊熊巨壮、将近 6 公尺的巨人了。然而大卫获胜,象征着犹太民族因为神力天助而所向无敌。

图 6—6　Donatello 的大卫像

一个青少年能够战胜巨人,凭借的当然不会是蛮力,而是智慧。多那太罗掌握了这层道理,所以他的大卫像青春花样、甚至婀娜多姿,让人一看就觉得,是大卫的“软实力”导致胜利。这大卫像的“软实力”隐喻虽然隐晦,但在当时意义却十分明朗:大卫靠着智慧带领以色列人,而美第奇家族也以艺术、而不是武力引领佛罗伦萨。其次,当时美第奇的竞争者指控他们是佛罗伦萨自由精神的破坏者。科西莫·美第奇要借此反驳,美第奇代表的是艺术的力量、是艺术的力量带领着佛罗伦萨前进。

所以,艺术家要有独立的灵魂,但“艺术为政治服务”在历史上却又充满了证据。如果艺术免不了为政治服务，或为任何外在因素例如赚钱服务，那如何在自由创作与外力主导两者之间取得微妙的平衡呢？科西莫·美第奇做到了，而且做得炉火纯青。他的道理非常简单，就是清楚地认识到，艺术家需要的不仅是金钱而已，更需要在生活中全面的满足。他照单全收。时而有些艺术家仍有牢骚，他全然容忍。尤其重要的是，科西莫·美第奇完全尊重他们的想法、他们的创作理念。例如多那太罗的大卫像，其实是一种亵渎、是对同性恋的宣扬。在 15 世纪之时，佛罗伦萨有14 000人因为同性恋遭受审判。大卫铜像也因此象征着对权威的挑战。但是聪明的科西莫·美第奇容忍了多那太罗的创作。我们可以说这是科西莫·美第奇对艺术尊重的情操，但也可以说是他精于计算的结果，因为对城市大小的佛罗伦萨而言，要建立强权，非创新莫属。[①]

这样的优渥确实得到了回报。借由艺术作品当中描绘的宗教情景与美第奇家族的联系、画中所传达的美第奇如何创造美好生活的讯息、以及艺术品本身的美感呈现，科西莫·美第奇成功地奠定了他们在佛罗伦萨市民心中的地位，甚至合法化他们与教宗的联系。

科西莫·美第奇现实的目的，也开启了辉煌的文艺复兴：大卫铜像是自罗马时代以来，世界第一座自由站立的铜像。此外，布鲁内斯基（Filippo Brunelleschi）发明了单点透视画法，完全颠覆了欧洲绘画（见图 6—7）。他的另外一项成就更是傲世：佛罗伦萨大教堂的屋顶——是自罗马万神殿（Pantheon）以来第一座不需要拱壁的圆顶建筑（见图 6—8 与图 6—9）。

科西莫·美第奇的孙子洛兰佐·美第奇（Lorenzo de' Medici）完全继承了他的管理原则。在他的领导之下 70％的活跃艺术家在其帐下为宾客。1489 年，年轻的米开朗基罗正师事格尔兰达优（Domenico Ghirlandaio）习画。洛兰佐·美第奇（Lorenzo de' Medici）出现在画坊。他希望格尔兰达优选送两位出色的学生，到他在去年才刚刚成立的艺术学校

① 可以参考 http://www.pbs.org/newshour/bb/entertainment/jan—june03/art_1—24.html。

图 6—7　单点透视法的例子：达・芬奇的最后的晚餐。
视线最后消失在耶稣身后的窗户

图 6—8　拱壁(Buttress)

接受训练。这所学校也是全世界第一所艺术学校。米开朗基罗在那儿所接受的教育开启了他的心灵。他不仅继续他的绘画学习，更与洛兰佐・美第奇帐下其他的艺术家、文学家、科学家、哲学家交流集思。对诗词的怀想、对柏拉图哲学的沉思、甚至对科学原理的剖析，是他在那儿经常的活动，甚至成为他一生的寄托。

洛兰佐・美第奇的管理方式不是放任恣为，当然更不是管束调教。甚至“因材施教”都不能完全形容。在洛兰佐・美第奇发现米开朗基罗

图 6—9　布鲁内斯基建造的佛罗伦萨大教堂圆顶

会因为别人的一句简单的批评，就敲掉雕像的门牙，他知道这个少年的心灵脆弱，需要保护。洛兰佐·美第奇对他的保护，确实造就了旷世奇才。图 6—10 西斯廷礼拜堂（Sistine Chapel）的壁画就是米开朗基罗的代表画作。洛兰佐·美第奇门下的另外一位画家波提切利（Sandro Botticelli）则奠定了文艺复兴的画风（如图 6—11）。

图 6—10　西斯廷礼拜堂米开朗基罗所画的《创世纪》中的“创造亚当”一幕

图 6—11 波提切利的《春》(*Primavera*)

除了绘画雕刻之外，瓦萨里(Vasari)写下第一本艺术史——*The Lives of the Artists*。甚至可以说，达·芬奇开了人体解剖之先河。美第奇也引领了科学研究的风骚，其中的代表人物是伽利略(Galileo Galilei)。表演艺术也在各地萌芽，例如在法国的芭蕾、英国莎士比亚的戏剧、意大利的歌剧。

这段故事告诉了我们美第奇家族所发展的交集创新，以及他们如何成功地运作它。透过交集，不同领域激发创意，而交集越深，创意也越深刻。而在同时，因为不同领域的交集，文艺复兴的巨匠们各个也都具备了艺术、科学、文学、哲学的造诣。这就是所谓的文艺复兴人(Renaissance Man)。米开朗基罗就是典型的文艺复兴人，与米开朗基罗又是师兄弟、又是竞争对手的达·芬奇(Leonardo da Vinci)也是。如果交集创新是文艺复兴的温床，那么文艺复兴人则是成就文艺复兴的实践者。

美第奇家族的传奇并没有灰飞烟灭，成为荒烟蔓草。佛罗伦萨大教堂依旧伫立。布鲁内斯基的圆顶依旧映照着日出日落、人来人往。而且这样交集创新的精神，也被现代企业仿效。乔布斯的苹果计算机就是一例。乔布斯非常清楚文艺复兴的成就，也注意到了文艺复兴人的特质。他说："伟大的艺术家像达·芬奇或是米开朗基罗同时也都精于科学。米开朗基罗不仅知道雕刻，也知道采集矿石。"乔布斯自言："我们一直都在科技与人文的交汇点，试着兼得两者菁华，让产品既达到科技的巅峰，也能传播人文意涵，在使用上容易有趣。这样的产品无须用户迁就，而是会主动接近使用者。"他又说："Macintosh之所以卓越，部分原因就是它不仅出自计算机专家，而且他们同时又是音乐家、诗人、艺术家、动物学家、历史学家。"乔布斯受到拍立得(Polaroid)公司兰德(Edwin Land)的影响很深。他认为："我从小一直认为我比较倾向人文，但同时也对电子感兴趣。兰德对我的影响，就是让我知道人文与科学交汇的重要性。……在拍立得公司，兰德雇用艺术史的高才生，让他们选修几门科学方面的课。这样的科学人才可以在麦克斯韦尔(James Clerk Maxwell)电磁方程式[①]与雷诺阿[②](Pierre-Auguste Renoir)的画笔之间穿梭自如。"[③]

在苹果计算机上，我们看到了文艺复兴又一次的展现，也看到了"文艺复兴人"就是乔布斯自己。他不仅创造一个(甚至数个)结合科学与人文的公司，每一次新产品的上市都掀开了历史的新页。而他自己也结合了人文与科学。2005年在斯坦福大学的毕业典礼上，乔布斯就叙述了他的大学教育，如何在退学之后，继续修习书法课程、体会书法之美，之后融会在苹果计算机的字形设计当中。苹果公司另外一个灵魂人物，也是"文艺复兴人"的转世，就是艾夫(Jonathan Ive)。艾夫懂得如何让产品与用户有着感情的联系，也能够在设计上深刻地表现产品的意义。同时他又深知商业、营销。职是之故，他总是既能让产品符合公司的总体目标，又能够在

---

① 麦克斯韦尔是现代电磁学之父。他的麦克斯韦尔方程组。这些方程式证明了许多电与磁的理论，例如磁场如何生成电场。

② 雷诺阿是19世纪末20世纪初印象派大师。

③ 乔布斯的话见于《乔布斯传》：Walter Isaacson，Steve Jobs。此处中文由英文版翻译。

各个细节表现设计师的匠心独运。乔布斯与艾夫都崇尚简约。但他们的极简风格是在掌握最大复杂度之后最细致的表现、是充分了解制造复杂度之后的反思、是在复杂力度与极简美感之间的无懈可击。

“交易”管理上的另外一层含义是人事管理。我们提过,《易经》对于“泰”卦的“彖辞”说:

“泰,小往大来,吉亨。则是天地交,而万物通也;上下交,而其志同也。”

《系辞传》又说:

“知几其神乎?君子上交不谄,下交不渎,其知几乎,几者动之微,吉之先见者也,君子见几而作,不俟终日。易曰:“介于石,不终日,贞吉。”介如石焉,宁用终日,断可识矣,君子知微知彰,知柔知刚,万夫之望。”

这里的关键词自然是“交”,也就表示这两段话可以解释成人与人之间的交流、交往。我们先试着翻译第二段话:(第一段话在本章开始已经白话翻译了。)

“能够知道细微之处,就真是神了。君子与上位的人交往,绝不谄媚;与下属交往,也不轻佻。能掌握这样分寸的君子,不真是神了吗?(这里的“神”其实很接近我们现在以“神”当作形容词的用法。)细微之处的动静,往往是吉兆的开端。君子看透细微之处,立即行动。《易经·豫卦》“六二”的爻辞上说:“君子坚如盘石,绝不因循苟且。”正如盘石永固,他的吉列也恒长久远。既然了解了这层道理,君子自然会立马实践“见机而作”的道理,也就因此能够做出合理的判断。君子知道体察细微、放眼全局、知所柔软、亦知刚强,故得万民仰望。”①

这里的“上下”不必然仅限于上位与下位,而可以将此一道理延伸到各个层面。古书力求精美。如果每次指各方的时候,都必须说出东西南

① 《系辞传》的话很有意思。蒋中正的字“介石”就从之而来。另外,乾隆皇帝在承德避暑山庄有个“四知书屋”也以此命名。

北上下左右，古书就失去了简约之美。在书写不易的时代，简约有其实效。“泰”卦中的“上下交，而其志同也”就没有限定在上位与下位。“履”卦中“君子以辨上下，安民志”“小畜”中“柔得位，而上下应之”也没有类似的限定。因此，《系辞传》的文字应该是说，如果人与人交往都能够面面俱到，那就真神了。

面面俱到不是乡愿，而是用心交往。《系辞传》谈的是天地之道，而天地之道在于心性。这是中华文化非常重要的一点。例如朱熹在解释“明德”的时候就说：“明德者，人之所得乎天，而虚灵不昧。[①]”《中庸》也说：“天命之谓性，率性之谓道。”所以当孔子在讲“交”的时候，自然指的是用心交往，而不是虚情假意，或是重利轻义。

既然说是“用心交往”，那么什么是“用心”呢？“用心”的一个简单的意义当然是用点心思。但是古人的智慧当然不止于此。整部中国哲学，大部分几乎可以说是关于“心”的探讨。我们看朱熹的几段话：

> “夫心者，人之所以主乎身者也、一而不二者也、为主而不为客者也、命物而不命于物者也。故以心观物，则物之理得。”

（心是身体的主宰。它是独一无二的、是主宰而不是被主宰、是对所有物体发号施令，而不是听命于其他物体。所以如果我们用心观照，万物的道理就可以知晓了。）

> “心，主宰之谓也。动静皆主宰，非是静时无所用，及至动时方有主宰也。言主宰，则混然体统自在其中。心统摄性情，非儱侗与性情为一物而不分别也。”

（心是主宰。无论是动还是静，都具有主宰的地位。并不是说静的时候就没有用，而只有在动的时候才成为主宰。她的主宰是混然全面、无所不在的。“心”掌管着性情，而不是笼统地与性情混为一谈。）

> “性便是心之所有之理，心便是理之所会之地。”

① 朱熹注《大学》。

（“性”是“心”表现出来的道理，而“心”是这些道理存在的地方。）

这几段话可以归纳为以下几个道理：

1.“心”是一种理智判断、道德判断的本能，也就是理智与道德的主体、人类意识功能的主体。

2. 而人具有理智与道德，所以“心”就是人的主体。

3. 无时无刻、无论动静，“心”作为人的主体是不变的。

4.“心”的主宰地位是全然的。

5.“心”是本体，而“性”则是这个本体的种种呈现。以道德判断而言，例如孝顺父母。孝顺父母是“性”，而导致我们这么做，则是因为有颗孝顺父母的“心”在作用。

王阳明有段类似的话：

> “何谓身，心之形体运用之谓也。何谓心，身之灵明主宰之谓也。何谓修身，为善而去恶之谓也。吾身自能为善而去恶乎，必其灵明主宰者欲为善而去恶，然后其形体运用者，始能为善而去恶也。故欲修其身者，必在于先正其心也。”

上述朱熹的话说的是“理”，而王阳明就点出“心”的道德作用。王阳明认为，“身”是“心”的形体运用，而“心”则是“身”的灵明主宰。“修身”是要为善去恶。要能够让我们为善去恶，势必要有颗希望为善去恶的心，然后作为形体的“身”才做得到。这就是为什么说“要修身，必须先正心”。

无论是朱熹还是王阳明都强调对“心”的培养。因为“心”是道德与理性的根柢。这就是为什么说“交”必须要“用心”了。而这种培养是对于人类意识功能的琢磨。

管理学的其中一环就是谈“交”。狭义地说，是人际关系、群己关系；广义地说，是组织或是社群的动态（Organizational Dynamics）。西方的管理学界善于运用模型进行分析。在模型之中，也有人灌注了类似中国文化精神的因子。也就是说，在对于人际关系与群己关系处理上、在对于了解组织或社群的动态上，设法在中国哲学里的“用心”、对“心”的培养、对人类意识功能的琢磨、对心性的认识上找答案。这其中值得一提的是彼得·圣吉(Peter Senge)。

彼得·圣吉对管理的重大贡献是提出了五项修炼(Five Disciplines)。他认为，强调“领导与统御”已经不是现代管理的重点，如何让组织能够学习，才是生存之道。他提出组织学习分为五个阶段，他称为五项修炼①：

1. 个人精炼(Personal Mastery)。
2. 心灵模式(Mental Models)。
3. 建立共认愿景(Building Shared Vision)。
4. 团队学习(Team Learning)。
5. 系统思考(Systems Thinking)。

为了聚焦讨论，在此先仅仅说明“个人精炼”。圣吉认为，个人精炼包括了厘清与深化个人的愿景、专注我们的能量、发展耐力、客观对待事物。这是一个学习型组织(Learning Organization)的精神基础。有了这样的训练，一个人可以知道每件事情的结果会对个人产生怎样深远的影响。他对待人生，就如同艺术家对待他的作品一般。圣吉承认，这层训练不仅来自西方，也来自东方精神传统、甚至世俗传统。然而，愿意花心思为员工进行个人精炼的公司少之又少。职是之故，公司其实留下了一股完全没有开发的资源。他引用汉诺威保险公司(Hanover Insurance)的欧布莱恩(John O'Brien)的话：“当一个人开始就业，他充满热情、受过高等教育、也有着灵活的头脑。但到了30岁，仅有少数人持续当初的干劲，其他人则得过且过，关心的事情成了周末的家居活动。他们失去了就业之初的投入感、使命感、兴奋感。这样，他们虽然在公司工作，但企业主却把他当作灵魂的行尸走肉。”

---

① Peter Senge, *The Fifth Discipline*。所有的翻译都是根据原文。

那么如何达到个人精炼呢？圣吉引用欧布莱恩的话："公司模型——如人性。在过去，人们工作是为了糊口。但今天的人们希望在工作中得到更高层次的满足，但是传统的公司架构并非为此而设计。它无法让现代人找到自我尊重、自我实现。……因此，管理者必须重新定义他们的职责。他们必须放弃旧有的公司模式，也就是计划、组织、控制这一系列的流程，而要深刻了解他们的工作对于员工人生的意义……要能够提供一个可以滋养人们丰富人生的环境。"

圣吉也引用京瓷创办人稻盛和夫（Kazuo Inamori）的话，认为要激发每个人的潜力，需要对于一些概念有着新的了解。它们是：潜意识、意志力、心意力。其中心意力指的是一颗真诚的、愿意奉献社会的心。他训练属下在追求完美的过程中不断地内省。而内省的标杆是公司的座右铭——"敬天爱人"。

圣吉对"个人修炼"提出的一个最醒目的建议，就是运用潜意识（Subconscious）。他引用稻盛和夫的话："当我注意力开始集中的时候，我进入了潜意识的心灵状态。有人认为，人类具备意识与潜意识，而潜意识的能量大于意识十倍……当我提到'心灵'，有些人可能笑我。但是我认为'心'是解答秘密的一把钥匙，那是决定人类未来的秘密。"圣吉认为，我们的"心"有着一个特质，就是可以超乎想象地处理复杂的问题。而有这种特质的原因就是我们的心具备了潜意识。圣吉也强调以专注来训练潜意识。看到我们引用的朱熹以及王阳明对心性的探讨，我们可以清楚知道，圣吉的理论其实古人的智慧都已经揭示了。

除了"心性"之外，圣吉的"个人精炼"中还有其他一些与中国文化以及《易经》吻合之处。我们就来看他关于"个人修炼"的第一、第二个原则：建立"个人愿景"（Personal Vision）与"创造性紧张"（Creative Tension）。

个人愿景不是让生活越来越好的愿望。在圣吉看来，那是对于当下生活不满的反射，不算愿景。愿景是一种真正的渴望。企业目标也不能说是愿景，那与个人的愿景无关。如果企业的目标只是公司的成长，例如市场占有率，而无法将公司的目标与员工的愿景结合，这样的公司也只能说是赚钱的机器。最巧妙的公司目标就是让员工觉得那些目标就是自己期望的。诚如萧伯纳所言："人生之乐，有梦最美，浑然天成。非关激情、亦非我私。非病恹之怨，亦非哀悼之求。若是，则非快乐之本。"[①]也就是说，如果一份愿望是自然而然顺着本性而产生，不是出于一时激情或是个人私利，那么实践这份愿望就是得到了真正的快乐。我们回想人生，不就真是如此吗？萧伯纳对人生的洞察，让人惊叹。

所以，如果企业目标能够与员工发自内心的目标吻合，不仅容易达成，而且员工肯定能够乐在其中。所以，设定目标是一份不断探索内心世界的过程。因为目标越能发自内心，她能带给人的快乐也就越深刻。

衡诸中华文化，这层道理至为明显。如果我们将孔子周游列国当作一个教育团体，那么这个教育团体的目标就是宣扬儒家理念。《论语·公冶长》就提到一段孔子语弟子分享愿景的典故：

颜渊、季路侍。子曰："盍各言尔志?"

子路曰："愿车马、衣轻裘，与朋友共。敝之而无憾。"

颜渊曰："愿无伐善，无施劳。"

子路曰："愿闻子之志。"

子曰："老者安之，朋友信之，少者怀之。"

这段典故许多人一定耳熟能详了。翻译如下：

颜渊、季路侍奉时。孔子说："为什么不说说各人的愿望呢?"

子路说："愿将车马和裘衣和朋友共享，坏了也不遗憾。"

颜渊说："但愿能做到不夸耀优点、不宣扬功劳。"

---

① This is the true joy in life, the being used for a purpose recognized by yourself as a mighty one … the being a force of nature instead of a feverish, selfish little clod of ailments and grievances complaining that the world will not devote itself to making you happy.

子路说："您的愿望呢？"

孔子说："但愿老人能享受安乐，朋友能够互相信任，[①]少儿能得到关怀。"

这些愿望都是儒家的理想。在此，个人的理想与孔子这个教育团体的理想吻合无缝。

《论语·先进》也说：

子路、曾点、冉有、公西华侍坐。子曰："以吾一日长乎尔，毋吾以也。居则曰：'不吾知也！'如或知尔，则何以哉？"

子路率尔而对曰："千乘之国，摄乎大国之间，加之以师旅，因之以饥馑；由也为之，比及三年，可使有勇，且知方也。"夫子哂之。

"求！尔何如？"

对曰："方六七十，如五六十，求也为之，比及三年，可使足民。如其礼乐，以俟君子。"

"赤！尔何如？"

对曰："非曰能之，愿学焉。宗庙之事，如会同，端章甫，愿为小相焉。"

"点！尔何如？"鼓瑟希，铿尔，舍瑟而作。

对曰："异乎三子者之撰。"

子曰："何伤乎？亦各言其志也。"

曰："莫春者，春服既成。冠者五六人，童子六七人，浴乎沂，风乎舞雩，咏而归。"

夫子喟然叹曰："吾与点也！"

三子者出，曾皙后。曾皙曰："夫三子者之言何如？"

子曰："亦各言其志也已矣。"

曰："夫子何哂由也？"

---

① ctext.org 的原文是"朋友能够信任我"。

曰:“为国以礼,其言不让,是故哂之。”

“唯求则非邦也与?”

“安见方六七十如五六十而非邦也者?”

“唯赤则非邦也与?”

“宗庙会同,非诸侯而何?赤也为之小,孰能为之大?”

白话翻译如下①:

子路、曾皙、冉有、公西华陪坐,孔子说:“不要顾及我年长,而不敢讲真话。你们经常说,没人理解你们,如果有人理解并重用你们,你们打算怎么办?”

子路急忙说:“较大国家,夹在大国之间,外有强敌入侵,内有饥荒肆虐,我来管理,只要三年,可使人人有勇气,个个讲道义。”

孔子微笑。“冉求,你怎样?”

答:“方圆几十里的地方,我来治理,只要三年,可使百姓衣食充足。至于精神文明,要等能人来教化。”

“公西赤,你怎样?”

答:“我不敢说能干好,但愿意学习。祭祀的事,外交的事,我愿穿着礼服,做个助理。”

“曾点,你怎样?”

曾点弹琴正接近尾声,他铿的一声放下琴,站起来说:“我与他们三位不同。”

孔子说:“说说有什么关系?只是各谈各的志向而已。”

曾点说:“暮春三月,穿上春天的衣服,约上五六人,带上六七个童子,在沂水边沐浴,在高坡上吹风,一路唱着歌而回。”

夫子感叹说:“我欣赏曾点的情趣。”

其他三人走后,曾点问:“他们三人的话怎样?”

---

① 同出于 ctext.org。

孔子说："只是各谈各的志向而已。"

"您为何笑子路呢？"

"治国要讲礼让，他的话一点也不谦虚，所以笑他。"

"冉求谈的是治国吗？"

"怎么见得治理方圆几十里的地方就不是治国呢？"

"公西赤谈的是治国吗？"

"祭祀和外交，不是国家大事是什么？如果公西赤只能当助理，谁能当总理？"

这段饶有风趣的会话，标志出了描绘个人愿景的思辨过程。而不断思考个人愿景，也是圣吉"个人精炼"的第一步。我们可以看到，在分享愿景的过程，不仅孔子与弟子的认识更进了一步，而师徒们也对于"治国"这一教育团体的目标也有了进一步的认识。在陈凯歌导演的《霸王别姬》中，也出现这么一段感人的剧情：小癞子是戏园子的学徒。他最爱吃的就是冰糖葫芦。他和小豆子两人称兄道弟。一回小癞子对小豆子说："这世上最好吃的东西，第一是冰糖葫芦……吃了冰糖葫芦，就成角了。"他俩受不了在戏园的打，趁机溜走了。在人群中，他们看到了名角受人追捧，后悔溜了出来。他泪流满面，说道："要成一个角，得挨多少打？"受到了这个场面的刺激，他们决定回戏园。小豆子是下定决心了。所以先到了戏园，但是一进门，就是一顿毒打，差点没死。小癞子见到这情状，根本不敢进园。买了好几串的冰糖葫芦，塞到嘴里猛吃。电影的下一个镜头，就是小癞子上吊的死状。小癞子为什么那么在乎我们今天认为再平凡不过的冰糖葫芦呢？因为那是他人生的愿望，不管那愿望多么微薄。

圣吉认为"个人修炼"的第二个法门是"创造性紧张"（Creative Tension）。这个名词是从熊彼特的"创造性破坏"（Creative Destruction）而来。简单的两个词，勾勒出了"创造"与"破坏"或是"创造"与"紧张"的辩证关系。熊彼特要说明的是"不破不立"，而圣吉的"创造性紧张"也有此意：让自己处在紧张的状态下，但是这种紧张是正面的能量。它能够激发我们的创造力。“乾”卦就说：“九三：君子终日乾乾，夕惕若，厉，无咎。”“九三”指的是“乾”卦的第三个爻。意思是说：“君子每日努力不懈，到了晚上依然戒慎恐惧。如此就不会犯错。”这个“惕”字就是一种紧张状态。那是一种头脑清晰、如临深渊、戒慎恐惧的状态。这种状态是创造发展的先声。在九三整个阶段戒慎恐惧，所以到了九四、九五两个阶段就成了“或跃在渊”“见龙在天”了。

这种紧张的关系在个人上是心志的培养，在理论上就是正反合的辩证关系。我们谈过《易经》辨证性的结构。例如，“泰”卦是天在下、地在上；而“否”卦则是天上地下。又如第六十四卦照理说应该是功德圆满，但却是个“未济”，反而之前的第六十三卦才是“既济”。而“乾”与“坤”两者也是相反的概念：一个代表天，一个代表地；一个代表阳，一个代表阴。两者作为《易经》的头两卦，就此产生六十四卦。所以说，《易经》就是一部辨证之书。

第二部分

在这一部分，读者将看到《易经》如何阐释不同的创新。第一部分中，我们看到了《易经》的创新本质，而这一部分，则可以理解《易经》在典范转移、商业模式等方面的创新原则，以及融合创新、交集创新、开放创新、颠覆创新、平台创新等具体的创新种类上，提出的各种先见之明。

第七章

以《易经》简介创新管理(一)

创新(innovation)是什么？根据百度百科，创新是提出解决问题的办法，以对顾客创造新的价值。新价值的创造包含：满足顾客新的需求、满足顾客不可言喻的需求、以新方式满足旧的顾客或是市场需求。完成创新可以运用不一样的或是更有效的产品、流程、服务、科技、构想。创新不同于发明(invention)：创新是指运用更好的并且是新鲜的构想或是方法，而发明是创造新构想或是新方法本身。创新也不同于更新(improvement)：创新是指做不同的事，而更新是指将相同的事做得更好。

从这个意义上来看，创新多少涉及《易经》所说的"变易"。它不能只走一条直线，而必须弯曲。它不能一成不变，而必须转移。既然《易经》谈"变"，所以它不仅是一部管理的书，更是创新管理的书。

第一节　创新是典范的转移

《系辞传(下)》：

"易之为书也不可远，为道也屡迁，变动不居，周流六虚，上下无常，刚柔相易，不可为典要，唯变所适。"

从创新管理的角度切入，这段话可以如下翻译：《易经》的道理不远离人生实用，其运用也经常有所不同。也就是说，《易经》常随着时代与环境的不同而有所变迁。《易经》每个卦象的六个爻就是抽象地象征着六种不同的情境，而彼此交流互动，形成动态的关系。在不同的环境下（例如在不同的国家）、运用的力道不同（例如经济刺激方案的强弱），都会造成不同的效果，甚至是不同的新配方。我们不可以僵固于一成不变的典范，要能随着环境之变化来做调整，以适应时代之需要。唯有顺应时代而变革，方能适变而生存。

《系辞传》接着说：

> "其出入以度，外内使知惧。又明于忧患与故，无有师保，如临父母。初率其辞，而揆其方，既有典常，苟非其人，道不虚行。"

从创新管理的角度来看，就是：运用《易经》，就在于了解这个"典范转移"的道理。因为典范随时有可能转移，所以无论是守成本业，还是开拓发展；无论是内部管理如人事，还是外部管理如营销，都要以戒慎恐惧的态度仔细忖度、衡量。因为具备了这般戒慎恐惧的忧患意识，所以即使没有可以遵循的先例，也可以凭借着"隐性知识""潜意识""支援意识"等[①]，形成一套决策流程。这流程先是探索《易经》中的文字，接着是细细思量其含义，衍生出不同的创新思维。这是一套以人为本的决策系统。倘若不以人为中心，就是务虚而不务实，搞形式主义了。

这段话有三个地方可以深究。首先，什么是"典范转移"。其次，这儿有个看似矛盾、但却寓意深远的地方。《系辞传》这段话先说"不可为典要"，但之后又说"既有典常"。怎么回事？最后，什么是"隐性知识""潜意识""支援意识"。这些"识"与《易经》有什么关联？

《易经》说"不可为典要"，就是"典范转移"。浅层来看，就是我们做事依循的标准随时都有可能改变。但深层来看，我们就要问，它怎么改

---

① 在《变易·变迁》一章中解释。

变？托马斯·孔恩（Thomas Kuhn）的《科学革命之结构》（*The Structure of Scientific Revolutions*）可以给我们答案。在这本书中，孔恩认为，科学革命产生于异象（anomaly）累积到原有典范无法解释的时候。此时，旧的典范将不再适用，新的典范从而生焉。而科学的进步靠的就是这样典范转移的过程。

牛顿的万有引力（gravity）与爱因斯坦的广义相对论（general relativity）之对比，可以解释典范转移。1678 年，牛顿出版了《自然哲学的数学原理》（*Philosophiae Naturalis Principia Mathematica*）一书，提出了万有引力的概念。引力指的是两个物体根据它们质量大小互相吸引对方的现象。牛顿的理论成功地解释地球为什么会围绕太阳旋转、月球为什么围绕地球旋转等问题。这套理论 200 年来一直没有人挑战，直到 19 世纪末，科学家发现，根据牛顿的理论所算出来水星的岁差并不正确。以地球来说明，岁差指的是地球自转轴因为太阳引力的关系，所产生的挠动。根据估算，地球26 000年岁差一周期。在图 7－1 中，自转轴上方的圆圈，就是地球的岁差。

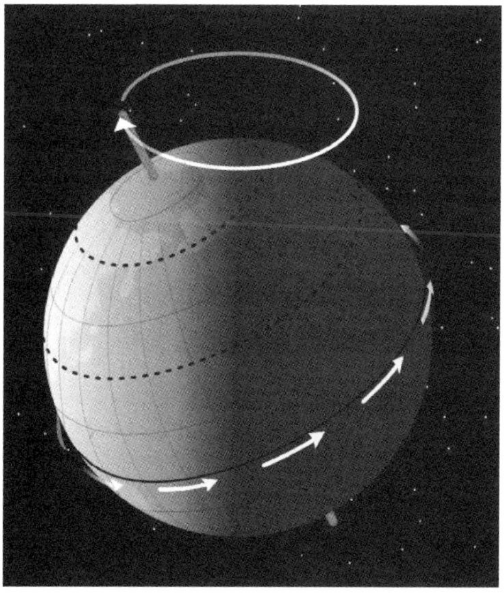

图 7—1　岁差

对牛顿的万有引力学说而言，水星岁差的失误是个“异象”。但是以牛顿学说为典范，科学家没有办法解决这个失误。直到爱因斯坦提出广义相对论。爱因斯坦认为，引力不单纯是个力量，它是质量扭曲时空(spacetime)的结果。这可以图7—2说明。在图7—2中，地球因为具有质量，所以在时空结构(spacetime fabric)中形成扭曲。在地球附近的物体，例如人造卫星或是月球，因为那个扭曲时空而围绕地球旋转。根据爱因斯坦的理论，水星岁差问题迎刃而解。所以，在引力这个问题上，牛顿的学说是旧的典范，而爱因斯坦形成了新的典范。

图7—2　时空扭曲，形成引力

这样“典范转移”的观念同样可以运用在商业经济。我们可以举在“开放式创新”[①]常为人引用的“黄金公司”(GoldCorp)为例。黄金公司是一家总部位于加拿大温哥华(Vancouver)的矿产公司。2000年，他们在安大略省(Ontario)红湖(Red Lake)矿区的产量锐减，只有五万盎司。当时黄金价格只有360美元一盎司。公司的矿层已经很深，员工认为矿源已经枯竭。遇到这样的状况，一般公司可能就会关闭矿坑，但是公司

---

① 详见《易经简介创新四》一章。

的创办人兼当时的总裁麦克勇(Bob McEwen)并不甘心。他想到了前1年在麻州理工学院(Massachusetts Institute of Technology)讨论会上Linux的例子。Linux的创办人多瓦兹(Linus Torvalds)运用互联网作为共同合作的平台,发展Linux这套计算机操作系统。麦克勇心想,为什么不也如法炮制。于是他提出一个名为"黄金公司挑战赛"(The GoldCorp Challenge)的项目,希望吸引全世界网络的使用者告诉公司,该如何探得未来的矿藏。公司将提供575 000美元作为回报。2000年3月,挑战赛展开。公司公布了从1948年以来在红湖地区55 000英亩所有的地质数据。数个星期之内,就有50多个国家超过1 000个竞标者。这些竞标者未必是矿业相关人员。它们有的是学生、军人、商业顾问。最后得标的是来自地球另一端澳大利亚的两组人马。公司于是就根据他们的建议,开发了超过110个矿区,其中50%在过去完全不为公司所知。麦克勇认为,这项竞赛省下公司2～3年探勘的时间。所开发的黄金超过800万盎司,价值超过30亿美元。如果与它们所付出的奖金相比,投资报酬率超过5 000倍。

在过去,对于矿产公司而言,矿源地图是绝对机密、制胜关键。如果我们的思维是循着旧的典范,那对于麦克勇开放地图数据,绝对会认为是自寻死路。但这一套"敝帚自珍"的旧典范带给黄金公司的只是到处碰壁,和以往的荣景不可同日而语(异象)。在这样的变化之下,新典范的产生势在必行。而麦克勇的贡献则是在新典范普遍必须为人接受之前,就有先见之明,运用网络第二版的观念进行创新。事实上当今地图信息发达,地图作为机密档案可以说是不合时宜了。所以麦克勇早就扬弃旧典、树立新象了。

第二节　创新有变也有常

其次,《系辞传》为什么先说"不可为典要",但之后又说"既有典常"。

怎么回事？其实这不仅是《易经》奥妙之处，而且是创新的真谛。

《易经》讲求变与常的辩证关系。诚如“恒”卦的“彖辞”所说：

> 恒，久也。刚上而柔下，雷风相与，巽而动，刚柔皆应，恒。恒亨无咎，利贞；久于其道也。天地之道，恒久而不已也。利有攸往，终则有始也。日月得天，而能久照，四时变化，而能久成，圣人久于其道，而天下化成；观其所恒，而天地万物之情可见矣！

顾名思义，“恒”卦说的自然是永恒不变的道理。但是这整段文字却处处显露“变”：“恒”，就是久远的意思。从卦形来说，是代表阳刚的“震”卦在上，而代表阴柔的“巽”卦在下。“震”是雷、“巽”是风，所以是风雷交加。既可谦逊[①]，又有行动。卦位中初与四、二与五、三与六各爻都是阴阳相应，表示刚柔两种德性可以互补。这就可以永恒。“恒”卦代表着亨通与无灾，利于正道并且在正道上努力不懈。所谓的天地之道，也就是如此这般恒长久远。因为是走正道，所以有利于行动，并且可以循环不已；到了终点，又可以有新的开始。就如同天上的日月，恒久地照亮大地。有着四季的变化，就可以长久地让万物生长。圣人在这样的正道上坚持不断，就可以化育天下、成就功德。所以我们观察“恒”的道理，就可以知道天地万物的真情与真谛了。

所以，“恒”卦的“彖辞”至少有着五种“动”：雷风互动、刚柔互动、日月推移、四时变化、化成天下。但这些“动”都是有一定规律的。这些规律形成了“恒”。它是“利有攸往，终则有始”的循环，也是“天地万物之情”的动能。创新也是如此。我们方才提到典范转移。典范转移当然是“动”，所以说“不可为典要”。但典范转移的送往迎来，却是一个大规律，所以又说“既有典常”。在实际的商业操作上，也是如此：

现在大家对文化创意已经不陌生了。既然是创意，自然就是要变化出不同的新构想。然而，真正要进行创意管理，却不仅要求变，而且要懂

① 巽读音为“逊”。这里“巽而动”的“巽”就解释为谦逊。

得以一套“常法”来管理“变”。罗伯托·维甘提在《设计力创新》[①]就采取这样的观点，并且传授一套以设计为导向、在“变”与“常”之间辨证的创新法。维甘提认为，成功的创新是要能够激进地赋予产品新的意义。他举例说明，从 1994 年到 2003 年，意大利家具公司的盈利在 54%(B&B Italia)到 211%(Kartell)。同一段时间，欧洲家具的平均收益率是 11%。这些公司成功的秘诀就在于它们激进地创造产品新的意义，他称为“激进意义创新”(radical innovation of meanings)。其他公司并非没有创新，只是它们的创新着重在表象(例如外观或是功能)，或是单纯地以使用者为中心(user－centered innovation)。以使用者为中心的创新主要是考虑使用者希望得到什么。但是这样的思维与“激进意义创新”恰恰相反，因为它并不是挑战现存的意义、去迎合群众，反而是强化了既存现实。这样一来，就不是在赋予产品新的意义了。

许多人认为激进地进行创新是疯狂的举动。但是维甘提提出佐证，激进创新事实上有着精确的流程并奠基于训练十足的能力，绝非空穴来风或是信手拈来。那是一套选才、迎才、任才、整合人才的过程，并且以严谨的方法论、组织的力量，运用人才。这一套具体的设计创新(design-driven innovation)方法论，主角是“诠释者”(interpreter)，也就是挑选、迎接、任用、整合的人才。这些人才不见得必须存在于组织之内，但是可以透过组织的力量，从世界各个角落网罗集中。而其流程包含“倾听”(listening)、“诠释”(interpreting)、“赋予”(addressing)。这是让人才充分发挥的心法。

“倾听”是倾听意见者对于各个事物的诠释。这些意见者可能已有名气，但更有潜力的创新泉源则往往来自比较不为人知的意见者，因为他们的意见尚未曝光，也往往可以出人意料。这些意见者也就是“诠释

① Roberto Verganti, *Design-Driven Innovation: changing the rules of competition by radically innovating what things mean.*

者”。所谓倾听不仅是听而已，还要不断发掘别出心裁的诠释者、吸引他们、与他们互动。在欧洲，许多博物馆就同时兼具诠释者的角色。一些新产品首先在博物馆展出。博物馆馆方、其社会圈、甚至参观民众，包括艺术家、文学家、音乐家、经济学家、社会学家、企业家，可以对那新产品进行不同的诠释。

“诠释”指的是为产品发展出独一无二的意义。在经过前一步骤“倾听”之后，公司根据所得到的种种知识，融合本身设想的意义、原本有的产品或服务属性、不同的价值观等，成为新产品的新意义。

“赋予”指的是让使用者或是欣赏者接受上一阶段发展出来的意义，而此一工作就落在“诠释者”的身上。诠释者不断与公司讨论，并且将“意义”内化，也就是可以从内心深处完全认同与体会这层意义。诠释者将这层意义与生活结合，使得产品能够带给用户全新的生活感受。

从维甘提的方法论可以看出，即使为外人一直认为是靠着右脑的创意，也有一定的规律方法。正如《易经》有“恒”也有“变”，常与变构成了创新方法的特质。从“变”来说，创新强调的不仅要变，而且要激进地、根本地变。要能够结合相反的或是表面上看起来无关的概念，创造新的意义，所以说是“刚柔皆应”。要能够“海纳百川”，让各种创意能够充分表达，不管这些创意看起来多么的稀奇古怪。从“常”来说，无论怎么变，创新的规律可以让创新不至于荒腔走板、让创新的过程可以有个依据。这个依据的最大功能并不是规范，而是透过一定的流程，让创新得以顺利地产生。而正因为有着一定的规律，所以是可学而成的。

第三节　商业模式创新

从纯粹创新的角度来说，没有办法达到商业模式创新，根本就不算创新。《易经》也非常强调这个道理。古人自然不会使用“商业模式”这样的现代语汇，但类似、甚至相同的概念就在诸如“道”“太极”“体”等字当中。什么是"商业模式"？简单说，就是组织运行的系统性描绘。图7—3是欧斯特瓦德(Alexander Osterwalder)绘出的商业模式[1]。我们先将它看成三大区块：企业将手中的资源、关键的伙伴、从事的活动（左上角第一区块）转化为价值，透过营销渠道、顾客关系，提供给顾客（右上角第二区块）。这个过程将投入成本转化为收益（下方第三区块）。

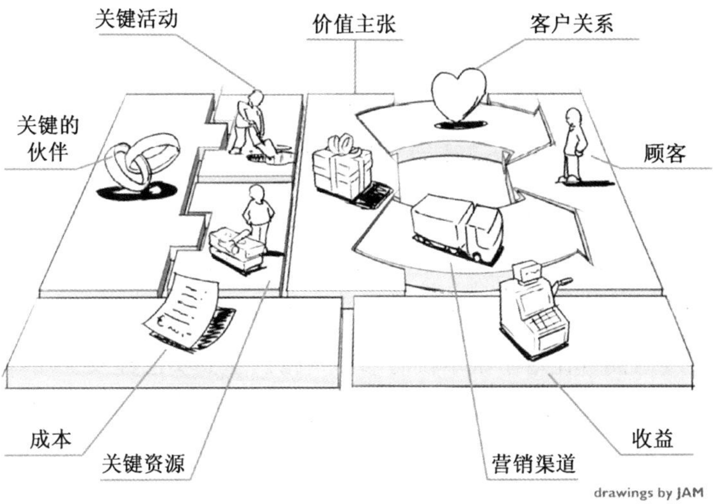

图7—3　商业模式

商业模式创新，简单说，就是这张图上的任何一个环节的改变。所以说产品创新通常不是商业模式创新，因为它并不必要改变这里的任何一个环节。那么我们为什么特别强调商业模式创新呢？因为竞争者也在创新；只有"改变游戏"(game changing)的创新才可以让企业走在竞争者之前。

我们就从生物学来体会这样的道理。在美国俄勒冈州有一种称作美西蝾螈(Taricha)的两栖动物。这种蝾螈看似平凡，但它的皮肤会产生河豚毒素(Tetrodotoxin，TTX)。一只蝾螈所产生的剧毒可以毒死20

① Alexander Osterwalder& Yves Pigneur, *Business Model Generation*, Wiley 2010.

个人，而且当前没有任何解药。为什么在平静的水域里，蝾螈有必要产生如此剧毒呢？科学家从进化论找到答案。在蝾螈栖息的水域里，也住着袜带蛇(garter snake)，是美西蝾螈的天敌。美西蝾螈与袜带蛇在几万甚至几千万年间，进行了演化上的"军备竞赛"——蝾螈的毒性以及袜带蛇的抗毒性进行了你死我活的竞赛。在演化的过程中，蝾螈产生变种，变种蝾螈可以分泌毒液，致袜带蛇于死地。所以能够生存下来的蝾螈，就是具有毒性的蝾螈。但同时，袜带蛇的情况也很类似。在演化的过程中也进行了变种，产生抗毒剂，而能够获得食物的袜带蛇，就是可以解毒的变种。这个过程不断持续，于是蝾螈的毒性就越来越烈。

我们看到，为了从竞争的环境下生存，蝾螈与袜带蛇都进行了"变种"，也就是在体质上发生了变化。这摆在商业竞争环境，就是商业模式进行了创新，使得竞争对手俯首称臣。而更高明的商业模式创新不仅是"改变游戏"，而且让对手根本没有参赛资格。这其实已经发生在蝾螈与袜带蛇的竞争当中了。2008 年 3 月，斯坦福大学霍普金斯海洋站(Hopkins Marine Station at Stanford University)的查尔斯·哈尼芬(Charles Hanifin)就指出，某些区域的袜带蛇已经发展出蝾螈无法克制的抗毒剂。如此，那些袜带蛇即可高枕无忧；至少在一定时间之内，再也无须搅和在与蝾螈的军备竞赛①。企业如果也能够达到如此境界，那就是将创新发挥得淋漓尽致了。

《易经》开宗明义的"乾"与"坤"就是在哲学层次铺陈商业模式创新。"乾"卦的"彖辞"说：

> 大哉乾元，万物资始，乃统天。云行雨施，品物流形。大明始终，六位时成，时乘六龙以御天。乾道变化，各正性命，保合大和，乃利贞。首出庶物，万国咸宁。

("乾"十分伟大！是万物生长的力量，统率着大自然。举凡云飘雨

① Hanifin, C. T., Brodie, E. D. Jr., and Brodie E. D. III., Phenotypic mismatches reveal escape from arms-race coevolution. *Public Library of Science*: *Biology* 6(3), March 2008.

降、万物繁殖成形，都是它的功能。它赋予日升日落的规律。如果我们将这样的规律区分为6个阶段，那就像是六条龙一般，驾驭着大自然的运作。“乾”的变化造成宇宙生物的多元发展，各得其所、各尽其宜，顺利无碍。她出现在万物之前、是世界安宁的依据。）

而“坤”卦的“彖辞”则说：

> 至哉坤元，万物资生，乃顺承天。坤厚载物，德合无疆。含弘光大，品物咸亨。牝马地类，行地无疆，柔顺利贞。君子攸行，先迷失道，后顺得常。西南得朋，乃与类行；东北丧朋，乃终有庆。安贞之吉，应地无疆。

（“坤”真是尽善尽美。万物靠着它而生长，是顺应天道而行。“坤”代表大地，大地深厚，承载着万物，德行没有边界。这样宽大的德行照耀万物，使得万物顺利亨通。就像母马一样，没有边界地驰骋在大地上，而又能保持和顺的个性，所以德行可以施行无阻。君子所作所为，如果贸然而行，就失去方针；如果沉着擘画，就可以找到方向。得到同类朋友，可以共同奋斗；得到不同类的朋友，形成“差异化”，也值得庆贺。做到“坤”安稳与坚固的德行，就可以和大地一样，永恒不朽。）

我们在这儿先解释一下“坤”卦比较不容易理解的这段话：“君子攸行，先迷失道，后顺得常。西南得朋，乃与类行；东北丧朋，乃终有庆。”“攸”这个字解作“所”。“君子攸行”就是君子的所作所为。“先迷失道，后顺得常”这段话其他各家有的大略解释成“一开始迷失了道，之后就顺利了”。这样的解释在文意上说得过去，但在前后文的逻辑上却没有意义，只能说是占卜之语。我们在此采取比较创新的解释：“先，迷失道；后，顺得常”。也就是如果想要“为天下先”，那就迷失了。而如果秉持“后”的原则，沉着擘画，或是成为追随者，那就顺遂了。这样的解释反映了《易经》对于“乾坤”二卦相对应的阐述，我们马上说明。而我们的解释也呼应《老子》的哲学“我有三宝，持而保之；一曰慈，二曰俭，三曰不敢为天下先。慈故能勇，俭故能广，不敢为天下先，故能成器长”——不敢强出头，反而可以成为万事万物的领袖。

“西南得朋，乃与类行；东北丧朋，乃终有庆”一句，历代各家作了不同的解释。以《后天八卦》来看，“坤”位居西南，如图7—4，所以在西南方就是同类。此处的“朋”解释为“同类”。所以相对的东北方就是“不同类”，故曰“丧朋”。但“不同类”形成差异化，是件好事，所以说“乃终有庆”。在此，我们将“丧”解释成失去，而“朋”解释成同类。

图 7—4 后天八卦，又称文王八卦

《易经》是一个对比的系统。“乾坤”就是最好的例子。除了“阴阳”对比，也是“道器”“体用”对比。“乾”是“道”、是“体”，而“坤”是“器”、是“用”。它象征着阴阳对比，而从商业模式创新的角度来看，就是商业模式的发祥以及商业模式的执行。“乾”卦的“彖辞”从哲学上告诉我们商业模式的作用，而《坤》卦则是商业模式的执行。

“乾”卦所勾勒的商业模式，首先要有个“乾元”。这可以说是组织的愿景(vision)与使命(mission statement)。愿景与使命不同。愿景是一句简单的话，勾勒出组织的信念。使命则勾画出组织的目标、存在的价值，更重要的是达成目标、提供价值的行动方略。所以，我们可以说“乾”是古代圣哲对于一个由君子所组成的管理阶层提出了一套自然主义倾向的使命文件：它要能够像天或是乾元那样“云行雨施，品物流形”。实践到人世，就是要能够“各正性命，保合大和”。这几个字再进一步说明，可以说就是《礼记·礼运大同篇》所揭橥的理想：

> 大道之行也，天下为公。选贤与能，讲信修睦，故人不独亲其亲，不独子其子，使老有所终，壮有所用，幼有所长，矜寡孤独废疾者，皆有所养。男有分，女有归。货恶其弃于地也，不必藏于己；力恶其不出于身也，不必为己。是故谋闭而不兴，盗窃乱贼而不作，故外户而不闭，是谓大同。

（当大道流传的时候，天下属于所有人民的。此时的社会选举贤能的人、大家讲求信用、彼此和睦相处。因此，人们不仅视自己的亲人为亲人，也把他人的亲人视同自己的。不仅视自己的孩子为孩子，也将他人的孩子视为自己的。老人们都可以得到良好的照顾与归属、青壮者可以发挥才干、年幼者得到适当的成长。失去丈夫或是妻子者、独身者、残疾者，都可以得到适当的赡养。男人有适当的职业、女人有合宜的家居。对于财货，大家反而不愿藏为己有、宁愿弃如敝屣。努力奋斗也不是为了自己，而且还戮力为公、恐落人后。因此，奸巧欺诈不存、盗窃乱贼不作，即使出门也不需关门户。这就是大同。）

“乾”卦的《文言传》具体说明了这个“使命”的内涵：

> 《文言》曰：“元”者，善之长也；“亨”者，嘉之会也；“利”者，义之和也；“贞”者，事之干也。君子体仁足以长人，嘉会足以合礼，利物足以和义，贞固足以干事。君子行此四德者，故曰“乾，元、亨、利、贞”。

（《文言》说，“元”最高的德行，“亨”是好事的集结，“利”是义气和合的结果，“贞”是事物的纲领。君子身体力行仁道，就可以出人头地；集结好的能量，以合理合宜；施利他人就合于义的道理，坚贞不二就可以成就事业。君子力行这四种德行，所以说“乾，元、亨、利、贞”。）

这个一般化的使命文件，如果从管理的角度来引申，包含了几个重要的概念：开业（元）、流通（亨）、收益（利）、基础（贞）。这与欧斯特·瓦德的商业模式样板不同，用另外一个角度来看待组织的元素，可以说另一种形式的商业模式。

我们在本书"《易经》的不易与创新"一章引用严新对于"元亨利贞"的解释。他说：

> 元者，善之长也，生命创造与孕育之本体所在，故为生命之本也、始也、生也，乃一动力系统，大也。亨者，嘉之会也，生命创始与孕育的宇宙，故为生命之通也、达也、中易也，乃一运作系统，故达。利者，义之和也，生命创造与孕育的知识，故为生命之宜也、和也、敦也，乃一功效系统，故深。贞者，事之干也，生命创造与孕育的价值，故生命之正也、故也、永也，乃一目的系统，故久。

这段话虽然不是直接指向管理，但其实也符合管理的元素：动力、运作、功效、目的。不仅如此，将严新的阐释放在管理上，"元"这个动力系统"生生不息"，是一切美好结局的首要条件，组织必须了解，推动组织前进的动能为何。以当代管理学的科目来说，可以是策略布局（strategic planning）、推动（steering）等。"亨"这个运作系统，则是"供销"（distribution and sales）、供应链管理（supply chain management）。组织所要想的问题是如何将产品或是服务送达所有需要的人。"利"这个功效系统，则是利润模式（profit model）、成本模式（cost model），也就是如何获利、如何控制成本、如何维持成长。而"贞"这个目的系统，可以回归到杜拉克所说的"营销与创新是企业唯二的基本功能"①。创新为顾客创造不同凡响的价值，而营销（marketing）则将此价值讯息传达到顾客心中。创新与营销是企业、甚至是任何组织的基本功能，也是目的。

---

① Because the purpose of business is to create a customer, the business enterprise has two——and only two——basic functions: marketing and innovation. Marketing and innovation produce results; all the rest are costs.

至于“坤”卦，我们说是商业模式的执行，因为它“万物资生，乃顺承天”。“乾”是“资始”、是“天”，“坤”就是相应的“资生”与“顺承天”。它大概说明了顺承“乾”这个商业模式所必须注意的一些事项。例如上面所说的“先迷失道，后顺得常”、“西南得朋，东北丧朋”。《坤》的爻辞也阐述了“顺承天”所实践的一些德行或是行事作风：

初六：履霜，坚冰至。

六二：直、方、大，不习无不利。

六三：含章可贞。或从王事，无成有终。

六四：括囊；无咎，无誉。

六五：黄裳，无吉。

上六：龙战于野，其血玄黄。

用六：利永贞。

“初六”到“用六”是六个爻的爻位。在“导论　简介《易经》”中我们有介绍。从“初六”到“上六”是六个爻，而“用六”是六个爻都是变爻的时候所必须参考的爻辞。这七段爻辞的解释如下：

初六：当踏到薄霜的时候，就要想到结冰的季节快到了。

六二：固执纯正、整然有则、顺从自然。如此，即使没有学习的过程，也是无往不利。

六三：胸怀的文采是不会消失的。可以自用，也可以辅佐君王而用世。即使没有显赫的成就，最终也会有结果。

六四：像口袋收紧一般，谨慎小心，没有过错，也没有荣誉。

六五：就像缀满纹饰的黄色衣裳一般，大吉。

上六：像是龙在野外搏斗，流血不止。因为象征着天地的搏斗，而天玄地黄，所以流的血也染出了玄（黑）黄色。

用六：如果善于运用“坤”卦六爻的变化，像是大地顺承天道，载育万物，所获之益会是永恒而坚固的。

这七句爻辞一方面是占卜之辞，一方面是一套顺应时势的处事方法。而归纳起来，都是发挥“坤”道的阴柔特质。诚如“坤”卦的《文言》所说：

> 阴虽有美，含之以从王事，弗敢成也。地道也，妻道也，臣道也。

“坤”的德行是阴、美，可以借此担任辅佐的角色。是与天、夫、君相对的地道、妻道、臣道。这就是为什么我们对于“后顺得常”的理解是说“而如果秉持“后”的原则，沉着擘画，或是成为追随者，那就顺遂了”。因为这样非常符合“坤”的精神。另一方面，“乾”与“坤”的相对性也表现在“体”与“用”：“乾”是“体”而“坤”是“用”。正如我们所说，“乾”是商业模式的发祥，而“坤”是商业模式的执行。《系辞传（上）》第一章就说：“乾知大始，坤作成物。乾以易知，坤以简能。易则易知，简则易从。”言简意赅地说明了乾坤的体用关系。针对这层体用的关系，近人熊十力提出“由体成用”“即用识体”“体用不二”，可以玩味一番。从商业模式创新来解释“由体成用”是“顺着商业模式展开行动步骤”。“即用识体”是采取有效的行动，反过来对于商业模式进行更进一步的理解。“体用不二”就是商业模式的发祥与执行缺一不可。

商业模式创新在管理历史上数见不鲜，但许多学者都不能否认，其中对于这个世界影响最大的案例之一，就是福特的 Model T（如图 7—5）。

在汽车的发明舞台上，亨利·福特（Henry Ford）并没有演出任何角色。1885 年、1886 年之际，卡尔·奔驰（Karl Friedrich Benz）发明了现代意义上的汽车。当时年方 23 岁的亨利·福特还没有接触到汽车产业，虽然他从小就显露出对于机械的天分。那个时候，汽车是富人专属

图 7—5 福特的 Model T

的休闲玩具，或是商业上的运输工具。一般的美国人并不需要汽车。他们的生活完全局限在当时大众运输工具，如电车、马车可以到达的地方。汽车纵然是伟大的发明，但缺乏社会的效用，还很难说是创新。

福特看到了这里的潜在机会——一个伟大的发明并没有社会基础的支持。那么如果将这样的发明价格压低、设计更适合中产阶级的产品，它会发生什么样的质变呢？他有一段名言：

> 我要建造一台让万方引颈盼望的动力车。它大而足以宜家，小则可让一人照料。它以上等材料、上等工人制造，而简单的设计让当前的制造技术可以应付。但它也必须廉价到足以让一个收入不丰的人有能力购买，使得它得以在此天赐的土地上，享受天伦。[①]

① I will build a motor car for the great multitude. It will be large enough for the family but small enough for the individual to run and care for. It will be constructed of the best materials, by the best men to be hired, after the simplest designs that modern engineering can devise. But it will be so low in price that no man making a good salary will be unable to own one—and enjoy with his family the blessings of hours of pleasure in God's great open spaces.

他说这句话的时候，不知不觉地就准备展开名副其实的商业模式创新。他要重新定义什么是汽车，也要重新定义汽车产业、重新定义顾客。1908年，Model T问世。透过他的妙手以及高明的员工，Model T展露了许多前所未有的技术。这让市场为之惊艳。但是福特并未就此罢休。他不仅要卖出所有他能够制造的车子，更要制造他所有能够卖出的车。要做到这一步，必须跨越到“商业模式创新”。为了要让他能够实践“制造他所有能够卖出的车”的梦想，他进行了“流程创新”，也就是在管理历史上赫赫有名的“生产线”(assembly line)。有别于之前装配围绕着汽车，生产线将汽车从原料到零件、从零件到成品，全都配送在输送带上，站在定点的员工就重复标准化的动作，如此大为提高生产力。Model T的第一年生产了10 660台，到了1912年暴增到182 000台，而到了1913年再增为30万台。而售价从850美元降到550美元。原本制造一台Model T需要150分钟。到了1914年7月，只需要26.5分钟。1924年，第1 000万台Model T出厂，售价甚至降到了290美元。

今天我们看福特的故事，似乎满是顺利成功——透过Model T的产品技术创新，他获得了无穷的利益。如果是这样，我们只能说福特是一个运气好的改良家，而不是迎接挑战、推动创新的企业家。让他拥有这样的头衔，是他的商业模式创新。他等于创造了新的生产流程，而此一生产流程，是为了实践他对“汽车”全新的定义——汽车再也不是有钱人的玩具，而是让中产阶级实践梦想的产品。汽车产业再也不是作坊、只为了特定顾客服务，而是以生产线的方式，以“大量制造”满足“大量消费”。而促成“大量消费”的，是福特在“生产线”之外的另外一项武器：“大量营销”(mass marketing)。他的广告再也不是像其他的竞争对手，只针对特定对象，而是完全要求于普罗大众。他的销售管道也因此化繁为简，但是遍布全美国。

在1909年，全美国只有8.5%的路面铺上沙砾，还不是柏油。所有其他车种都将产品设计成适合当时的路况。但结果是昂贵而且笨重的汽车。Model T 不一样。它一方面靠着新技术，得以较小的重量在劣质的路面行驶。而当行驶在美国土地上的 Model T 越来越多的时候，更优质的路面也就不得不应运而生。

Model T 同时也改变了美国的社会结构。不仅铺面道路大增，美国人民也从狭小的生活空间解放开来——他们的生活范围再也不局限在电车所及。美国人开始有了车，就开始梦想有房。是福特的汽车将他们带到了郊区。在那儿，人们构筑了名副其实的美国梦。甚至许多人开始效法他们的祖先，展开新一波的移民——从大西洋岸搬迁到太平洋，从加勒比海移居五大湖区。这就是 1915～1930 年的移民潮。Model T 让美国真正地成为四通八达的大国。

那么，我们该如何从《易经·乾卦》的“元亨利贞”来看福特的故事？“元”是开业、是原创。福特的理想就是他的“元”。“亨”是流通，是他的大量生产、大量营销，以适应“大量消费”。“利”是收益。他的定价策略是“薄利多销”，透过大量销售，创造可观利润。“贞”是基础，就是他所设计与执行的创新。想要成为创新者，也可以思考自己的“元亨利贞”何在。

第八章

以《易经》简介创新管理(二)

创新(innovation)不是发明(invention)。这是创新修炼者必须知道的道理。值得骄傲的是,中国有着名垂中外的四大发明,甚至这个世界上绝大多数的发明都有着中国作为先声。[1] 但很不幸的是,中国几乎所有的发明都没有办法成为创新。其原因是个严肃而且庞大的命题。但简单地说,中国的专制皇权背离了先秦活跃的思想,创造了一套2 000年来静止不动的社会结构,这个社会结构和创新是反向的。

第一节　融合创新

从字义上来看,融合创新(recombinant innovation)平淡无奇,不过就是将几项技术合并。这的确是它的定义。但是字义简单,意义深远。《易经》的“萃”卦可以表现她深远的含义。

“萃”的卦象是䷬,兑上坤下。“坤”代表土地,“兑”象征水泽;“坤”

---

① 关于中国的发明可以参考 Robert Temple, *The Genius of China - 3,000 Years of Science, Discovery and Invention*。

是顺，而"兑"是悦。所以"萃"就表示在广袤的土地上，泽被万物。万物滋生聚集，各得其所，各行其顺。

"萃"的卦辞是：

> 萃：亨。王假有庙，利见大人，亨，利贞。用大牲吉，利有攸往。

（"萃"是亨通之卦。君主进入庙堂，成为群众的领袖，自然可以得到长远的利益。如同祭祀可以行隆重之礼，萃也表示可以大为发展。）

"序"卦说：

> 物相遇而后聚，故受之以萃。萃者聚也。

它的"彖辞"则说：

> 萃，聚也；顺以说，刚中而应，故聚也。王假有庙，致孝享也。利见大人亨，聚以正也。用大牲吉，利有攸往，顺天命也。观其所聚，而天地万物之情可见矣。

（"萃"就是聚合，有着柔顺与喜悦的意思。它象征顺天应人的平台[①]，可以让万物聚合。管理者可以承先启后而亨通。有能有德的人都各在其位，也就可以大为发展。观察这样一个组织聚的道理，就可以了解在天地间相通的（创新与管理的）真谛了。）

"彖辞"提到"亨"与"贞"。乾卦说：亨者，嘉之会也……贞者，事之干也。东汉郑玄注：言大人有嘉会时可干事。言简意赅，把"萃"的核心价值一语道破：当不一样的人、不一样的事物聚集在一起，形成良好的互动，就可以大展宏图。

历史再度成为我们学习的范本。这次我们来谈印刷术。众所周知，印刷术是中国人发明的；历史上，印刷术也经历了许多次技术革新。根据历史记载，木版印刷在7世纪的时候就发明了。现存最早的印刷文物是八世纪中国的作品，存于韩国庆尚北道的佛国寺。斯坦因整理敦煌文

① 这层意义牵涉到卦象的位。从下往上数的第二爻与第五爻分别是阴与阳。偶数是阴，而奇数是阳。二与五分别是上下卦的中位。所以是合乎位的中正之理。

物的时候发现了现存最早的印刷书本，成于公元 868 年，现存大英博物馆。五代十国，也就是 10 世纪的时候，宰相冯道主持大型印刷工程，130 册的儒家经典印成书籍。同时期民间也大兴印刷事业。其中一份当时印制的佛经，至今尚保存 40 万份①。至于活字印刷，中国至晚在 11 世纪前半叶就已经发明了。沈括的《梦溪笔谈》在 1086 年出版，就记载了毕昇的活字印刷术。不过毕昇的活字技术有个缺点，就是质料。他采取胶泥，但是胶泥并不适合大量印刷。木质活字印刷是到了元代(1271－1368 年)由王祯发明的。到了 1490 年，华燧发明了铜质活字印刷。

但令人悲哀的是，今天我们提及印刷术，中国的发明史却只是供人凭吊。大家的眼光是放在 1452 年，古腾堡(Johannes Gutenberg)那台印刷机开始运转的年代。他从 1439 年开始使用活字印刷，到了 1450 年，透过从福斯特(Johann Fust)那儿的资金，8 000荷兰盾(guilders)，相当于今日的 100 万美元，“印刷”开始成为产业。古腾堡是否从中国那儿得到技术基础或是灵感，学术界至今争论不休。但可以肯定的是，他虽然在生前并没有因为他的发明而大富大贵，但其影响却远远超过冯道、毕昇、王祯、华燧的总和。

除了是金属活字之外，古腾堡的发明展现了“融合创新”的特质。而正是这些支持性的发明以及它与社会发展的融合，让古腾堡印刷术与中国印刷术大异其趣。首先，他也发明了活字的大量生产法。也就是说，不仅印刷大量产出，印刷工具也大量生产。这个关键发明让古腾堡印刷术成为传播知识的工具，而不只是复制的工具。它将生产工具从少数人手中解放开来，使得每个人都可以印刷，都可以传播自己觉得值得传播的想法。第二，他改良了当时酒庄的榨汁机(如图 8－1)，成为印刷压板(如图 8－2)。这个看似雕虫小技的技术结合，却让印刷术成为真正现代意义上的生产线(assembly line)，并且大为提升印刷的质量。再加上

① Robert Temple, *The Genius of China – 3,000 Years of Science, Discovery and Invention.*

他使用油质印墨，使得印刷品历久不坏。从生产经济学的观点来看，古腾堡改良印刷字模，延长了生产上“固定投入”的寿命，并且容许不同的组合、印制不同的成品（定制化 customization）。而他引进压板技术，则让“变动投入”的生产力大为提升，让大量生产成为可能。这两项“融合创新”让印刷术改头换面，成为大众传播的工具。第三，除了结合技术之外，古腾堡结合了财务杠杆，这不仅让古腾堡的技术得以发展，更让印刷术成为产业。

图 8—1　16 世纪葡萄酒庄的榨汁机①

① http://en.wikipedia.org/wiki/Wine_press.

图 8—2　19 世纪初年的印刷机与其压板[①]

除了以上三点，要让古腾堡的创新在历史上永垂不朽，还需要社会条件的配合。在古腾堡研发印刷术之时，欧洲已经对于大量印刷有所需求，那就是《圣经》。但因为生产与流传非常不易，那个时候书籍是神职人员与富人的奢侈品。一本《圣经》大约要花上一个抄写员 1 年的时间[②]。古腾堡的印刷机速度快上2 000倍。50 年间，2 000万本书印制出来。在这个古腾堡印刷术被大量采用的 50 年里，除了《圣经》之外，还有两本印刷品改变了历史。第一是马可 · 波罗(Marco Polo)口述的《东方见闻录》(*Divisament Dou Monde*)，第二是马丁 · 路德(Martin Luther)的《九十五条论纲》(*The Ninety-Five Theses*)。前者是当时仅次于《圣

---

① http://en.wikipedia.org/wiki/Printing_press.

② http://en.wikipedia.org/wiki/Johannes_Gutenberg.

经》的畅销书，刺激了哥伦布的远航。而后者则导致了宗教改革，改写了人类的历史。

我们回头来思索那个沉淀已久的问题：为什么欧洲的印刷术造成历史的革命，但中国早就发明的印刷术却无疾而终？其实，沈括在《梦溪笔谈》叙述毕昇的发明时，却也透露了玄机。他说：若止印三二本，未为简易；若印数十百千本，则极为神速。又说：昇死，其印为予群从所得，至今宝藏之。第二句话的意思是，毕昇死后，他的印刷术就被我的子侄辈取得，一直保存至今。

针对第一句话，我们想问的是，如果印数十百千本就极为神速，那为什么不印呢？对于第二句话，我们的问题是：如果那么好，为什么只落得私人收藏呢？这两个问题涉及中国文字的特性以及社会结构。从前者来看，活字印刷需要一个中文字一个字模。有多少中文字就必须最少有一样多的字模。但欧洲的拼音文字却只需要 20 几个字母组合就行了。这个先天的局限使得活字印刷相对于整版印刷，并不能够提升多大的生产力。而限制在整版印刷的结果，就是印刷品的种类有限，使得知识依旧局限在印刷版当中，印刷的功能就只是复制已经有的知识，而很难传播新的知识。此外，泥版与墨汁的材质问题，使得印刷版与印刷成品都无法持久。

与这个先天限制交互为用的，则是中国的社会结构。西方有着《圣经》作为持续的需求，而且这种需求是民间的。但是中国的印刷术却欠缺这样的社会需求。除此之外，《东方见闻录》因为印刷术而畅销，间接导致美洲的发现；《九十五条论纲》因为印刷术而流传，直接造成宗教改革。欧洲的社会结构让印刷术可以超越复制古籍的功能，诱发各种创新活动、成为信息时代的领航者、进而改变社会。这些都是在中国专制王权底下所不可能发生的。

我们不厌其详地比较中国与欧洲印刷术的命运，有一个很严肃的目的，就是说明发明与创新的区别。本章开宗明义地说，发明不等于创新。

根据《韦氏大词典》:发明是原创的装置、新意、流程。[1] 至于创新,有人给了一个广泛的定义:创新是前所未有地应用一些想法,促成有价值的影响。[2] 这是非常松散的定义,但即使如此,我们还是很难根据这个定义,认为毕昇的发明是创新。

沈括当然无法知道,这个世界上存在着另外一种文字,以拼音为基础,更适合印刷术的使用;存在着另外一种文明,没有大一统的政权界定什么该印、什么不该印;另外一种文化,对于知识的取得若饥若渴,因为他们崇尚“变”,在他们的字典里,没有“稳定压倒一切”这句话。在那儿,不仅可以印《圣经》,还可以印抨击罗马教廷的《九十五条论纲》,也可以印怪力乱神、真假难辨的《东方见闻录》。在那儿,新教伦理已经深植人心,所以可以将创新发展成为产业,让技术累加的“量变”变成席卷史册的“质变”。但是这些支持创新的特点,都无法适用于毕昇的发明,以至于那为人称颂或是供人凭吊的发明,最后与辛弃疾作品的命运相当:“却将万字平戎策,换得东家种树书。”

我们再回头来看《易经·萃卦》。“物相遇而后聚”解释了融合创新的意义。古腾堡将金属活版、油墨、压板进行了改良、创新、结合,表现了“物相遇而后聚”的道理。但是“萃”卦或是融合创新并没有就此结束,它还有个重要的元素——王假有庙。古代圣哲说,“天听自我民听,天视自我民视”,[3]“到庙堂”,就是要听这个社会的潮音,让创新从“物相遇而后聚”的层次,提升到用世。正因为它的用世,古腾堡的印刷术才得以成为公元后第二个千年最伟大的创新:1999 年,A&E 频道推选古腾堡为新千年的第一号人物。1997 年,《时代·生活》(*Time-Life*)杂志选出他的印刷术为世界第二个新千年最重要的发明。我们面对先秦的智慧,再了

---

① http://www.merriam－webster.com/dictionary/invention,“a device, contrivance, or process originated after study and experiment”.

② http://www.abc.net.au/radionational/programs/ockhamsrazor/thoughts－on－innovation/2982550＃transcript,“novel application of ideas to deliver impact that's valued”

③ 《尚书·泰誓》。

解古腾堡的发明创新,不就是要创新吗?

第二节　交集创新

和“萃”卦很接近的是“同人”卦。“萃”说的是物聚,而“同人”说的是人合。“萃”说的是融合创新(recombinant innovation),而“同人”说的是交集创新(intersectional innovation)。

“同人”的卦画是䷌,下“离”上“乾”。“离”代表的是火,而“乾”代表的是天。它和“萃”卦都有个共同的特性,就是得位得中:从下往上数的第二爻,是为六二,属于阴性,因此如果是个阴爻,就是得位;第五爻是九五,属于阳性,因此如果是个阳爻,也是得位。

它的卦辞是:

> 同人:同人于野,亨。利涉大川,利君子贞。

(在广阔的土地上聚集志同道合之士,自然就是亨通之势。君子因势利导,可以纵览天下、贞固永存。)

它的彖辞则说:

> 同人,柔得位得中,而应乎乾,曰同人。同人曰,同人于野,亨。利涉大川,乾行也。文明以健,中正而应,君子正也。唯君子为能通天下之志。

(“同人”以柔顺为中心,不仅合乎《易经》的“中正得位”之理,而且顺应着象征天的“乾”卦①。在广阔的土地上聚集志同道合之士,自然就是亨通之势。可以纵览天下、贞固永存,这就是“乾”卦所表现出来的行为。“乾”在天,而象征火的“离”卦在下,一幅光明气象。九五与六二的爻位又合乎中正,一切都象征着正大光明的君子。而只有这般的君子能够通达天下的意志。)

---

① “同人”上卦是“乾”,“乾”是天,位居上卦,所以说“应乎乾”。

“同人”的道理用一句出自《易经·系辞传(上)》的常用成语最为恰当:“二人同心,其利断金”。从浅层的意义来看,这句话就是“团结力量大”。尤其现代商业,打的是团体战,而不是个人单打独斗。因此领导者必须要懂得“天下英才尽入吾彀中”的道理。但《易经》不是简单的常识。“二人同心,其利断金”一句话,就包含了现代管理交集创新的意义。因为《系辞传》还说:

> 子曰:“君子之道,或出或处,或默或语,二人同心,其利断金。同心之言,其臭如兰。”

(孔子说:君子做人处世,可以是行动派,也可以是“宅男”;可以静默不语,也可以口若悬河。当两个人同心协力,其力量之锐利可以切断黄金。同心的人所说的话,如同芝兰般地芬芳。)

这里有个重点就是“或出或处,或默或语”。同心的二人不见得要同质。相反地,从文意来看,孔子甚至认为同心之人应该要有不同的特性。这种结合异质、让异质的个体在共同的目标下做出不同的发挥,就是“二人同心,其利断金”的真谛,也就是“交集创新”。我们在本书举了不少例子,像是孟尝君的鸡鸣狗盗、[①]美第奇家族的“文艺复兴人”(Renaissance Man)、[②]燕昭王求千里马[③],甚至孔子与其弟子都可以说做到了交集创新的地步。我们现在就来看另外一个历史例证:李斯的《谏逐客书》。

嬴政,也就是后来的秦始皇,登基之年,韩国苦遭秦国的征伐。韩王就想到进献水工郑国修筑运河,耗费秦国人力。郑国在此指称的不是国家,而是韩国的水利工程师。郑国修筑渠道,经过十年还未能完成。此时秦国的宗室开始借由工程的拖延,归罪于晋用外国人的政策。他们建议秦王,将国内的外国专家驱逐出境。遭到驱逐的人之一就是李斯。李斯原本是楚国人,在秦国受到重用。这就是《谏逐客书》的写作背景。

---

① “《易经》的简易与创新”一章。

② “交易”一章。

③ “从《易经》看创新特质(二)”一章。

李斯在文章中提到了现在我们认为的“交集创新”的概念。就是只要秦国有需要，就各方网罗人才。李斯说：

> 昔穆公求士，西取由余于戎，东得百里奚于宛，迎蹇①叔于宋，求丕豹、公孙支于晋；此五子者，不产于秦，而穆公用之，并国二十，遂霸西戎。孝公用商鞅之法，移风易俗，民以殷盛，国以富强，百姓乐用，诸侯亲服，获楚、魏之师，举地千里，至今治强。惠王用张仪之计，拔三川之地，西并巴蜀，北收上郡，南取汉中，包九夷，制鄢郢，东据成皋之险，割膏腴之壤，遂散六国之从，使之西面事秦，功施到今。昭王得范雎，废穰侯，逐华阳，强公室，杜私门，蚕食诸侯，使秦成帝业。此四君者，皆以客之功。由此观之，客何负于秦哉？向使四君却客而不内，疏士而不用；是使国无富利之实，而秦无强大之名也。

（从前秦穆公求人才，在西戎那儿得到了由余，在东方的宛地得到了百里奚，在宋国迎接了蹇叔，并又从晋国那儿得到了丕豹、公孙支。这5个人都不是秦国人，但秦穆公却重用，才能够兼并20个国家，让西戎臣服。秦孝公用商鞅变法，移风易俗，民生富裕，国家富强，百姓乐于效力，诸侯亲服。并且斩获楚国与魏国的军队，得到千里的土地，到今天还维持当时强盛的局面。秦惠王用张仪的计谋，取得了黄河、洛水、伊水之间的土地。在西方兼并了巴蜀，北方收服了上郡，南方取得了汉中。兼并了诸多的部落、控制了楚国。往东占据了成皋这个军事要地，以及许多富腴的土地，并且破除了六国合纵，让他们都臣服于秦国，功绩持续到今日。秦昭王得到了范雎②，废逐了穰侯、华阳等外戚，强化了王室的权力、避免了权臣之斗。并且一步步蚕食诸侯，成就帝业。这四位君王都是因为客卿的缘故而成功。由此观之，客卿并没有辜负秦国。倘若这四位君王不用客卿、疏远人才，那么国家就无法富强、秦国无法强大。）

---

① 音同“简”。

② 音同“居”。

这里提到的每一个人物，几乎都是一段精彩的故事。由余的先祖是晋国人，后来逃往西戎。西戎王派遣他出使秦国。秦穆公①想是蛮夷之邦过来的人，一定没见过什么宫殿、宝物，于是就展现给由余。没想到由余不为所动，而且还说那些宫殿、宝物使"鬼为之，则劳神矣。使人为之，亦苦民矣②。"

秦穆公认为中原国家以礼乐法度为政，才可以治国，而蛮夷没有这些典章制度，治国岂不困难。由余的回答也挺妙的。他反而以为那些礼乐法度正是中国祸乱的根源。他说，自从黄帝建立礼乐法度，不过能够治理一小块区域。黄帝之后，历代君主大多骄奢，反而利用它控制天下。天下的人受不了了，只有空想仁义，怨恨当局。而西戎不一样。上含淳朴、下怀忠信，才真正是圣人之治。

秦穆公发现由余不为利惑，又言之有物，便离间他与西戎王，将他纳为秦臣。之后秦穆公运用由余的策略，消灭了西戎。

百里奚的故事更是传奇。世人称他为五羖③大夫，因为他是秦穆公用五张黑羊皮换来的。在秦穆公知遇之前，百里奚的命运坎坷。他本是虞国大夫，晋献公灭了虞国，百里奚成了俘虏。之后秦晋交好，晋献公的公主下嫁秦穆公，而百里奚竟然成了随行嫁妆。百里奚不甘，中途脱逃，到了楚国，被楚人虏获。秦穆公从大夫公孙枝那儿了解，百里奚是个忠君的贤人，于是想用重金将他赎回。公孙枝劝阻：如果用重金，楚国一定知道秦国非常想要得到百里奚，反而不会放行。于是秦穆公就用了五张黑羊皮交换了百里奚。百里奚成为秦国大夫的时候，已经是70岁老翁了。李斯文章中说秦穆公"并国二十，遂霸西戎"，基本上都是百里奚谋划的。

晋国公主下嫁秦穆公一事与公孙枝也有关联。秦穆公派遣公子

① 春秋时代。在位时间为公元前659年至前621年。
② 《史记·秦本纪》。
③ 音同"股"。

絷[1]到晋国商谈此一婚事。公子絷完成使命返回秦国的途中遇到了一名农夫。《东周列国志》说他"面如噀[2]血，隆准虬须"，意思就是面色如喷血、高鼻梁、卷胡。他正拿着锄头犁田。这锄头大得令人出奇，一下锄，就掘地数尺。公子絷手下数人一起也扛不动。公子絷啧啧称奇，认为他一定是个奇才。这人就是公孙枝[3]。不过公孙枝虽然生得魁梧壮硕，但他对秦国最大的贡献并不是带兵遣将，而是奠定了礼乐教化，使秦国由蛮夷步入文明。秦国有了文明基础之后，才有能力逐霸中原。

公孙枝推荐百里奚，而百里奚又推荐了蹇叔。在百里奚漂泊流离的过程中，蹇叔多次给予了正确的建议。百里奚在齐国流浪，本想跟随杀了齐襄公而自立为君的公子无知。蹇叔劝阻。一个多月后，公子无知被杀。蹇叔建议百里奚不要跟随虞公，百里奚不从，终究成为俘虏。这些建议让百里奚知道蹇叔的识见。公孙枝无私地推荐百里奚，百里奚也见贤思齐，推荐蹇叔给秦穆公。蹇叔为秦穆公制定了建立霸权的方针。

秦穆公有三位相国：公孙枝、百里奚、蹇叔。从《谏逐客书》我们可以知道，这三个人没有一个是秦国人。秦穆公是春秋五霸之一[4]。他可以说是秦国国运的转折点。在此之前，秦国地处西陲，人民仍然有蛮夷之气。经过三人的建设，脱胎换骨、称霸中原、降服西戎。到了战国时代，商鞅、张仪、范雎这些外国人在秦穆公建立的基础上，不仅让秦国成为一方霸主，更重要的是进行了一系列的政治与经济制度上的创新，使得秦国的政经制度比起其他各国而言较为进步。这些我们在"《易经》变易中的变革与创新"一章论商鞅变法的时候有所叙述。而正是因为这些创新的政经制度，统一中国也就非秦国莫属了。

---

① 絷音同"执"。

② 音同"逊"。

③ 《谏逐客书》一文中作"公孙支"。

④ 另外四人是齐桓公、晋文公、楚庄王、宋襄公。此说根据《史记》。

李斯也为我们归纳了交集创新的根本大法:“是以泰山不让土壤,故能成其大;河海不择细流,故能就其深;王者不却众庶,故能明其德;是以地无四方,民无异国,四时充美,鬼神降福”。大器,是交集创新最重要的人格特质。没有了大器,不要说交集创新无法产生,也根本无法成就大事。

但与所有管理知识一样,“交集创新”除了简单的原则之外,还必须有深入的研究。那么《谏逐客书》所导引出的故事,让我们知道了什么样的“交集创新”的道理呢?首先,我们来看“公孙枝推荐百里奚、百里奚推荐蹇叔一事”,是否很接近现代社交网站的关键原理:六度分隔(six degrees of separation)?一点都没错。社交网站的原理也就是交集创新的原理。

什么是六度分隔?1967年,美国社会心理学家史丹利·米尔格兰姆(Stanley Milgram)进行了“小小世界”[①]的研究。他想知道人我之间熟悉的程度。他让160名内布拉斯加(Nebraska)欧玛哈(Omaha)的居民各自寄送一件包裹到住在波士顿一位特定的人士。这些人都不认识他,但米尔格兰姆要求他们寄到“可能会认识该名人士”的朋友那儿,再由朋友转寄。如此,他想知道必须花费多少转折,该名人士才会收到包裹。结果他发现,平均只需要六次。也就是说,如果某组织或是某人需要特定人才,无论他需要什么样的人才,只需要透过六次递延地介绍,就可以找到所需。这在春秋时代就已经发生在秦穆公身上了。

之后在2008年,霍维茨(Eric Horvitz)与列斯科维奇(Jure Leskovec)运用电子讯息重新检视了六度分隔理论[②]。他们运用300亿份Microsoft Messenger的讯息、代表着18 000万人,看看需要透过多少次转折,任何两个人就可以连接起来。他们发现只需要6次。

所以,现代社交观念其实让秦穆公时代的交集创新更容易执行。不

① https://en.wikipedia.org/wiki/Small-world_experiment#cite_ref-10.

② http://www.theguardian.com/technology/2008/aug/03/internet.email.

过并不是每个人都欣赏社交网络的交集方式。除了网络安全顾虑之外，也怀疑找到真正所需人才的可能性。如果管理者认为社群网络找到的可能尽是鸡鸣狗盗、聊天哈拉之徒，那么“守门员”(gatekeeper)的原理就值得探究。在说明守门员之前，我们先回头再看看公孙枝、百里奚、蹇叔等人的故事。这些故事其实都有一个看似不重要、实则至为关键的人物：公子絷。被秦穆公派往寻找人才而找到公孙枝的是公子絷。迎娶晋献公女而得到百里奚的是公子絷(当然，公子絷并没有善尽职责，让百里奚逃亡而不以为然)。到楚国聘请百里奚的是公子絷。最后到宋国、带着百里奚的密信、延揽蹇叔的也还是公子絷。换句话说，没有公子絷为秦穆公跑腿，这几个“多顾茅庐”的故事就无法串联。

在过去，像公子絷这样的人物最多是个配角，我们称为“中介”。他要得到主角的信任，也要有一定的办事能力，最好能够面面俱到、八面玲珑。但现代的“守门员”所需要的能力就不只是这些了。他的角色不仅是“中介”，甚至可以说是起承转合、继往开来、搬有运无的枢纽。

我们利用图 8—3[①] 来说明“守门员”。

这是 1986 年到 1990 年波士顿地区发明者的分布聚落图。这些发明者有些是独立发明家、有些则在公司工作。左上角框起来、像是莲藕状的图形就表示那个区域的发明家特别集中，而且交流密集。我们从这张图可以看出，发明家大体可以分为三个聚落。图上，有个人叫 Robert Stewart，他的地位至为关键。读者可以看出，如果没有 Robert Stewart，这三个聚落就无法衔接。Stewart 就是所谓的“守门员”：他让三方人才得以汇流、得以交换发明创造的经验与果实。重点是，这三个发明聚落是异质的。也就是说，交集创新(《易经》的“同人”卦)贵在异质的两群人互相交流。也就是孔子所说的“君子之道，或出或处，或默或语。二人同心，其利断金”。过去，我们比较看重这句话的后半段，强调“二人同

① Lee Fleming and Matt Marx, “Managing Creativity in Small Worlds”, *California Management Review*, Vol. 48, No. 4, Summer 2006.

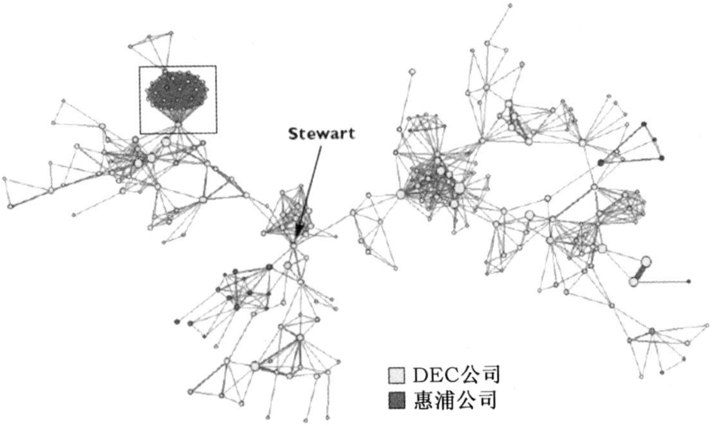

Robers Stewart通过促进信息在三个局部凝聚而孤立的集群之间的流动，把DEC变成了一个小世界（尽管这个小世界与其他公司保持着相对无关的联系）。与Robers Stewart带来的联系形成的对比是，右上方的盒子表示高度集群的发明家。

图 8—3　波士顿地区发明者聚落图

心，其利断金”，侧重团结一心。但到了创新，就必须要了解异质的关键性。再以图 8—3 来说，莲藕状的小区块就仅仅是“二人同心，其利断金”。是非常接近的几个组织、甚至是同一个组织同心协力，达成目标。这并没有错。但在创新是企业唯二[①]真理之一的时代，这样的“同心”可以让企业力争上游，但并不能持盈保泰。Robert Verganti[②] 曾经拿美国的罗彻斯特（Rochester）[③]与意大利的伦巴第（Lombardy）[④]做了明显的对比。这两个地区有太多相似之处，但只有伦巴第发展成为设计中心。为什么？

罗彻斯特是美国在 5 大湖区的一个重要的科技中心。柯达（Kodak）、施乐（Xerox）、康宁（Corning）、博士伦（Bausch & Lomb）的总部以

---

① 彼得·德鲁克曾说：“……企业有只有两个基本功能：营销以及创新。营销与创新滋生结果，其他的则都是成本。”

② *Design-Driven Innovation*，p.158，Harvard Business Press.

③ https://maps.google.com/maps? q=Rochester，+New+York，+United+States.

④ https://maps.google.com/maps? q=Lombardy+Italy.

及重要的研发中心都在附近。然而施乐迁离、柯达申请破产。反观意大利北部的伦巴第区域却是创新设计中心。无论是超跑还是时尚，都独领风骚。研究者发现，在伦巴第，所有关于创新设计的元素不见得比其他地方好。像是大学、工作室、制造商等，其他地区也都有类似不错的群聚效应。让伦巴第与众不同的是这些元素彼此之间紧密的关联：他们不仅是产销伙伴关系，更重要的是他们实行了从"《易经》看创新特质（一）"一章所提到的"倾听"、"诠释"、"赋予"的流程，充分给予产品前所未有的意义。人生不断地在追求意义。产品也是。追求人生意义让我们活得更自在，而追求产品的意义不仅赋予产品灵魂，更提升产品的价值。这让我们想起了大中华区。不管是中国大陆还是台湾地区，都有不少的工业园区甚至是创新园区。但是这些园区几乎没有一个担当了创新中心的角色。原因与罗彻斯特并无二致：它们在互相分享资源、分享知识、统一管理上发挥了一定的作用，但是因为同构型太高，没有办法跳出既有的思维框架，自然也就无缘创新了。

《谏逐客书》给我们的第二个关于交集创新的启示就是差异化或是说多样化。我们在"《易经》的简易与创新"一章提到孟尝君的鸡鸣狗盗，这就是一个多样化的故事：一个是鸡鸣，一个是狗盗。两者风马牛不相及，但都在关键时刻发挥了作用。此外，我们将在从"《易经》看创新特质（二）"一章中专门介绍差异化。在此，我们来看看在科学技术历史上差异化的先驱：贝尔实验室（Bell Labs）。

与孟尝君的鸡鸣狗盗不一样的是，贝尔实验室的多样化还增加了各个分子互相碰撞。贝尔实验室最早可以追溯到 1880 年电话的发明人贝尔在美国华盛顿特区成立的沃特实验室（Volta Laboratory）。1925 年，贝尔实验室正式在纽约市成立。创立至今，总共有八项诺贝尔奖是该组织的成果。它的发明包括激光（laser）、晶体管（transistor）、计算机 C 语言、通信卫星、手机（cellular phone）、光纤、半导体（semiconductor）等。它之所以有如此成就，除了工程师的努力之外，还有就是领导者刻意营造的组织文化。一言以蔽之，这个组织文化就是将工程师与其他专业人士打成一片。早在1909年，AT&T计划铺设一条从纽约到旧金山穿越美洲大陆的电话线。他们就遇到了不只是工程师可以解决的问题，因为这其中牵涉信号扩大、材料、电缆铺设等问题。其中一个问题是设计出半导体以取代真空管。半导体既可以导电，也可以阻断电流，所以非常适合用来控制电流。科学家们知道这个原理，但是应该拿什么材料来制作半导体，却不为电子专家所知。于是，电子专家就必须和材料专家合作。不仅如此，类似这样的问题还必须有理论物理学家等人的参与。这次的经验，让贝尔实验室的创始人了解到，不同领域人才脑力激荡的重要性。为了充分发挥脑力激荡，贝尔实验室甚至改变了办公室的动线，使得每个人都有机会在生活中与其他人交流，而不仅是电话寒暄。而且这种交流不仅仅是限于专业人士，办公室的动线设计还让专业人员与工厂员工有交流的机会。[①] 这动线设计的其中一项就是他们的走廊。贝尔实验室设计了非常长的走廊，任何人要从甲办公室到乙办公室或餐厅，都不可能不遇到同事。如此，交流在最初的室内设计就决定了。

《易经》告诉了我们“二人同心，其利断金”的道理。表面上看，这是说众志成城。但深层来看，它代表了交集创新。因为“君子为能通天下之志”。“能通天下之志”，就不只是团结合作，而是能够通达万物之情。这是作为交集创新领导者的功夫。这段章节延伸了《易经》，提出交集创新的两大特征：一是“泰山不让土壤，故能成其大；河海不择细流，故能就其深；王者不却众庶，故能明其德”。二是海纳百川的态度，集合天下人才，不论出身。达到这样的交集荟萃，“守门员”的角色必须注意。其次则是让人才能够互相交流，尤其是异质人才互相碰撞，产生出意想不到的火花。

---

① http://www.nytimes.com/2012/04/08/books/review/the－idea－factory－by－jon－gertner.html? pagewanted＝all&_r＝0.

第九章

以《易经》简介创新管理(三)

第一节 颠覆创新

颠覆创新(disruptive innovation)简单来说,就是新的商业模式原本比旧有的商业模式粗糙简单,但科技进步之后,新模式渐渐扩大其市场占有率,最后凌驾旧的模式。而往往令人扼腕的是,执行旧模式的公司可能早就发展出新的模式,但始终坚持本业,也就是旧模式,以至于错失改革良机。这其中最典型的例子之一就是照相机。

1889 年伊士曼·柯达(Eastman Kodak)公司创立于美国纽约州的罗彻斯特(Rochester)。公司最主要的产品是底片(或称为胶卷、胶卷)。整个 20 世纪,柯达公司纵横天下。因为无论是什么照相机,都得使用胶卷,而胶卷的首选就是柯达。从胶卷起家,柯达也发展了冲洗业务以及相纸。从企业经营的角度来看,科达再完美不过了。我们在第一章中提到剃刀与刀片(Razor and Blades)模式:吉列(Gillette)公司生产剃刀与刀片。它们大量推广剃刀,但剃刀并不是主要的利润来源,而是事后必须不断更换的刀片。柯达的模式也有异曲同工之妙:它虽然也销售照相机，但是销售照相机的目的是让消费者购买其胶卷。照相机往往是一次性的消费，但胶卷却是持续性的消费。照得越多，消费也就越多。在一张20世纪初的广告中，柯达如此宣示："照片的好坏主要取决于底片的质量，而不是镜头或是相机。"①柯达在底片的化学技术上有着领先的地位，所以如此宣示造成了稳固的品牌效应。在1976年，柯达底片在美国的市场占有率达到90%。② 如图9—1至图9—3所示。

图9—1　柯达早期的广告

然而，事后的发展众所周知，就是柯达公司的胶卷以及相关业务，完全不敌数码相机。不过数码相机并不是一开始就一步登天。1981年，索尼(Sony)公司开发出一种照相机——Mavica(魔影佳)，可以直接将

---

① The picture depends on the film, far more than on lens or on camera.

② http://baike.baidu.com/subview/60113/15981859.htm.

图 9—2　柯达胶卷与包装

图 9—3　冲洗后的柯达胶卷

成像记录在磁盘，而不需要底片。接着，佳能(Canon)以及富士(Fuji)都发展出类似的产品，但这些都无法动摇柯达在摄影产业的地位。柯达公司也完全不以为然。

但是柯达的竞争者并没有就此罢休。德国与日本的公司不断在数码技术上进行研发，在 1990 年代初期开发出了“数码背”（digital back）的技术，其概念有点介于记忆卡与磁盘驱动器之间。它像记忆卡，因为与相机分离。它像磁盘驱动器，因为本身是在相机之外附属的机件。等到数码技术到了此一阶段，柯达公司才开始重视它。不过柯达公司毕竟是摄影产业的领先者，它很快也就生产了属于自己的数码背。它甚至在 1996 年宣布：“六百万像素已经具备实用价值。虽然解析不够锐利，但色彩已足够鲜明，而色彩要比解析更为重要。”①换句话说，柯达公司自己都知道数码技术的重要性。它甚至也知道数码技术可能带给传统底片的冲击：消费者不需要再不断购买底片。只要有数码背，他们就可以畅所欲拍。

柯达公司是否对于即将来临的变局有所准备呢？与一般人想象相反，柯达公司不仅有所准备，而且是数码背技术的领先者。他们的技术甚至受到美国航空总署（NASA）的重视。不过数码背的价格高昂、机型笨重，只有专业摄影人士才使用。柯达公司也将此一系列产品定位为专业产品，而与其本业区隔开来。这才是柯达致命的错误。因为竞争者并不会遵照柯达所设想的游戏规则。相反地，他们一直设想如何将数码相机发展成为一般消费电子产品。而其中苹果（Apple）公司发展出的 QuickTake 以及 Casio 发展的 QV10 就是其中的先驱。这两项新产品，一是让照相机与计算机衔接，另一是配上了 LCD 屏幕。从此，数码相机有了原型（prototype），各家公司纷纷效尤，技术不断更新、价格不断压低，终究让坚守本业的柯达公司瞠乎其后，在 2012 年宣布破产。

有趣的是，第一，柯达公司其实可以在数码照相产业独占鳌头，因为在 1975 年，第一台数码相机就是柯达发明的。但在内部审查的时候，管

① 6 million pixel resolution is good enough for most applications. The perception of colouris more important than the perception of sharpness.

理部门发现这个新发明居然不需要使用柯达的关键产品——底片，完全抹杀了继续发展的可能。第二，在2005年之时，柯达公司曾经一度是美国数码相机市场的领先者，但随即在2006年便放弃了该产业。为什么？因为在当时，数码相机所带来的利润还是远不及传统底片。第三，甚至在柯达宣布破产之际，它仍然握有许多数码摄影的关键技术。

柯达的故事其实就是告诉了我们，一家领先的公司是如何成为颠覆创新的牺牲者的：柯达的本业（底片）做得有声有色，但另外一项替代性产品（数码摄影）正无声无息地崛起。等到替代性产品变得够便宜、够好，可以完全取代本业的时候，柯达已经回天乏术了。

颠覆创新为什么如今越发让人重视？因为类似柯达以及数码照相技术的例子越来越多。而越来越多的原因就是科技发展遵循着一种规律，我们称为摩尔法则（Moore's Law）。英特尔的创办人之一摩尔（Gordon E. Moore）发现，集成电路（Integrated Circuit，IC）能够容纳的单元，从1958年发明以来到1965年为止，每年倍增，并且预计此一趋势将持续10年。事后人们求证，发现每18个月计算机CPU的能力倍增，而此趋势一直持续到今天。因此，即使替代性的后起之秀纵然开始时没有市场价值（功能低、价格高），但随着科技进步日益加速，它取代本业的可能性大增、速度也更快。柯达属于不幸的一员，在这个殊难预料的科技变化当中，成了历史洪流下的牺牲者。

那么我们如何面对颠覆创新的挑战呢？这个问题的答案正好也可以回答“颠覆创新与《易经》有什么关系”？

我们在“《易经》变易中的变革与创新”一章中解释了“革”卦。除了“变革”的意义之外，“革”卦与排列其后的“鼎”卦对于颠覆创新有着很好的阐释。首先谈“革”。“革”卦的卦象是上“兑”下“离”。“兑”象征“泽”，而“离”象征“火”。所以“革”卦的彖辞就说：“革，水火相息……曰革。”而象辞则说：“泽中有火，革。”我们俗话常说“水火不容”。似乎在一般人的印象中水与火是相克的，绝对非得你死我活不可。但是《易经》却不这样肤浅地看问题。它认为，水与火是“相息”的。这个“相息”就是“相生相息”。换句话说，原本矛盾对立的客体，其实却蕴藏生机。

这是怎么回事？其实这与创新的道理完全吻合。创新有个概念叫作“创造性破坏”（creative destruction）。1848 年卡尔·马克思（Karl Marx）与恩格斯（Friedrich Engels）发表共产党人宣言（The Communist Manifesto），其中就提到创造性破坏。当时他们运用这一词汇描绘并且批判资本主义的发展过程。他们认为，资本主义的进步是建立在旧经济秩序的毁灭之上。在这一“毁灭—重建”的过程中，新的财富将取代旧财富。吊诡的是，马克思对资本主义的批判，在后来奥地利经济学派熊彼特（Joseph Schumpeter）的眼中，却成了创新大法。他认为：“资本主义本质上就是经济的变动，不可能一成不变……这部引擎持续转动的推动力量，是资本主义企业所发展的新的消费产品、新的生产与运输方式、新的市场、新的工业组织……无论是新市场还是新组织方式的产生，都反映出了同样一种‘产业突变’（industrial mutation）——这一突变就是创造性破坏，她不断地从产业或是组织的内部进行经济结构的革命，不断地毁灭旧有的经济结构，不断地创造新的经济结构。这就是资本主义的基本元素。”①

2012 年美国总统候选人罗姆尼曾经引用前美联储②主席格林斯潘的话，认为创造性破坏“具有资本主义深刻含义。它显示磨灭旧科技与旧方法，是增加生产力的唯一之道。”③许多人对于大萧条谈虎色变，但是从经济史的角度来看，其惨痛却不是没有收获：萧条之后，美国的资本生产力足足上升了 16%④。而我们之前谈到的柯达与数码相机的故事，就是创造性破坏在企业的实例。

---

① Joseph A. Schumpeter，*Capitalism，Socialism and Democracy*.

② Federal Reserve，或称为联准会。

③ Mitt Romney，*No apology：the case for American greatness*.

④ Michael Perelman，*How WWII Ended the Great Depression*.

所以说，《易经》将水火同源的卦象定为"革"。"革"就是改革、就是革命、就是创造性破坏。它不仅不是水火不容，而且是水火相息、不破不立、是资本主义发展的规律、是在摩尔定律[①]下当代创新的方式之一。

至于"鼎"卦。《序卦传》提到："革物者莫若鼎，故受之以鼎。"也就是说，象征改革或是革命的对象莫若"鼎"了，所以在"革"卦之后就是"鼎"卦。"鼎"为什么象征"革"呢？一方面鼎是古代烹饪的器皿，生食经过烹饪就成了熟食，所以鼎有更新的含义。其次，鼎是权威的象征，所以改朝换代称为鼎革。《参同契》卷上："御政之首，鼎新革故。"《易经·杂卦》："革，去故也；鼎，取新也。"所以说鼎新革故，新朝就要有新鼎。第三，清理鼎的方式是将鼎倒过来，将其中的废料倾倒。唯独将废料倾倒之后，才可以换新。《易经·革卦》说，"鼎颠趾，利出否"——鼎颠倒过来，将渣滓倒出，象征着开展有利的局面，就是这个意思。

第二节　平台创新

上一章我们提到"守门员"的概念。守门员不见得只是个人，它也可能是个组织，而更可以是个"平台"。从微观的角度看，"守门员"是各种人物、组织、团体串联起来的关键人士。从宏观的角度来看，"平台"(platform)就是各个群体或是个体集合在一处的辐辏点。

上一章提到象征融合创新的"萃"以及象征交集创新的"同人"。这两卦都有聚集的意思。而平台创新则是这两种创新或这两种卦系统性的呈现。而归纳《易经》系统的莫过于《系辞》。《系辞》的一句话正统摄着平台的道理：

> 易曰："憧憧往来，朋从尔思。"子曰："天下何思何虑？天下同归而殊涂，一致而百虑，天下何思何虑？"

---

① 根据英特尔创始人之一摩尔(Gordon E. Moore)的观察，计算机的运算能力每18个月增进1倍。

《易经》的“咸”卦说到：“众人来来往往心意不定，但终究会顺从你的思维。”孔子就说：“天下的人在思虑什么？天下的道路不同，但总有个辐辏点，是所有道路的汇合。众人的思考多样，但也是有那么一个中心，能够让万流归宗。如此，天下的人在思虑什么？”

孔子的这段话很有意思。他没有说明这个“同归”“一致”到底是什么？是“仁”还是“礼”、是“义”还是“理”，这不是孔子文字直接说明的。事实上，如果我们了解“平台”的道理，就更可以知道，重点不在于它是什么。重点是确实有这么一个“殊途同归”“百虑一致”的存在。

这个道理确实玄妙，但也未必晦涩难解。太史公司马迁就做了极好的说明。在解释春秋战国各个学说的时候，他说：

> 易大传：“天下一致而百虑，同归而殊涂。”夫阴阳、儒、墨、名、法、道德，此务为治者也，直所从言之异路，有省不省耳。尝窃观阴阳之术，大祥而众忌讳，使人拘而多所畏；然其序四时之大顺，不可失也。儒者博而寡要，劳而少功，是以其事难尽从；然其序君臣父子之礼，列夫妇长幼之别，不可易也。墨者俭而难遵，是以其事不可遍循；然其强本节用，不可废也。法家严而少恩；然其正君臣上下之分，不可改矣。名家使人俭而善失真；然其正名实，不可不察也。道家使人精神专一，动合无形，赡足万物。其为术也，因阴阳之大顺，采儒墨之善，撮名法之要，与时迁移，应物变化，立俗施事，无所不宜，指约而易操，事少而功多。①

司马迁首先也引用了《系辞》上的“天下一致而百虑，同归而殊涂”一段话，说明阴阳家、儒家、墨家、名家、法家、道(德)家的学说，其实都是殊途同归：它们都是治国之术，不过侧重点不同、各有优劣罢了。司马迁接着分析阴阳家。他认为阴阳家的学说涵盖面广、处处罗列了各种忌讳，因此让人们有着许多拘束与畏惧。虽然有着这样的缺点，但谈到春夏秋冬四时的推移，却是不可或缺的真理。儒家思想驳杂，各种礼仪规范，以

---

① 泷川龟太郎的《史记会注考证》《太史公自序》。

至于很难完全遵照。[1] 但是他们对于君臣父子、夫妇长幼等伦理方面的规范，则是不可转移的。墨家崇尚节俭，到了难以遵行的地步，但是它所强调的强本节用，则是不可偏废的道理。法家严酷不讲恩情，但是它划分君臣（组织）的职分，则是不可更改的道理。名家使人局限在名分，以至于流于形式主义；但是它强调名正言顺，则不可不察。道家使人精神专一，强调无为之法，以无为而通晓万物。它的道理因循着阴阳家、儒家、墨家、名家、法家等精要；顺万物而求变化，因万物而立度法；与时并进，无所不宜。寥寥几个指示，就可以上手，所以事少功多。

司马迁分析各家学说，独厚道家，固然是个人的偏好，但是他独厚道家的理由却是我们的重点：得各家精要，与时并进，顺万物而求变化，因万物而立度法。换言之，就是得到了“天下同归而殊涂，一致而百虑”的道理。

既然讲到道家，那么道家思想是否也有类似“天下同归而殊涂，一致而百虑”的哲理呢？不但有，而且比重更大。老子《道德经》就说：

> 昔之得一者：天得一以清；地得一以宁；神得一以灵；谷得一以盈；万物得一以生；侯王得一以为天下贞。

（历史的经验告诉我们“得一”的道理。天得到了这个“一以贯之”的“一”，就能够月朗星清；地得到了“一”，就能国泰民安；神得到了“一”，就能够通灵识明；山谷得到了“一”，就能够盈满不缺；万物得到了“一”，就能够生生不息；诸侯国王得到了“一”，就能够永固江山。）

老子所言的“一”，就是“一致而百虑”的“一”，是万事万物的辐辏点、是“第一义”。庄子用声音来做比喻。《齐物论》上说到：

> 南郭子綦隐机而坐，仰天而嘘，荅焉似丧其耦。颜成子游立侍乎前，曰：“何居乎？形固可使如槁木，而心固可使如死灰乎？今之隐机者，非昔之隐机者也？”子綦曰：“偃，不亦善乎，而问之

① 根据日本德川后期的儒学家中井积德（1732—1817）的说法，司马迁当时的儒学主流与孔子的根本思想大异其趣。

也！今者吾丧我，汝知之乎？汝闻人籁而未闻地籁，汝闻地籁而未闻天籁夫！”子游曰：“敢问其方。”子綦曰：“夫大块噫气，其名为风。是唯无作，作则万窍怒呺。而独不闻之翏翏乎？……”子游曰：“地籁则众窍是已，人籁则比竹是已。敢问天籁。”子綦曰：“夫吹万不同，而使其自己也，咸其自取，怒者其谁邪！”

这是《庄子·内篇》一段有趣的典故。一天，子游遇到南郭子綦，看到他恍恍惚惚的样子，就有点指责他说：形体固然可以如同槁木，但心志怎可以如同死灰呢？子綦反唇对曰：“偃[1]，你所问的不也太好吧？现在我把我自己忘掉了，你晓得吗？你只是听说过人籁，却未曾听说过地籁，即便你听说过地籁，也未曾听说过天籁呀！”子游希望南郭子綦解释一番，南郭子綦解释了，子游有慧根，就说：“如此说来，地籁就是众穴所发的声音；那么，人籁也不必再讲了，就譬如用竹管造成乐器所发的声音，请问天籁又是怎样的呢？”南郭子綦说：“这天籁呀，真是难说了。当风吹万窍发出不同声音的当口，实在是自然之理。这种发声完全是自取自成的。自然如此，没有任何人主使就能够发动啊！”

庄子的意思是，天籁其实没有声音，但却是所有声音的来源。佛家也有类似的说法。《大智度论》提到，“此三智一心中得，若就其次第而言，则有道种智生一切智，由一切智生一切种智。”佛家认为智慧有三种。一切智是声闻、缘觉所有的智慧。所谓声闻、缘觉指的是听到佛法而体会苦、集、灭、道四种真谛的人。道种智是菩萨的智慧，而一切种智就是佛的智慧了。《大智度论》又说：“所谓禅定、智慧等诸法，佛尽知诸法总相、别相故，名为一切种智……一切智是声闻、辟支佛事，道智是诸菩萨事，一切种智是佛事。”我们如果用经济学的观点来看，就是说如果只懂得宏观（总体）经济学，那是一切智。佛家的语言叫作“总相”。如果只懂得微观（个体）经济学，那是道种智。佛家的语言叫作“别相”。而如果宏

① 子游，姓言，名偃，字子游。

观经济、微观经济都能够了如指掌、交互为用，那就具备佛家的智慧、也就是一切种智了。所以说，一切种智是所有智慧的根本。它本身自然可以说是智慧，但更可以说是发生智慧的源头。用庄子的语言来说，就是“天籁”。而用《易经》或是老子的语言来说，就是“一”。

这些哲学道理看似深奥，实则是切实的经济管理心法。我们曾经谈论过经济学上“看不见的手”的道理。它看似无为，实则无所不为。所以可以说是经济学上的一切种智。而在管理上，“脸书”就是人尽皆知的案例了。我们就来看“脸书”是如何作为一个平台的。

社交网站发展之初，人际关系的数字化将社交行为从现实中延伸到网络上。脸书实际上掌控了数字化的人际关系，包括了生活中互动密集的强系，以及联络频率较低的弱系。不可否认，掌控了弱系相当于掌握了人际资源。脸书就是众多社交网站中，能够完整地联结弱系的平台。

脸书以六度分隔原理来链接弱系，同时巩固了强系间的互动交流。弱系指的就是那些在我们生活中关系并不密切，却又比点头之交再深入一点的关系。例如说：多年不见的小学同学，或是在同一健身房运动的路人甲。而强系则是指和自己关系较深入、生活圈交集在一起的人们，像是家人、同事和同学等。以朋友圈来看六度分隔，就像是打开共同朋友的名单，看看这些人际关系延伸到哪儿。举例来说：某甲透过脸书发现，原来某甲和某位知名人士有着共同的牙医，也就是某甲透过牙医和某位知名人士联结到了一起。再加上“个人时间轴”(Timeline)、“相簿”(Photo Album)和“网志”(Post)等功能的加持，脸书帮助这些弱系的联结更紧密。

逐个来看：“个人时间轴”可以加强弱系对自己的了解，相对的，也提供了强系之间更多的对话交流。将实体从生活延伸到虚拟网络。“相簿”则是人际关系的具象化，它在强系上的效果就不用说了，对弱系的成员更可以透过相片加深对自己的印象。而“网志”便是比个人时间轴更细腻的一种表现。《易经·萃卦》象征的是聚合，而脸书不仅集合了强系与弱系，还找到了群体与群体之间的交接点，乍看之下没有交集的两个群体，透过共同朋友的功能完整地表现出“聚”的道理。

尽管其他社交网站也有聚合的效果，却远不及脸书如今所达到的规模。其中互动方式的不同，是脸书成功的关键。就拿“赞”来说吧，简单的点击动作划分了脸书与其他社交网站。无论是对文章表示认同，或是仅用于告知，表面上看似单纯的点击，正是《易经·萃卦》的实际表现。“赞”代表的含义，从发文者的角度来看，是数量越多，代表关心自己的人数越多；从阅读者的角度来看，给个“赞”的动作，除了表示关心之外，也囊括了同意、支持与鼓励等意思。总体看来，脸书将强系与弱系集合在一个平面上是《易经·萃卦》的象征；“赞”则是将强系与弱系联结在一起的实现，正是使用脸书的精髓。

由社会学的角度来看脸书，就不得不提到马斯洛的需求理论，将需求理论比喻为金字塔，从最基础的食、衣、住、行方面的生理需求；再到保障自身安全、避免威胁等安全需求；接下来是层次较高的社会需求，包括友情、爱情与归属感的需要；以及再上一层的、以来自外界的肯定、信赖与正面评价为出发的尊重需求；最后达到最高等级的自我实现。除了第一与第二层的基础需要外，脸书满足了社会、尊重与自我实现的需要。社会需求就像是朋友圈的大小，脸书还为此研发出了寻友工具，加速满足社会需求；尊重需求就好比留言系统的角色，用户浏览他人对自己的意见，因此得到认同、赞赏，或是得到负面评价进而修正自己；而“赞”对于人们的鼓励俨然成了一种自我实现，是更深层的尊重。和留言不同，文字的力量显示在字里行间，而“赞”却提升了无声胜有声的氛围。《易经·萃卦》所象征的“聚”不只是人际资源的集合，还加上这些集合的互动所强化之人际关系的联结。因此，脸书无疑反映出了融合创新的道理。

本章的开头提过，平台创新是融合创新与交集创新系统性的呈现。脸书不仅拥有融合创新的概念，亦具备象征交集创新的《易经·同人卦》，两者缺一不可。“萃”所说的物聚，以脸书来举例是人力资源的集合；而“同人”说的人合，就是透过脸书聚合的人力资源交集后所产生的共鸣。在现实生活中，共鸣出现于当下参与对话、讨论中出现的响应，而这些响应的参与者局限于当下出现的人物，而后对话结束了。若将对话现场转移到脸书，则成为一种延续。和当下做对比，脸书延长了能产生共鸣的时间，更增加了参与对话的对象。动态时报（Newsfeed）与粉丝专页（Page）就可以反映出“同人”的概念：动态时报好比是朋友圈里的实况转播，显示出同时间用户间的互动。粉丝专页则是同心人的集合，并以此实现“二人同心，其利断金。同心之言，其臭如兰”。首先同心指的是人分享共同理念、想法或是喜好。生活中要找到同心的两个人是可遇而不可求，但是透过动态时报的特性能将寻找的时间大幅缩短。喜欢一样的电影或讨厌一样的餐厅，在浏览动态时报的同时，看到留言内容或是赞的数量，就可以找到和自己同心的人有哪些；另一方面，个人时间轴上发表的感想、心境，也将被他人浏览。动态时报和个人时间轴的不同在于，前者是综合平台上所有使用者所发布的内容，按照时间排列出来；而后者则是针对个人发布的内容来排列。粉丝专页便是众多同心人的集合，目前在脸书上很多粉丝专页以语录形式活跃着。《论语》就是一部最有名的语录，记录了孔子与儒家弟子的智慧和经历。转换到数字世界中，语录的参与者范围与日俱增，粉丝专页无疑成为最好的记录工具。语录的成立者以对社会现象的感叹或是对书籍、电影的喜好为契机，寻找同心的人，来实现“同人”的概念、产生交集的中心，才能有未来延续创新发展的可能。换句话说，粉丝专页让个别的朋友圈分享共同的理念。在现实生活中不容易找到的同心人，在脸书上轻易地集合再一起，而形成一个新的朋友圈。

不仅在动态时报与粉丝专页中可以找到“二人同心，其利断金”庞大的力量，也是因为有这个同人的概念，脸书才能够如此成功。而这“断金”指的就是打败各大社交网站成为龙头。根据统计，美国有71%以上的成年人早上起床的第一件事情是打开脸书。光是链接人际网络还不足以吸引如此大量的使用者,使用脸书的另一个吸引力来自于游戏。首先,同心的二人指的并不见得是作为个体的人,而是游戏商与使用者这两种角色,并借助这种双方的互动而产生的力量:对使用者而言,是为了游戏使用脸书;对游戏商而言,和用户的交易提供了经济效益。如此的一来一往,再加上脸书连接人际资源的力量,游戏商会因为使用人数的增加,持续开发新的游戏,形成了一个良性的循环。本是中介角色的脸书有了免费的营销,引导使用者与游戏商有了共识——使用脸书。对脸书来说,便是个三赢的局面:游戏商能赚钱、使用者感到快乐、脸书持续壮大。脸书等同于坐收渔翁之利,而游戏商与使用者并非鹬蚌相争,而是左提右挈。这些都显示出脸书确实拥有"萃"与"同人"的特质,也就是支持平台创新的特质。而"萃"与"同人"二者相辅相成:若是缺少了集合人际资源的融合创新,脸书就没有能力刺激游戏商持续开发新游戏;反之,若缺少了拥有共同目标的交集创新,使用者对于游戏的热度随着时间消散,反而降低了脸书的使用数量,所以说脸书系统性地呈现了"萃"与"同人"的交互作用。

在解释"萃"与"同人"这两卦如何系统性地让脸书在平台创新上成功之后,我们就来看看脸书是如何应用平台创新的,这就要谈《易经》所揭示的感情作用。《易经·咸卦》对于情感交流有入微的解释。

易曰:"憧憧往来,朋从尔思。"

彖辞:"咸,感也。"

(意思是:"众人来来往往心意不定,但终究会顺从你的思维。"彖辞认为,"咸",指的就是感情与感觉的交流。)

憧憧指的是心意不定的样子,也就是来来往往心意不定的众人,就好比浏览个人时间轴的用户,以及动态时报的实时转播;而顺从自己思维的,就好比使用者对浏览页面产生认同感:有些会因此而留言,有些会按下"赞"。这些都是针对发布的内容发表言论、附和以及产生交流。脸书上可以看到收集"赞"的活动，它们包含来自各个国家、不同年龄层的愿望。一般的做法是，收集到一定数量的"赞"，就做出答应好的行为。例子有很多：像是集满100万个"赞"，就要成立一个粉丝专页；或是某位小朋友的爸爸要带全家出国玩等，不胜枚举。借助虚拟的网络人气，实现真实的愿望，同时也达成分享喜悦、创意与自我实现等目的。

在脸书的动态时报上面可以看到朋友发生了什么事，更可以知道世界上发生了什么事。以篮球比赛来说，以往得通过电视新闻或是广播节目来得知比数、胜负等，现在打开脸书就可以知道最新消息。透过动态时报的功能达到传递消息的目的，建立于分享基础的动态时报，比口耳相传更快速，有如朋友圈的实况转播，只要登录脸书，就可以清楚看到哪位友人响应了那张照片，有多少人阅读了那篇文章、看了那段影片，这些现象都显现出了支撑脸书作为平台的道理，充分表现了"独乐乐不如众乐乐"的现象。若要说成因为有了脸书，与人们的接触变少了，但却也因为有了脸书，可以同时接触的人却变多了，这正是集合了人际资源，并将资源整合而达成的共同目标。

如今"脸书"二字俨然成为平台的代名词，如同文章内提到过的，重点不在于这是个什么样的平台，而是能符合"天下同归而殊途，一致而百虑"的终极目标。脸书就是一个可以达到殊途同归的平台，将不同类型的使用者集中在脸书上互动的是"萃"，还有经过互动找到共同理念的"同人"，总括来说，脸书的运作就像是"一"的贯穿，能够运用"一"的概念还需要拥有"萃"与"同人"的交互作用。始于脸书，终于脸书，从脸书上发表的言论，在脸书上得到响应；这是社交网站实践创新的成功例子，因此脸书比起其他社交网站更广为所用，作为一个平台而不仅止于社交网站。

第十章

以《易经》简介创新管理(四)——开放创新

这一章我们要谈的是开放创新(open innovation),也称为开放商业模型(open business model)。开放创新与《易经》的许多卦都不谋而合。这说明《易经》的精神是开放的、是大气的,与一般人想象的中国文化是内敛而保守的,完全相反。我们将会以“大有”与“谦”卦来说明开放创新的精神。

顾名思义,开放创新就是以开放的精神实践创新。在“以《易经》简介创新(一)”一章当中,我们提到“黄金公司”(Goldcorp)。黄金公司就是开放创新最好的例子之一。黄金公司将一般矿产公司认为是绝对机密的矿源地图,透过互联网分享给大家,希望总有人可以根据地图,找到新的矿源。而黄金公司则愿意分享利润。公司因此开发了超过 110 个矿区,省下 2～3 年探勘的时间。所开发的黄金超过 800 万盎司,价值超过 30 亿美元,投资报酬率超过5 000倍。

黄金公司并非特例。在社交科技兴起之前,英特尔(Intel)等公司就开始着手它们版本的开放创新。而社交科技蓬勃之后,新的商业模式就水到渠成了。我们先来看英特尔是如何进行开放创新的。

大家知道，英特尔是出产微处理器的企业。如同任何组织都有一个关键成功因素。那么英特尔的关键成功因素是什么呢？许多人往往将关键成功因素与 know-how 画上等号。这其实是对企业经营的一种严重误解。许多企业的制胜关键并不见得是它的技术，而是它的商业模型。这个道理当然需要经过一番辩证。我们先仅仅拿微软公司的创办人之一包默尔（Steve Ballmer）的一句话来印证这个道理。他说："我不再视个别公司为竞争对手。不一样的商业模式才是我们必须竞争或是拥抱的对象。"[①]而其中，包默尔所要面对的最大挑战，就是开放商业模型。

许多事实可以证明，英特尔的成功关键也不全然是它的技术，而是背后的商业模型。英特尔充分了解到学校研究与企业研究的不同。学校的研究是基础性的，比较难以转化为企业的投资报酬。而企业的研究过于入世，比较没有办法在科学上产生根本突破。于是英特尔便作了以下的设想：公司研发差不多可以马上在市场上销售的产品，但是保持与学术界的关系，以发现可能的"颠覆创新"（disruptive innovation）。从市场的角度来看，这样做让公司持续研发、改良现有产品，而让学术界的研发提供开发新市场的机会。所以，英特尔将公司的实验室设在具有与工业界合作记录的学校附近，例如加州大学伯克莱分校（University of California at Berkeley）、华盛顿大学（University of Washington）、卡耐基梅隆大学（Carnegie Mellon University）、剑桥大学（University of Cambridge）。每一个实验室都有一个研发中心。它们将实验人员与获得英特尔资助的研究人员一比一配对，促使产学合作无间。

英特尔虽然有实验室，但却没有一个具体的、中央化的研究组织。它们的最高研究单位是一个委员会，而委员会的功能就是让产学合作更为成功，本身并不从事研究。为此，英特尔的研发重点并不见得是直接

① http://www.businessweek.com/stories/2006—11—26/mistakes—made—on—the—road—to—innovation.

针对微处理器，而是如何提供良好的设备、仪器、流程，让研究伙伴开发出来的产品可以顺利地生产。研究委员会甚至会与受到资助的学生直接沟通，不放弃任何一个创新的可能。

而在另外一方面，英特尔自然也不放过与市场上硬件制造商合作的可能，让他们尽可能地使用英特尔的产品。所以许多硬件制造商其实获得了英特尔的资金注入，与英特尔形成共生共荣的关系。除了资金投入之外，他们还一同进行营销、一同开发技术。

我们在"以《易经》简介创新(二)"一章曾经提到"守门员"。英特尔对于自己角色的定位就是一个"守门员"。它让各方研究单位为自己所用，而自己的角色就是开发流程，使得外在研究单位的成品可以大量生产。如图 10—1 所示。

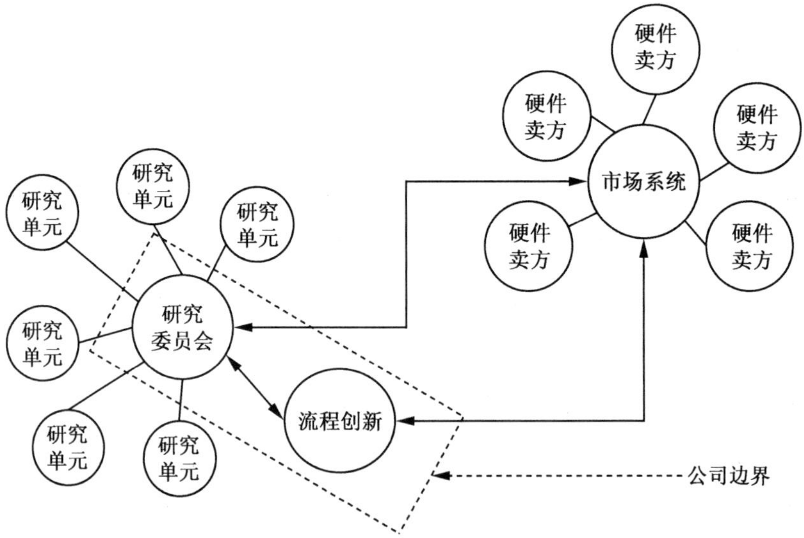

图 10—1　英特尔的商业模型

图 10—1 是英特尔的商业模型。它有着两大支柱。一是研究委员会(Research Council)，另一是流程创新。研究委员会让公司与外在的研究单位取得密切的联系。而流程创新的能力让它可以顺利生产研究

出来的产品。注意它的公司边界，并没有包含研究单位与硬件卖方。这些都是英特尔的合作对象，而不是英特尔公司内部的运作。这样的操作模式，使得英特尔有更灵活的应变能力、让研究单位与硬件卖方保持一定的独立性，而不受公司的风吹草动影响到它们的发展。最重要的是，这样的安排不仅招揽了颠覆创新的可能，而且将天下创新尽入其彀中。从这个角度来看，与其说英特尔是一家成功的科技大厂，不如说它是成功的守门员。

我们可以用图10－2与图10－3来显示封闭创新与开放创新的区别。两图都显示企业当中研究与发展的过程。图10－2显示，在研究阶段，企业靠着自身的力量广纳研究构想。在不断的试错过程当中，“去芜存菁”，留下与企业目标相吻合、有发展潜力的构想。接下来公司运用自身的力量，将研究概念落实，成为持续发展的计划。最终，发展出具有市场性的产品。图中的小圈圈就代表构想。漏斗就表示企业的边界。之所以是漏斗的形状，表示企业筛选构想。

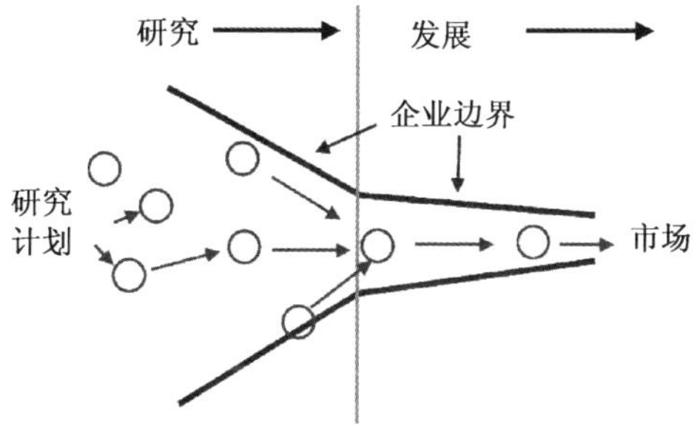

图10－2 封闭创新

图10－3显示的是开放创新。与封闭创新一样，一开始企业有许多研究构想。但与之不同的是，这些构想有些是公司自己开发出来的，有些却是由其他单位引进的。经过筛选，部分构想成为企业内部持续发展的目标。但没有“雀屏中选”的构想并没有弃如敝屣。它们可以透过公司与外界沟通的渠道，让公司以外的组织运用。

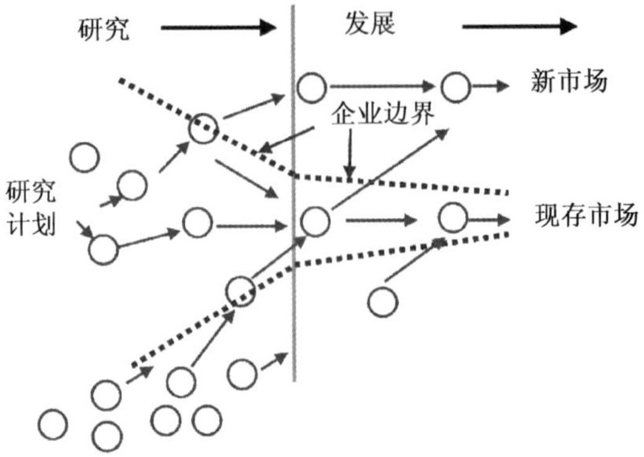

图 10—3　开放创新

我们可以看到以上两图的区别。首先，构想可以从企业以外渗透到企业里面。表示着企业吸纳不同想法的能力。其次，企业的边界是虚线而不是实线，表示企业是个与外界不断沟通的有机体，而不是一个闭锁的体系。最后，构想可以成为达成企业既定目标的来源。但因为目标差异而被摒除的构想，可以作为发展其他市场的基础。这些公司都有一个共同的特点，就是他们开放公司边界、形成开放系统。

那么封闭系统会形成什么问题呢？我们举两个例子，一个是复活节岛，另一个是中国的明朝。

复活节岛(Easter Island)可以说是世界上最偏僻的人居岛屿之一。图 10—4 显示其位置。距离它最近的陆地是波利尼西亚(Polynesia)的皮特卡恩岛(Pitcairn)，在它西面2 000公里；距离南美洲的智利有3 700公里。文学家肯定会用“世外桃源”来形容这样的化外之地。但其实不然。这样偏僻的地理位置导致了复活节岛文化的衰亡。当荷兰航海家罗哲凡(Jacob Roggeveen)在 1722 年复活节当日(四月五日星期日)登陆该岛的时候，据估计人口只有2 000。但根据考古的鉴定，数百年前该岛的人口达到15 000人。住在这样的岛屿上的居民照理说应该是工于航海的。但是让罗哲凡感到惊讶的是，岛民所有航海的船只只有寥寥数艘，长不满 3 米，最多只能承载两人且会漏水的独木舟。

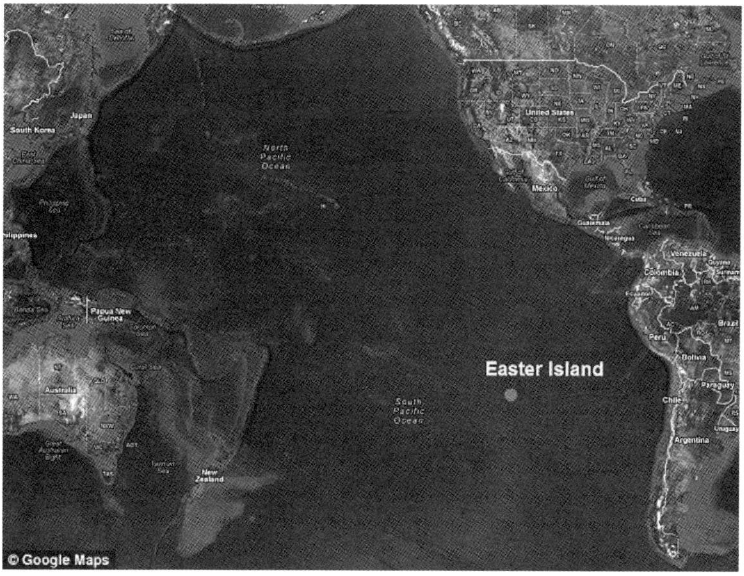

图 10—4　复活节岛的位置

另外让罗哲凡以及所有访问该岛的人惊讶的是巨大的人形石雕，当地人称为莫埃(Mo'ai)。传说中，复活节岛的祖先是霍图马图阿(Hotu-Matu'a)，在久远的年代带着亲族、驾着两艘大型的独木舟，移民到该地。为了“慎终追远”“光宗耀祖”，霍图马图阿的后代立起了许多超大型的石头雕像。大大小小总共有 887 座。其中最重的达 86 吨，最高的达 10 米。要立起这么多、这么重的雕像，是需要精巧的工程技术，且必然要有高度的文明来支撑这样的技术。可是罗哲凡所看到的凋敝景象，似乎显示不出什么高度文明。

其实，在罗哲凡到来之前，复活节岛具备了兴盛的史前文明与茂郁的森林。复活节岛的气候宜人，土壤肥沃。考古发现，在人类移居之前至少有 3 种树可以长到 20 米，其中还有当时全世界最大的棕榈树。文明的持续发展，让部族之间形成了对“光宗耀祖”一事的竞赛——石雕越做越大。而无论是搬运还是竖立雕像，都需要复杂的社会分工与足够的木材。而越来越大的石雕也显示岛民需要的木材越多、砍伐得也越多。

除此之外，岛民需要生活取暖、火化遗体，都必须砍伐木材。终于，森林砍伐殆尽，甚至到了无法制造远洋船只的地步。而结果就是社会瓦解，再也不敬天法祖，甚至同类相食。

复活节岛的故事经过戴蒙(Jared Diamond)①以及其他学者的研究，鲜活地呈现在今人的眼前。这眼前的景象不是祖宗的庇护，而是一个封闭体系如何从富裕走向自我毁灭。同样是在太平洋上，波利尼西亚诸岛的居民则醉心于彼此的海洋贸易，文明得以持续，郁郁葱葱的自然环境一直到今天还是人们旅游的目的地。

至于中国的明朝则是另外一个封闭体系自我束缚的例子。明王朝于1368年建立。当时的中国正处在蒙古人统治之后的废墟上，民不聊生。但是仅仅50年的时间，紫禁城就建成了。换句话说，即使是蒙古人的蹂躏，中国仍然不丧失复兴的生机。但是我们提到明朝，尤其到了最后的一百年，奸臣辈出、贪污横行、政令不推、万事不行。我们不得不想到这样的问题：为什么有着雄才大略的朱元璋以及朱棣，从废墟中成就了50多年②的霸业，但其子孙却把中国弄成一个烂摊子？关于这个问题史学家黄仁宇在《万历十五年》一书中有着精辟的见解。他认为："中国幅员广大，情形复杂。明朝采取严格的中央集权，施政方针不着眼于提倡扶助先进的经济，以增加全国财富，而是保护落后的经济，以均衡的姿态维持王朝的安全。这种情形，在世界史中实属罕见，在中国历史中也以明代为甚，而其始作俑者厥为明太祖朱元璋。""洪武二十一年(1388年)，朱元璋亲自指示，让人民纳税实物不入仓库，直接供应于军士的家庭，军士则不再发给军饷……试验一年以后，朱元璋认为成绩良好，乃通令全国统一施行。这一办法之脱离实际，窒碍难通，自不待言而自明，于是只好虎头蛇尾，销声匿迹。这种安排虽然不再执行，但与之相适应的其他经济措施，则依然危害极大。"

---

① Jared Diamond, *Collapse*.

② 明太祖朱元璋在位1368年至1398年。明成祖朱棣在位1402年至1424年。

当今企业界都普遍认同，天下唯一不变者，“变”而已。中国也是如此。例如，唐朝宫廷充满国际色彩，但明朝就没有这样的特色。宋代国际贸易鼎盛，但是明代却实行海禁。纵观中国历史，开放与不开放在各个朝代之间有着显著的差别。即使同一朝代，变化也可能翻天覆地。韩国汉城（首尔）国立大学（Seoul National University）的吴金成教授就认为，明朝中叶的100年，中国社会经历了剧烈的变迁。此一时期，农业生产力提高、经济中心地分化、商品经济发展、中小城市发达、长途交易扩大、白银货币化。[1] 这些变化都与黄仁宇先生所述朱元璋的政策格格不入。朱元璋想要维持的是一个大一统的中央集权农业政权，但社会的现实却是地分化、商品化、商业化。朱元璋希望的中国是锁国安土，但社会的现实却是大规模的人口移动、贸易需求增加。朱元璋抑商重农，但社会的现实却是商人地位提高、庶民意识高涨。吴金成认为，从那时起，中国就是“国法（国家理念）和社会‘惯行’（现实）大抵平行发展”。用马克思的术语说，就是上层结构与下层结构几乎脱节。

当制度不变而社会现实改变、当制度是由上而下，而不是社会的约定俗成，制度就成了扼杀发展的黑手。黄仁宇《万历十五年》一书的核心论点就在于此。在他的书里，海瑞、张居正、申时行、戚继光都成了制度与社会现实格格不入的牺牲者。

和其他朝代相比，明末没有暴君，也没有昏君。勉强说明神宗万历是昏君，也不尽然。神宗即位之初，重用张居正，励精图治，整饬吏治，加强边防，并且坚持日讲与经筵，达10年之久。说他贪慕女色，但他所宠幸的郑贵妃之所以得宠，并不是因为她的美色，而是因为与万历有着共同的读书兴趣。

明神宗之前的武宗正德皇帝，在励精图治方面与万历不遑多让。黄仁宇说他“有超人的胆量、充分的好奇心、丰富的想象力。”边关有难，他

① 《从社会变迁视角对明中期史的再认识》，《古代文明》，2011年4月。

想御驾亲征，臣子以死谏阻，于是他就自封大将军。至于正德之后的嘉靖，历史说他“即位之初，励精有为”[①]史称“嘉靖中兴”[②]。

所以明朝末年的君主并不是不想“中兴”，首辅如张居正，也尝试大刀阔斧地改革，但祖宗定下的制度是一套没有办法与时俱进、甚至是脱离现实的条条框框，其重点是在防弊防乱，而非兴利；是要维持国家基本的生存，而不是永续发展。所以黄仁宇就说：“我们的帝国在体制上实施中央集权，其精神上的支柱为道德，管理的方法则依靠文牍。”在这样的体制之下，道德替代法律。以资本主义的发展来看，法律是社会运作的游戏规则；但是在小农社会，道德才是维系社会的纲常，而法律则是道德的具体化：没有独立的人格，也与社会脱节。如此在任何资本主义社会都是乖离的现象，至今不变。所以明朝灭亡之后，王夫之说得好：“事随势迁，而法必变。”[③]中国的问题就在于革命革来革去，基本的中央集权体制不变。甚至从大历史的角度看，权力是越来越集中，法之所变在乎小集团；与一个现代社会法之所变全然为社会为移转，背道而驰。

历史是一面镜子。复活节岛的故事与中国的明朝让我们看见了当代创新管理的一个重要的原则，就是制度必须要有弹性、组织必须要与外在环境进行有机的交流。英特尔的故事则进一步告诉我们，这种交流不是简单的供应链关系、顾客关系而已，而是要能够站在一个战略制高点，以“开放”作为商业模型的根本。我们在“以《易经》简介创新（三）”一章中提到“天籁”“一切种智”的观念，对于开放创新也是适用的。“天籁”或是“一切种智”本身未必是声音或是智慧，但却是声音与智慧的来源。同样地，运用开放商业模型的公司本身未必是在进行研发创新，但却借力使力，让自身成为创新的源头。不仅如此，透过开放，创新将源源不

---

① 《明史·卷209·列传97·杨爵》。

② http://baike.baidu.com/item/%E5%98%89%E9%9D%96%E4%B8%AD%E5%85%B4.

③ 王夫之：《读通鉴论·卷五·成帝》。

断。正如现代管理以变为常，如何创新是一回事，但如何源源不断地创新才是企业的生存之道。如表10—1所示。

表10—1　　封闭创新与开放创新比较

	封闭创新	开放创新
人才	天下英才为我所用	天下英才未必全为我所用，但我们在公司内外都和英才合作
研发	为使研发获益，无论创新、发展、封装都得自己来	外部研发可能更有价值；内部研发则可以引进这些价值
市场	靠自己的研发，我们将能先获得市场	我们不需要当研究的创始者来获益
商业模式	以创新取得市场先机则为胜者	建立一个较好的商业模式比起取得市场先机更为重要
运用构想	假如我们创造出更多更好的构想，那我们将会获胜	假如我们能善用内部和外部的构想，我们将会获胜
智慧财产	应该要控制智慧财产，如此可使竞争者无法盗用	要从别人使用我们的智能财产来获益，也应该购买别人的智慧财产，以促进我们本身的商业模式

许多人将中国经典视为做人处世的圭臬，即使运用在管理之上，也成了另一种形式的厚黑学。面对《易经》，这个问题尤其严重，因为一旦我们只将《易经》看成做人圭臬、厚黑之学，那么其中蕴藏的微言大义就没有办法窥探堂奥了。

我们就来看《易经》的"谦"卦。"谦"卦表面上的确说的是"谦谦君子，卑以自牧"，但作为治国之术的《易经》，也是组织学习的圭臬。人可学习，而组织也可学习。不仅如此，组织学习还一直是管理学界的显学。人有性格，而组织自然也有性格。所以，"谦"卦可以说讲的就是组织的"谦虚"。那组织是如何谦虚呢？

"谦"卦的象传曰："地中有山，谦；君子以裒[①]多益寡，称物平施。""地上有山"指的是她的卦形：上卦是"坤"代表地、下卦是"艮"代表山。

① 音póu。

关于后半段，一般的说法是要能够减多补少、平均分配。不过“谦”固然有这样的效应，但这与我们一般对于“谦”的字义的了解上有些出入。明朝时候有本通俗著作叫作《呻吟歌》，其实对于“裒多益寡，称物平施”有着微妙的解释：“心要如天平，称物时物忙而衡不忙。物去时，即悬空在此。只恁静虚中正，何等自在。”这段话不仅可以解释“称物平施”，也可以作为做人的准则。在创新上，它其实也是开放创新的真谛。也就是说，要能够“静虚中正”。做人要静虚中正可以理解，而组织“静虚中正”，就是让组织学习天平，维持精简。它存在的形式是“虚”，但目的却绝对不虚，而是能够有足够的空间以及公平的环境“称秤万物”。《呻吟歌》说“称物时物忙而衡不忙”也挺有意思。“衡”就是秤的意思。这里我们可以举 InnoCentive、NineSigma、Yet2.com 为例。这三个著名的网站都有个共通点，是我们在前一章介绍过的“平台”特性。正因为具备了这种平台特性，InnoCentive 才能够将开放创新的理念发挥到极致。要达成开放创新，有个非常重要的基本概念叫作合作，借着互联网的力量，这些网站让我们见识到何谓打破面对面的藩篱，让好主意碰撞出火花。

InnoCentive 曾经是礼来(Eli Lilly & Company)的子公司，自 2001 年独立出来，借由提问者(Seeker)与解答者(Solver)解决问题获得奖金来运作。仿佛一座桥梁存在着的 InnoCentive，联结提问者与解答者。提问者须负担一定的费用，才能在 InnoCentive 的网站上提问，并且提供相对比例的奖金给解答者。解答者针对各种问题提出解决方案，经过提问者的评断，给予解答者奖金。提问者来自于企业或是非营利事业等；InnoCentive 对于解答者则没有任何限制与规定，只要通过注册即可以挑战网站上的高额奖金。除了网站的管理层与技术员之外，在 InnoCentive上交易的提问者与解答者皆来自于外部。为了保护知识产权，在解答者注册前，必须签署一份解答者同意书。在解决每个挑战之前，也得阅读一份专利权移转给提问者的声明书，并在双方皆同意且签署同意书的情况下，交易才能生效。若解答者不同意放弃权益的话，则无法获得挑战奖金。当解答者由团体组成，就必须共同签署放弃权利声明，将知识产权完全转移给提问者，并且提供未来技术上的协助等。这些都是为了保护双方权益，并且让 InnoCentive 能够以一个中介的角色永续经营的规则。

过去 InnoCentive 的业务范畴以生物科技为主，而在我们的认知里，生化科技业要透过精密的实验才能将商品推出，药品更要经过活体实验才会出现在商店中。利用网页寻找解决方法的方式，似乎是有些不靠谱。但是 InnoCentive 却彻底推翻了这种现象，例如：生产牙膏的高露洁(Colgate)，便是借助 InnoCentive 的力量，成功找到有效压缩牙膏至牙膏管的方法。而解答者也因为解决问题，赢得了25 000美元的报酬。在 InnoCentive 的网站上，更直接地邀请任何想挑战奖金的解答者一同加入。注册成为 InnoCentive 的解答者，可以是其他公司的工程师，看到高露洁所提出的难题，运用自己的专业解决问题。相对的，工作于高露洁的员工也可以运用专长，挑战各种在 InnoCentive 上出现的疑难杂症。

使用 InnoCentive 的客户超过 80 家公司，其中包括礼来、宝侨(Procter and Gamble)、香港杨森大药厂(Janssen)、苏威集团(Solvay)以及洛克菲勒基金会(Rockefeller Foundation)等知名公司，解答者也多达30 多万人，来自两百多个不同国家的人集思广益，业务范围也扩大到商业、资讯工程、数学和化学等其他领域了。其中以 1989 年的溢油事件为例子：因为石油外漏而成立的溢油防治技术研究所(Oil Spill Recovery Institute)，集合了世界各地的石油专家，却无法解决石油外漏的问题。终于在 2007 年与 InnoCentive 合作，并在 3 个月内成功找出解决办法，利用改造抽油设备，使石油震动来抽取石油。或许我们会想，有国家做后盾，又有来自各国的石油专家无法解决的问题，怎么会透过一个网站找到答案？其实原因很简单，就是“团结力量大”。InnoCentive 被赋予的力量，就是开放创新所带来的。

黄金公司与英特尔不同，InnoCentive 本身就等于开放模式。黄金公司开放矿源地图，是邀请众人共同寻找金矿，缩短搜寻时间，但是营利方式还是以黄金的买卖为主，公司产品并没有改变；英特尔也是，与合作者共同开发微处理器，但是生产的产品同样没有改变。InnoCentive 却是集合了世界各地的智囊团，来为各大企业解答。当企业内部无法自行解决问题时，便可求助于外界。利用 InnoCentive 来找答案，省去了企业招兵买马的麻烦，也提供解答者在专业领域上的发挥。换句话说，一个部门集合相同领域的专家解决共同的问题，但是当问题跳脱出原本的领域，向外界寻求答案，便成为唯一的选项。InnoCentive 的业务范围不断地扩大，加入提问者与解决者行列的人才也越来越多。至今，解答者已超过了 30 万人，而且还在成长中，这些都是开放模式所带来的力量。

除了 InnoCentive 以外，还有 NineSigma 和 Yet2.com。前者和 InnoCentive类似，曾经解决衬衫皱折的问题。当时 P&G 公司希望发展一种不产生皱褶而且不含树脂的洗衣剂。它们陷入长考，但还是不得其解。最后透过 NineSigma，找到伊利诺伊大学的教授，运用在半导体用到的聚合体技术，成功发展了所希望的产品。Yet2.com 则是以买方的需求来召集解决方案，相当于网络知识产权的交易平台。站在一个中介商的角色在买家与卖家间取得平衡。这些网站就像是交易智能的买家与卖家所形成的网络集市。天下何其大，要网罗所有人才在同一家公司是完全不可能的，借由这网页集市的概念，让企业对内与对外都可以集合好点子。而 InnoCentive、NineSigma 以及 Yet2.com 提供了招揽天下英才的平台，让各企业有源源不绝的创新能力，这才是真正开放创新的精髓。

我们看 InnoCentive 等公司不就是遵循这样"称秤万物"的原则吗？它们做的是建立一套平台，让所有的意见与创新想法融会其中。所以，

"居其所而众星拱之[①]",可以说让自己成了创新意见的聚宝盆。"谦"卦另外还有谦谦君子,用涉大川,吉。

(谦卑为怀的君子是要用谦卑为怀的态度涉历名山大川。如此而来,就是吉。)

这句话也是组织学习的重点。谦谦君子的意思也就是"静虚中正"。但谦谦君子不是无所作为,相反地,他的谦虚是有个崇高的理想。这理想就是"用涉大川"。各家在解释这句话的时候,都非常重视"用"这个字,强调"谦"不是消极的退让,而是积极地有所作为。"涉大川"只是个形容,未必就是指要游山玩水。它可以引申为冒险犯难、多见广识。但是谦虚如何成为冒险犯难呢?这两者似乎不仅无关,甚至互相冲突。不过在我们了解英特尔、InnoCentive 等公司之后,就知道,在组织的层次上,开放创新将"谦谦君子"与"用涉大川"联系起来了:开放其实就是"虚己",将自我掏空,才有容量容纳各方。

此外,让我们认识开放创新的还有"大有"一卦。"序"卦说:"与人同者,物必归焉,故受之以大有。""大有",顾名思义就是大大地拥有。怎么样才可以达到这样的地步?而什么是"大大地拥有"呢?关于前一个问题,《易经》的答案就是"与人同者"。"与人同者"不是乡愿、不是当老好人。"与人同者"的意义,就在"同人"卦中。"同人"卦说:"同人于野,亨。利涉大川,利君子贞。""利涉大川"在此再度出现。可见得《易经》是非常强调冒险犯难的。而"同人于野"也告诉我们,"同人"绝对不是和稀泥,因为在"同人"之后还有"于野",也就是要开创一番天地。而如何开创天地呢?"同人"卦的彖辞就给了答案:

文明以健,中正而应,君子正也。唯君子为能通天下之志。

"文明"是一种胸襟、一种气象。"文明以健"就是要以明亮宽敞的胸襟,刚健地向前行。"中正"是从卦象而来的。"同人"的"六二"(从下往

---

① 《论语·为政》。

上数的第二爻)是阴,而“九五”是阳,合乎阴阳调和之道,所以说是“中正”。它的引申义也还是之前提到的《呻吟歌》所说的“静虚中正”。“中正”是现象,而“静虚”是功夫。“文明以健,中正而应”从现代管理的意义来看,就是以开放的胸襟迎接全世界的顾客,更要迎接全世界共同合作的伙伴;而自我却虚空以待,不仅要谦虚,而且要精简。这就是不折不扣的开放精神。而开放要达到的目标就是“能通天下之志”,意思就是要能够与天下互通声息、互通有无。结合天下人的志向与组织的志向。我们来看英特尔与InnoCentive不是都做到了这点吗?英特尔需要研发,于是与大学的研发紧密结合。这种结合不仅是表面上的雇用学校廉价劳工,而且是互通声息,彼此互补优缺点,如前所述。

InnoCentive则建立起一个没有人际关系的关系网,与伙伴们共同研发。

所以,“同人”的彖辞基本上已经说明了“大有”的价值,就是“能通天下之志”。而“大有”的彖辞做了进一步的说明:

> 大有,柔得尊位,大中而上下应之,曰大有。其德刚健而文明,应乎天而时行,是以元亨。

这段话除了传达之前“同人”彖辞的信息之外,另外特别强调“柔”“尊位”“上下应之”“元亨”。这些都表示在开放创新之后得到的地位。从个人来说,“尊”很容易解释,而从组织来说,“尊”就是成为商业运作的枢纽,“上下应之”就是这个枢纽的作用。如此,自然可以万事亨通,达到《易经》最高的境界——“大哉乾元”。

第三部分

这一部分介绍《易经》所揭示的创新特质，并且以马云的阿里巴巴说明《易经》中的「乾」卦所叙述的创新创业阶段。此外也引用当前甚为管理学界重视的稻盛和夫的思想，来介绍《易经》的微观与宏观的创新思维。

第十一章

从《易经》看创新特质(一)

从管理的角度来看，创新自然是一种管理原则与模式。彼得·德鲁克曾说："……企业只有两个基本功能：营销以及创新。营销与创新滋生结果，其他的则都是成本。"[①]企业一直都应该以创新作为经营的核心。但直到今天它才爆红，反映了企业在过去并没有将创新视为核心价值，也反映了企业今日的经营已经到了危急存亡之秋。所以没错，过去的企业是在"经营"，许多也遵循着经济管理学的原则，但循着管理法则经营，并不表示就是循着创新原理。那么创新到底有什么特质，使它与一般管理区隔？为什么这些特质会让大师认为创新是企业的基本功能之一？

第一节　创新的变与常

在介绍创新的时候，我们提到《系辞传(下)》：

易之为书也不可远，为道也屡迁，变动不居，周流六虚，上下

① "Because the purpose of business is to create a customer, the business enterprise has two—and only two—basic functions: marketing and innovation. Marketing and innovation produce results; all the rest are costs."

无常，刚柔相易，不可为典要，唯变所适。其出入以度，外内使知惧。又明于忧患与故，无有师保，如临父母。初率其辞，而揆其方，既有典常，苟非其人，道不虚行。

从创新管理的角度来看，这段话有几个意思。第一，创新讲的就是“变”，所以说“变动不居”“不可为典要”“唯变所适”。几乎可以说，天下唯一不变的道理就是“变”，也就是“为道也屡迁”。第二，这个“变”并不是漫无章法，而是有度有节，也就是“出入以度，外内使知惧”。这个“度”就是规律，都归纳在《易经》这部经典当中，反应在六爻（周流六虚）、上卦与下卦（上下无常）、阴阳（刚柔相易）等符号以及位置上。第三，那么为什么会“惧”、会有“忧患”呢？这个“惧”不是忐忑不安、不是举止无措，而是《中庸》所说的“君子戒慎乎其所不睹，恐惧乎其所不闻”、是《诗经》说的“如临深渊、如履薄冰”[①]。《易经·坤卦》也说“履霜，坚冰至”。那是孔子所说的“临事而惧，好谋而成”[②]。简单说，是一种下决定前的周延盘算与沉着应对。但它又不是那么简单。这种“忧患”是中华文化固有的特色。牟宗三先生在《中国哲学的特质》提到：

中国人的忧患意识特别强烈，由此种忧患意识可产生道德意识。忧患并非如杞人忧天之无聊，更非如患得患失之庸俗。只有小人才会长戚戚，君子永远是坦荡荡的。他所忧的不是财货权势的未足，而是德之未修与学之未讲。他的忧患，终生无已，而永在坦荡荡的胸怀中。

这是一种大格局的“忧患”。从道德上来说，是“德之未修与学之未讲”。从创新的角度来说，就是能够深刻体会“固一世之雄也，而今安在哉？”[③]1982年，汤姆·彼得斯（Tom Peters）以及罗伯·瓦特曼（Robert H. Waterman, Jr.）出版了《*In Search of Excellence*》。书中列举了43

① 《诗经·小雅》。
② 《论语·述而》。
③ 苏轼：《前赤壁赋》。

个在20世纪80年代叱咤风云的公司，可作为其他公司的榜样。但是，数十年下来，有将近1/3的公司陷入财务危机。[1] 这其中包括早就灰飞烟灭的王安计算机。不是两位作者有眼无珠，而是物换星移，昔日英雄，而今未必安在。创新就是如此。从历史来看，创新就是企业不断地破与立、是一系列商业模式推翻传统商业模式的过程。所以说"天地不仁，以万物为刍狗"[2]"天若有情天亦老"[3]。面对这样的经济本质，李白的《行路难》可以作为我们"临事而惧"的态度：

金樽清酒斗十千，玉盘珍羞直万钱。
停杯投箸不能食，拔剑四顾心茫然。
欲渡黄河冰塞川，将登太行雪满山。
闲来垂钓碧溪上，忽复乘舟梦日边。
行路难，行路难，多岐路，今安在。
长风破浪会有时，直挂云帆济沧海。

无论外在环境看来多么美好顺遂，对于一个充满忧患意识的哲人而言，却是不可食、不可享。在他内心深处，其实是四顾茫然的。他充满着渡黄河、登太行的壮志，但前途多艰，如冰塞川、如雪满山。但时机到来，却可以长风破浪、直挂云帆。

这里我们想来了解比尔·盖茨的故事。在微软创立的时候，如同所有创业家一样，他也是四顾茫然的，因为他所创造的是一个从前完全不存在的产品。1974年，Altair 8800计算机问世，但这台计算机的使用极其困难。盖茨在1975年1月的流行电子杂志(Popular Electronics)读到关于Altair的介绍，看到了这个关键的问题。于是跟Altair的公司Micro Instrumentation and Telemetry Systems(简称MITS)联系，告诉MITS，他正在发展一套程序语言BASIC，可以让使用更为方便。MITS

① http://www.freakonomics.com/2011/05/10/why-is-failure-a-sign-of-a-healthy-economy-a-guest-post-by-tim-harford/。

② 出自《老子》第五章。

③ 出自李贺《金铜仙人辞汉歌》。

接受了盖茨的游说，这样，盖茨就开展了他的第一次与大型企业的重要合作。附带一提的是，盖茨在当时根本就没有什么程序语言，甚至连Altair系统都没有。盖茨可是忽悠了一番。但这成为历史上最成功的忽悠之一。

然而，我们为什么又要说盖茨还是四顾茫然，如临深渊、如履薄冰呢？因为Altair只是针对计算机粉丝，是完全的小众。盖茨虽然判断计算机市场将扩大，但事实会不会发生，谁也无法预料。果不其然，盖茨并没有办法沉浸在与MITS合作的喜悦当中，因为在计算机粉丝圈，充斥着BASIC的盗版。盖茨不断申诉，粉丝依旧置之不理。

1980年7月，盖茨的机会来了。产业的龙头老大IBM希望微软开发操作系统，可以让IBM即将问世的个人计算机更为灵活操作。微软当时的主要业务是BASIC程序语言，根本与操作系统无关，但是盖茨答应了IBM的请求。盖茨找上了西雅图计算机产品公司(Seattle Computer Products)开发出来的QDOS，并且花了5万美元将它买下，再转售给IBM。也就是这区区的5万美元，造就了日后的微软帝国。附带一提的是，QDOS所代表的4个英文单词是Quick and Dirty Operating System。从字面上就可以知道，当时的所有者Tim Paterson根本就不在意这个产品。比尔·盖茨传记的作者Jeanne M. Lesinski女士就说，盖茨是个幸运儿，而他自己也知道，所以他随时战战兢兢。比尔·盖茨的早期经验，就是活生生的从四顾茫茫到直挂云帆济沧海的过程。

“恒”卦的彖辞也阐释了《易经》变与常的辩证关系。

> “恒，久也。刚上而柔下，雷风相与，巽而动，刚柔皆应，恒。恒亨无咎，利贞；久于其道也。天地之道，恒久而不已也。利有攸往，终则有始也。日月得天，而能久照，四时变化，而能久成，圣人久于其道，而天下化成；观其所恒，而天地万物之情可见矣！”

顾名思义，“恒”卦说的自然是永恒不变的道理。但是这整段文字却处处显露“变”：恒，就是久远的意思。从卦形来说，是代表阳刚的“震”卦在上，而代表阴柔的“巽”卦在下。“震”是雷、“巽”是风，所以是风雷交加。既可谦逊①，又有行动。卦位中初与四、二与五、三与六各爻都是阴阳相应，表示刚柔两种德性可以互补。这就可以永恒。“恒”卦代表着亨通与无灾，利于正道并且在正道上努力不懈。所谓的天地之道，也就是如此这般恒长久远。因为是走正道，所以有利于行动，并且可以循环不已；到了终点，又可以有新的开始。就如同天上的日月，恒久地照亮大地。有着四季的变化，就可以长久地让万物生长。圣人在这样的正道上坚持不断，就可以化育天下、成就功德。所以我们观察“恒”的道理，就可以知道天地万物的真情与真谛了。

所以，“恒”卦的彖辞至少有着 5 种“动”：雷风互动、刚柔互动、日月推移、四时变化、化成天下。但这些“动”都是有一定规律的。这些规律形成了“恒”。她是“利有攸往，终则有始”的循环，也是“天地万物之情”的动能。创新也是如此。我们方才提到典范转移。典范转移当然是“动”，所以说“不可为典要”。但典范转移的送往迎来，却是一个大规律，所以又说“既有典常”。在实际的商业操作上，也是如此：

现在大家对文化创意已经不陌生了。既然是创意，自然就是要变化出不同的新构想。然而，真正要进行创意管理，却不仅要求变，而且要懂得以一套“常法”来管理“变”。罗伯托·维甘提在《设计力创新》②就采取这样的观点，并且传授一套以设计为导向、在“变”与“常”之间辩证的创新法。维甘提认为，成功的创新是要能够激进地赋予产品新的意义。他举例说明，从 1994 年到 2003 年，意大利家具公司的盈利在 54%（例如 B&B Italia 公司）到 211%（例如 Kartell 公司）。同一段时间，欧洲家具的平均收益率是 11%。这些公司成功的秘诀就在于它们激进地创造

---

① 巽读音同“逊”。这里“巽而动”的“巽”就解释为谦逊。

② Roberto Verganti, *Design-Driven Innovation: changing the rules of competition by radically innovating what things mean*, Harvard Business Press.

产品新的意义，称之为“激进意义创新”(radical innovation of meanings)。其他公司并非没有创新，只是它们的创新着重在表象(例如，外观或是功能)，或是单纯地以使用者为中心(user-centered innovation)。以使用者为中心的创新主要是考虑使用者希望得到什么，但是这样的思维与“激进意义创新”恰恰相反，因为它并不是挑战现存的意义，反而是强化它。这样一来，就不是在赋予产品新的意义了。

许多人认为激进地进行创新是疯狂的举动。但是维甘提提出佐证，激进创新事实上有着精确的流程并奠基于训练十足的能力，绝非空穴来风或是信手拈来。他具体地建立设计创新(design-driven innovation)的方法论。此一方法论的主角是“诠释者”(interpreter)，流程包含“倾听”(listening)、“诠释”(interpreting)、“赋予”(addressing)。

“倾听”是倾听意见者对于各个事物的诠释。这些意见者可能已有名气，但更有潜力的创新则在于比较不为人知的意见者。这些意见者也就是“诠释者”。所谓倾听不仅是听而已，还要不断发掘别出心裁的诠释者、吸引他们、与他们互动。在欧洲，许多博物馆就同时兼具诠释者的角色。一些新产品首先在博物馆展出。博物馆馆方、其社会圈、甚至参观民众，包括艺术家、文学家、音乐家、经济学家、社会学家、企业家，可以对那些新产品进行不同的诠释。

“诠释”指的是为产品发展出独一无二的意义。在经过前一步骤“倾听”之后，公司根据所得到的种种知识，融合本身设想的意义、原本有的产品或服务属性、不同的价值观等，成为新产品的新意义。

“赋予”指的是让使用者或是欣赏者接受上一阶段发展出来的意义，而此一工作就落在“诠释者”的身上。诠释者不断与公司讨论，并且将“意义”内化，也就是可以从内心深处完全认同与体会这层意义。诠释者将这层意义与生活结合，使得产品能够带给用户全新的生活感受。

从维甘提的方法论可以看出，即使为外人一直认为是靠着右脑的创意，也有一定的规律方法。正如《易经》有“恒”也有“变”，常与变构成了创新方法的特质。从“变”来说，创新强调的不仅要变，而且要激进地、根本地变。要能够结合相反的或是表面上看起来无关的概念，创造新的意义，所以说是“刚柔皆应”。要能够“海纳百川”，让各种创意能够充分表达，不管这些创意看起来多么稀奇古怪。从“常”来说，无论怎么变，创新的规律可以让创新不至于荒腔走板、让创新的过程可以有个依据。这个依据的最大功能并不是规范，而是透过一定的流程，让创新得以顺利地产生。而正因为有着一定的规律，所以是可学而成的。

第二节　创新以人(仁)为本

我们说中国文化是人性的文化。整个儒家哲学对于人性的标榜可以归结于一个字：“仁”。它不仅是中国哲学的核心，而且是一种创造性的思维。“仁”这个字的写法就很妙。它左边是“人”，右边是“二”，换句话说“仁”就是谈人与人之间相互的对待关系。《中庸》上说：仁者，人也。

东汉的儒学大师郑玄对此批注：人也，读如相人偶之人，以人意相存问之言。

(“人”这个字应该摆在“相人偶”这三个字的关联来看。所谓的“相人偶”就是以尊敬之心以及感同身受之情待人接物。)①

许慎的《说文解字·人部》解释：“仁，亲也，从人二。”

到了民国，梁启超将“仁”做了符合当代思想的解释：非人与人相偶，则“人”之概念不能成立。申言之，若世界上只有一个人，则所谓“人格”者决无从看出。人格者，以二人以上相互间之“同类意识”而始表现者

① 这个翻译是根据段玉裁《说文解字注》：“《大射仪》‘揖以耦’注：‘言以者，耦之事成于此，意相人耦也。’《聘礼》‘每曲揖’注：‘以相人偶为敬也。’《公食大夫礼》‘宾入三揖’注：‘相人耦。’《诗·匪风》笺云：‘人偶能烹鱼者，人偶能辅周道治民者。’《正义》曰：‘人偶者，谓以人意尊偶之也。’《论语》注：‘人偶，同位人偶之辞。’《礼》注云：‘人偶，相与为礼仪。’皆同也。“按人耦犹言尔我亲密之辞。独则无耦，耦则相亲，故其字从人二。”

也。既尔，则亦必二人以上交互依赖，然后人格始能完成。[1]

又说：五伦全成立于相互对等关系之上，实则相人偶的五种方式。

牟宗三先生在《中国哲学的特质》认为，儒家的“仁”有两大特质：

(1)觉——不是感官知觉或感觉(perception or sensation)，而是悱恻之感，即论语所言的“不安”之感，亦即孟子所谓恻隐之心或不忍人之心。有觉，才可有四端[2]之心，否则便可说是麻木，中国成语“麻木不仁”便指出了仁的特性是有觉而不是麻木。一个人可能在钱财货利方面有很强烈的知觉或感觉，但他仍可能是麻木不仁的，尽管他有多么厉害的聪明才智。那是因为“觉”是指点道德心灵(moral mind)的，有此觉才可感到四端之心。

(2)健——是《易经》“健行不息”之健。《易经》言“天行健，君子以自强不息”。所谓“天行健”可说是“维天之命，于穆不已”的另一种表示方式。君子看到天地的健行不息，觉悟到自己亦要效法天道的健行不息。这表示我们的生命，应通过觉以表现健，或者说，要像天一样，表现创造性，因为天的德(本质)就是创造性的本身。至于“健”字的含义，当然不是体育方面健美之健，而是纯粹精神上的创生不已。

我们可以将这些先哲的理论以“创新”做一个综合解释。可以这么做的理由就是牟宗三先生的立论：“这表示我们的生命……要像天一样，表现创造性，因为天的德(本质)就是创造性的本身。”换言之，中国“以仁为本”的哲学特质，是创造。而这种创造是以“天道”为蓝本，表现在人事上，就是“仁”。所以《易经·说卦》才说：

> 昔者圣人之作《易》也，将以顺性命之理，是以立天之道曰阴与阳，立地之道曰柔与刚，立人之道曰仁与义。

阴阳刚柔是天地之道，而在人世间则是仁义。无论阴阳刚柔还是仁

---

① 梁启超：《先秦政治思想史》。

② 孟子的“四端”指的是“恻隐之心，仁之端也；羞恶之心，义之端也；辞让之心，礼之端也；是非之心，智之端也。”

义，它们都是“易理”，就是“自然法则”，以《说卦》的文字来说，就是“顺性命之理”。那么怎么看出中国哲学的特质是“创造”呢？这就是《易经·系辞传（上）》所说的：

夫《易》开物成务，冒天下之道，如斯而已者也。

孔子在这段话斩钉截铁地说，“易理”就是“开物成务”。无论是开物还是成务，都是创新。开物是创造新的模式，而成务则是为新的模式建立新的规则与方法。从“乾知大始，坤作成物”[①]一话可知，开物就是乾道，成务就是坤道。

既然“仁”是“创造”、是“创新”，那么自郑玄以降，以至牟宗三，“仁”彰显出怎么样的创新微言大义呢？我们先从几个科学实验来看。大家也许听过麻省理工学院的 Media Lab。这个实验室的目的是结合科技、设计、多媒体，以开发创新产品或服务。其中一个为 Media Lab 孕育的科技是普拉纳夫·米斯特瑞（Pranav Mistry）的“第六感科技”（sixth sense technology）。米斯特瑞结合计算机科技以及人类生活周遭的物体，将计算机的智能从计算机的硬壳解放出来，成为人类智慧的延伸。以图 11－1 而言，米斯特瑞将一片玻璃转化为计算机的桌面。

图 11－1　米斯特瑞与他的第六感科技

① 《易经·系辞传（上）》。

以图 11—2 而言，手掌就成了计算器的屏幕。

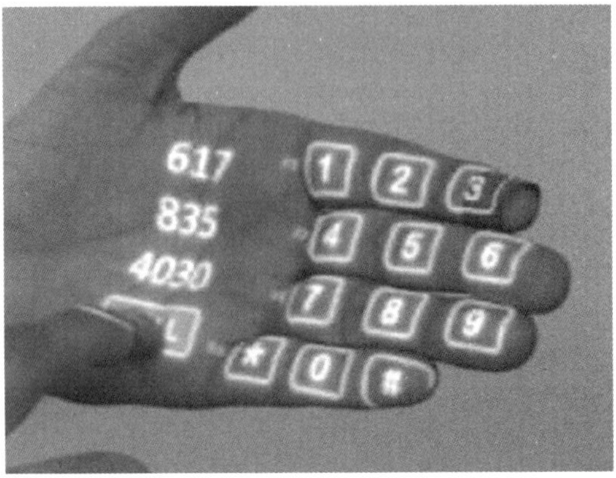

图 11—2 “掌上”计算器

Media Lab 有一个分支团队，叫作“人际动态研究群”(Human Dynamics Group)。这个研究团队发展了一套仪器——“社交表”(sociometric badge 或是 sociometer)。社交表可以测量人与人沟通时的非语言信号，例如手势、音调、情绪反应甚至交谈者之间的距离等。根据测量，社交表可以描绘出人际沟通的模式。团队负责人潘特兰(Alex Pentland)教授认为，总体而言，在所有可以想象的因素中，这些细微的模式与生产力的相关性是最高的。① 而这些“莫见乎隐、莫显乎微”②的模式几乎从来不在管理体系当中。

潘特兰曾经多次进行实地研究。在美国银行的一处客服中心，80 名员工佩戴社交表。经过仅仅 1 个月的时间，研究团队发现与同事会话比较多的员工可以比较迅速地解决客人的问题，压力也比较小。当然，他们的表现绝不比其他会话较少的同仁差。美国银行接着自行试验。他们增加休息时间，好让员工可以多聊天。几个月下来，结果发现生产

---

① http://www.freakonomics.com/2011/05/10/why—is—failure—a—sign—of—a—healthy—economy—a—guest—post—by—tim—harford/.

② 语出《中庸》。

力提升，提升的价值相当于1年1 500万美元①。

在另外一次是用MIT管理硕士（MBA）学生为受测者的实验中，潘特兰要求学生两两配对，分别扮演经理与副总裁的角色。测验的议题是谈判经理的薪资。谈判通常持续1个多小时。但研究团队发现，在社交表记录交谈模式5分钟之后，就可以85％的准确度，预测谁占谈判的上风。判断的标准并非他们的谈话内容，而是肢体动作、手势、音调等。一个会占上风的经理，通常会不自觉地模仿对方的肢体动作，表现出“感同身受”（empathy）的心态。而占上风的副总裁则说话较多，并且主导交谈速度，除了“感同身受”之外，也表现出“投入”。

潘特兰认为，创新组织通常具备两个特质。一是组织会向外发掘信息。但第二项特质比较为人忽略，就是他们会透过人际沟通整合知识。第二种特质是否成功地让组织成为创新组织，就表现在沟通之际的非意识举动了。潘特兰将非意识的举动称为“真实的信号”（real signal）。除了MIT管理硕士班的研究之外，横跨管理、心理、科技、社会学的作家马尔康·格莱德威尔（Malcolm Gladwell）就指出，透过了解夫妻之间沟通时的非意识举动，15分钟就可以判断夫妻关系是否可以持久，准确率90％。而在观察医师问诊45秒之后，就可以判断他是否会被控告医疗疏失②。

在另外一个实验里，非意识举动也显示其重要性。实验里，受测者每人分发一幅漫画。他们的任务是要透过集体讨论，将漫画按照顺序拼出。受测者只能沟通，不能给他人看图。潘特兰发现，受测者固然重视内容的关联性，但让任务成功的要素是信息的流通，而所有受测者都会不约而同地保障它。例如，受测者都会尽量保持彼此支配度的平衡：他

① http://www.forbes.com/forbes/2010/0830/e－gang－mit－sandy－pentland－darpa－sociometers－mining－reality_2.html.

② Mark Buchanan, “The Science of Subtle Signals,” *Strategy＋Business*, issue 48, autumn 2007.

们不让自己被其他人牵着鼻子走，也会设法让讨论不被单一个人支配。这样的平衡可以促进信息的流通，而使得参与者可以达成任务。这些都是“不学而成”的潜意识。是他们的潜意识导致较高的社群智能（social intelligence），让任务顺利完成。透过观察参与者保持支配度，也就是不希望被他人支配，也不自觉地避免被他人支配的潜意识，潘特兰可以90％的精确度预测任务的成功与否。

这个“漫画实验”对于管理的意义重大。除了预测成功概率以外，我们可以透过“社交表”的数据来分析每个人的“真实信号”、信息流通图、支配分布图等，判断在团体讨论时，哪些地方需要改进。如此一来，就可以大为提高成功率。

了解了这些实验之后，我们再来看“仁”，意义就更为广阔了。“仁”不仅是“亲亲而仁民，仁民而爱物”[①]的高尚情感，或是“志士仁人，有杀生以成仁，无求生以害人”[②]的道德情操，它更是“感同身受”的情怀，英文可以解释成“empathy”一字。梁启超说这是“同类意识”。当代创新理论，也包括潘特兰的研究，都指出创新已经不是个人的独角戏。组织学习、社群智能，才是创新的真谛。《乔布斯传》的作者瓦特·艾斯克森（Walter Isaacson）在一篇书评提到：“贝尔实验室给我们的启示是，创新并非像一般人津津乐道那般，来自传奇发明家的车库或是工作室，而是来自于一群不同背景的天才聚在一起，当他们可以不断交流、擦撞出灵光的时候。”[③]这就像是潘特兰所说的，透过人际沟通整合知识是创新的真谛。而潘特兰研究的价值不仅在于了解到这个创新的真谛，而且告诉我们如何测量它、甚至增进它。这与中国的“仁”异曲同工：梁启超运用“同类意识”来解释“仁”的时候说，人格必须要有二人以上相互间之“同

---

① 《孟子·尽心（上）》。

② 《论语·卫灵公》。

③ http://www.nytimes.com/2012/04/08/books/review/the－idea－factory－by－jon－gertner.html? pagewanted＝all&_r＝2&.

类意识”才可以开始表现。既然如此，也就必须二人以上交互依赖，然后人格才能完成。只有当人与人交流的时候，“仁”的意义才彰显。从道德的意义上来说，人与人交流导致了牟宗三所谓的“道德心灵”，也就是“觉”。从创新的角度来说，就是形成了“社群智慧”，而“社群智慧”形成的关键并不在于表象的理性，而是“仁”的重要特质：“感同身受”，也就是“empathy”。有人甚至认为，“感同身受”可以到了潜意识的地步。潘特兰的研究主体是人类的肢体语言，而肢体语言正是潜意识的母语。观察肢体语言可以预测团体互动的结果。他认为，这样的发现虽然让人惊讶，但并不是无迹可寻。在远古时代，语言尚未发明，人类靠的就是任何非语言的沟通媒介。当前许多创新或是设计往往过分重视理性的沟通方式，却忽略了这些“真实而自然的信号”。

第三节　看山不是山，看山又是山

《易经》有着“变易”的道理。《易经·系辞传(上)》就说：圣人设卦观象，系辞焉而明吉凶，刚柔相推而生变化。

（圣人设计 8 卦或是 64 卦借以观察万事万物，并且配合解释的文字以让人明白是吉还是凶。在卦象中代表刚与柔的阴阳二爻形成不同的排列组合，借此形成多种变化。）

又说：圣人有以见天下之赜[①]，而拟诸其形容，象其物宜，是故谓之象。圣人有以见天下之动，而观其会通，以行其典礼。系辞焉，以断其吉凶，是故谓之爻……拟之而后言，议之而后动，拟议以成其变化。

（圣人观察到天下万事万物的奥妙之处，便模拟它们的形态样貌，表达它们的本质。这仿真的记录就是“象”，也就是以 64 卦对万事万物的形容。圣人还观察到天下万事万物的变动，予以融会贯通，并进而订出

① 赜，音同“责”。

规范，以掌握这些变动。各个卦象的说明文字就是爻辞，它们是拿来评断吉凶的……根据模拟而订出解释的爻辞，根据爻辞而推理以有所动静。这个过程就可以创造出不同的变化。)

这段话不仅描述了《易经》关于“变”的方法论，也说出了“定型”与“变型”的辩证关系：《易经》一方面对于“变”，也就是“天下之赜”予以形象化以及解释，另外一方面这些形象化与解释又可以推演出不同的变化(以成其变化)。我们看现代的创新，其实也遵循这样的方法论：有些产品表面上属于一定的类别，但实际上却可以带给消费者不同的意义。

我们先来看最有名的 Wii。许多人以为 Wii 是电视游乐器，但如果我们只认为它是电视游乐器的话，它应该是一个失败的产品。它的接口过分简单，画质普通，音效单调，游戏也不够刺激。在任天堂开发 Wii 的同时，索尼以及微软正在加强 Playstation 3 以及 Xbox。索尼所做的，是不断地增进既有商品的功能，但是任天堂所做的完全不同。表面上它是开发新品种的电玩，但其实它是在转化只适合特定族群的电玩成为人人都可以乐在其中的家庭玩具。Wii 表面上看起来还是电玩，但是要求的顾客完全不同，游戏的内涵也不同于 Playstation 或是 Xbox 等主流电玩。PS3 或是 Xbox 是以更高的效能吸引已经在市场的玩家，但 Wii 却是针对非玩家。更重要的是，它的呈现给顾客的意义完全不同。相信在玩 PS3 或是 Xbox 的时候是和家人一起玩的并不多。但 Wii 却是一个让家庭凝聚的磁场。不会有人运用其他两种来健身，但许多人玩 Wii 的原因却是运动。Wii 赋予电玩不同的意义，结果创造成功，每卖出一个机盒就可以赚 50 美元。而 PS3 想要透过刮胡刀片与刀柄的模式[1]，拓展市场占有率，于是压低机盒售价，吸引买家，而在软件上赚钱，所以机盒是赔本卖出。两相比较，Wii 创造产品新的意义，在创新上更胜一筹，获利也胜一筹。

---

① 请参考“《易经》的不易与创新”一章。

另外，值得一提的产品是 Artemide 的 Metamorfosi 以及 In-Ei。Artemide 是意大利的灯具设计公司。虽然它们卖的是灯具，但其灯具超越了照明的意义。

Metamorfosi 这一系列产品（如图 11—3）就是让灯具突破了照明的功能。一般人想到灯具，除了照明之外应该是没有其他的想法。但是 Metamorfosi 却突破了传统给予灯具的功能定义，而让用户借由它改变“气氛”。使用者可以根据他的心情，调整光线所散发出的气氛。20 世纪 90 年代，Artemide 的主席发现意大利人开始关注健康并且重视心神安宁。于是他召集了一个研究小组，从生物、心理、文化的角度来重新诠释“光”。这个小组的领导者并不是设计师，而是个心理医生。Metamorfosi 便是在这个小组倡议下诞生的。从此灯具再也不是灯具，甚至

图 11—3　Metamorfosi 发散出来的气氛

光再也不是光。Metamorfosi 的意义或目的是透过一个可以散发光线的载体,带给人们不同的情境氛围。

Artemide 在 2012 年推出 In-En,由三宅一生设计,日文或中文名称是"阴翳"。这一系列产品也展现出别于照明的意义,如图 11－4 所示。

图 11－4 In-Ei(阴翳)

我们可以说这组产品是灯具,但更可以说它们是艺术品、是雕刻。但那不是木雕、不是石雕,而是光影的雕塑。而产品是纤维材质,因此可以伸缩。所以它们不仅是雕塑,也是活动的身段。

我们看到的这几个产品都有共同的特征,就是它们所展现的已经完全不是世俗认定的意义了。产品只是个载体,其真正的价值完全是背后不同凡响的意义。这就是《易经》所说的"拟之而后言,议之而后动,拟议以成其变化"——在充分了解产品特性之后,Nintendo 以及 Artimede 创造了新的产品,并且赋予与其他类似产品几乎完全不同的意义。

第四节　创新需要隐性知识

1991年《哈佛商业评论》(*Harvard Business Review*)发表了一篇几乎可说是知识管理的经典文章:Knowledge-Creating Company,作者是野中郁次郎(Ikujiro Nonaka)。在"《易经》交易中的变迁与创新"一章中,我们介绍了野中郁次郎的知识螺旋模型。透过社会化(socialization)、外化(externalization)、合并(combination)、内化(internalization)的循环,知识不断地淬炼、升华。每一次循环都将个人知识转化为组织知识或增进个人知识。而组织与个人知识的增进又带动了下一轮的循环。在这个循环向上的过程中,隐性知识(tacit knowledge)扮演了与外显知识至少相等重要的角色。但是隐性知识却往往被管理学忽略,而它却是创新的重要组成分子。

什么是隐性知识呢? 简单说,就是个人无法言传的知识。科学家同时也是哲学家的博兰尼(Michael Polanyi)认为:"余所知甚于可言。"(We know more than we can tell.)之后许多哲学家或是管理学者也对"隐性知识"下了不同的定义。罗森伯格(Nathan Rosenberg)认为,隐性知识是"关于技巧、方法、设计的知识。但是这些知识却遵循一些特殊的途径,也会产生特殊的结果。到底它们如何运作,拥有知识的人往往也无法解释。"[①]野中郁次郎也说:"隐性知识是非常个人的,很难加上一定的规则。因此也就难以沟通。"[②]他认为隐性知识包含两部分。其一是技术面,也就是知道一件事如何运作(know-how);其二是认知层面,包

---

① Rosenberg, N. (1982): *Inside the black box. Technology and Economics*, University Press, Cambridge, 143, "…the knowledge of techniques, methods and designs that work in certain ways and with certain consequences, even when one cannot explain exactly why."

② Nonaka, I. (1991): The knowledge-creating company, *Harvard Business Review*, November—December, 96—104, "tacit knowledge is highly personal and hard to formalize and , therefore, difficult to communicate to others."

含了我们的信念、构想、价值观等。[1] 豪威斯(J. Howells)将隐性知识做了比较明确的定义:"隐性知识是知道一件事如何运作。它无法定性(codified)也无法离开个人(disembodied)。它们通常是经由非正式的学习行为与过程累积而来。"[2]博兰尼有几个有趣的与隐性知识相关的观念。首先,他甚至认为所有知识都有属于个人的主观成分。其次,他认为创造的源泉是整合支持意识(subsidiary awareness)到集中意识(focal awareness)之中。林毓生先生对于两种意识有着非常生活化的对比:

> 真正创造的泉源是来自个人心中无法表面化的"支持意识"而不是表面上可以明说的"集中意识"。这种"支持意识"只能在接触或师侍丰富、具体而亲切的事例或师长的过程中得来。例如:一个想做音乐演奏家的人,在他的"集中意识"中,无论多么努力(学会了各种演奏技巧,研究了各个名家的传记,听了许多名家的演奏会和唱片,平日勤加练习等),他还是不能变成大家,但如果他好运,一朝被一位音乐大师收为门生,经常跟随他一起练琴,偶尔被这位大师相当武断地改正一下姿势或手法(艺术大师通常只知如何"做",但却说不出"道理"),日久天长,在潜移默化中,他渐渐形成了一种无法明说的"支持意识",心中产生了如何拉弹才对劲的感觉,最后甚至超越大师的作风,自成一家,青出于蓝。[3]

在这段朴实的叙述当中,我们其实看到了非常重要的知识管理原则,就是如何将隐性知识传递开来。对这个例子里的"艺术大师"而言,所有他的知识(如何弹奏出大师级的音乐)几乎都是个人的。就学生而

---

① Nonaka, I., Konno, N. (1998): The Concept of "Ba", *California Management Review*, 40(3), 40—54.

② Howells, J. (1996): Tacit Knowledge, Innovation and Technology Transfer, *Technology Analysis & Strategic Management*, 8(2), 91—106, "tacit knowledge is non-codified, disembodied know-how that is acquired via the informal take-up of learned behaviour and procedures".

③ 《思想与人物》。

言，他的工作是如何将大师的知识掏出来。而这种知识挖掘的过程，不是硬生生地学习、记录，而是生动活泼、亲切具体的贴近。用博兰尼的话来说，就是“信任”(trust)[①]。

更深入地说，博兰尼的知识创造流程是支持意识以及集中意识的互动。为说明这点，我们提出博兰尼的另外一个概念：“完型”(gestalt)。“完型”一词来自德文，意思就是“全体”(wholeness)。根据“完型”，所谓集中意识就是我们对于一件事物整体的认知。而所谓的支持意识，就是我们让一件事物以“完型”存在于我们心中，所必须累积的经验、知觉、记忆、判断、感觉、甚至潜意识等。虽然“完型”是集中意识作用的结果，但是如果我们只一味地、教条式地、“集中地”认识“完型”，而忽略了我们周边的“支持意识”，那就如同李叔同所言：“执象而求，咫尺千里”了。所以博兰尼认为，知识的创造靠的是我们所拥有的“解释架构能力”(interpretative framework)，对于支持性的组件(经验、知觉、记忆、判断、感觉、潜意识等等)进行选取。再以“整合能力”(integrative skills)将这些支持组件整合起来。结果就是我们所认识的“完型”。

博兰尼的学说之所以引人入胜，很重要的原因是它与中华文化非常贴近。他几乎等于运用分析性、逻辑性的西方语言来阐释中华文化的精髓。他所说的“隐性知识”或是“支持意识”，对于一个沉浸在中华文化的读书人而言，绝对一点也不陌生。《系辞传(上)》：

> 一阴一阳之谓道，继之者善也，成之者性也。仁者见之谓之仁，知者见之谓之知。百姓日用而不知，故君子之道鲜矣。

(“道”就是一阴一阳的交互作用。承继这样的作用，就是“善”，也就是“生”、是“天之大德”[②]；而表现这个作用的就是“性”，可以说是人性或是天性。这个“道”是个整体，但是很少人可以体会全貌。有仁爱的人就

---

① Gelwick, Richard, 1987. *The Way of Discovery: An Introduction to the Thought of Michael Polanyi*. Oxford University Press.

② 这样的解释采取了《易经》的另外两句话：“天之大德曰生”“元者，善之长也”。

认为“道”是“仁”；有智慧的人就认为“道”是“智”。而普通百姓也是每天都在运用这个天道，但却不自知。所以说，君子走的这个“天道”，其实很少有人可以窥探全貌。）

我们之前谈到隐性知识与外显知识的转换，在这里则论及支持意识与集中意识的互动。而《易经》则说“一阴一阳之谓道”。这个“阴”可以说成是“隐性知识”，这可以从“百姓日用而不知”推论。我们说“隐性知识”是一种只可意会、不可言传的对事物作用的了解，这个作用就是“一阴一阳”的互动。而这又与“支援意识”相得益彰。我们来看朱熹的话就更清楚了：

> 理则一而已，其形者，谓之器。其不形者，则谓之道。然而道非器不形，器非道不立。盖阴阳亦器也，而所以阴阳者，道也。是以一阴一阳，往来不息，而圣人指是以明道之全体也[①]。

（理就是“一”而已，是一切事物的根本、原始、整体。我们称它可以抚触感觉的部分为“器”，而不可感觉的部分为“道”。不过“道”如果没有了“器”，就无法存在；而“器”没有了“道”，就无法立足。阴阳本来也就是“器”，但它们有着阴阳的本质，也是因为“道”。所以一阴一阳不停地互动，就是圣人所说用以明白“道”的全体之方法。）

宋代学者讲的是“理学”。这个“理”可以说是终极至理，所以说“理则一而已”。这就可以模拟为“完型”。当代哲学家称为“完型”的，宋代理学家就称为“理”。博兰尼认为“完型”的认知是“集中意识”与“支持意识”交互作用的结果。而朱熹则认为“理”有着“形而下者谓之器”以及“形而上者谓之道”两面。两者必须相辅相成，正如阴阳调和、往来不息，如此才可以成就全体而不偏的“理”。“器”可以说是“集中意识”的产物，是对于事物形象的一个完整的认知。而“道”则可以说是“支持意识”，是“百姓日用而不知”的经验、知觉、记忆、判断、感觉、潜意识。

---

① 《朱子语类》。

博兰尼认为“知识”(knowing)永远离不开个人成分。这样的概念在中国哲学更为深刻:“天命之谓性,率性之谓道”“道也者,不可须臾离也。可离,非道也。”[①]《易经·说卦》也说“穷理尽性以至于命”。中国古代的圣哲认为,天道不假他求,就在“人性”之中。彰显人性的光辉,就是行天道。而将我们“日用而不知”的经验、知觉、记忆、判断、感觉、潜意识发挥出来,就是“追寻创新之道”。

① 两句皆出于《中庸》。

第十二章

从《易经》看创新特质(二)

我们在这一章接着从《易经》了解创新的特质。

第一节　差异化

差异化(diversification)是创新的根本大法。我们来看《易经·系辞传(下)·第五章》:

天地絪縕,万物化醇,男女构精,万物化生。

(天地阴阳之气,相交相和,使万物感应,滋长成熟;男女雌雄之性,相交相合,[①]使万物变化无穷、生生不息。)

我们在这儿又看到了2 000多年前古人的智慧。古人了解到,"男女构精"的结果不仅是量的增加,而且是质的变化。所以说不仅是"生",而且是"化"。在《易经·睽卦》又说:

天地睽,而其事同也;男女睽,而其志通也;万物睽,而其事类也;睽之时用大矣哉!

---

① 这句话到此的翻译采取吴怡的《易经系辞传解义》。

（天地的本质相反，但合在一起却可以成就万物。男女的体质不同，但交感求合的愿望是一致的。万物的形体不同，但生长繁衍的事理相似。“睽”卦与时俱进的作用伟大啊！）

“睽”卦的卦象是䷥，“兑”下“离”上，象征着“违背”“矛盾”。但用马克思的话，表面上是矛盾的“睽”，深刻的实质内涵则是“矛盾统一”。不仅是统一而已，更重要的是统一创造了新的事物，所以是生生不息、变化无穷。这样，“睽”卦也就是个创新之卦。我们再细看，“睽”卦表现出来的创新，指的是不同个体交互作用之后，形成琳琅满目、日日更新的结果，所以《易经》才说“睽之时用大矣哉”。

我们举的《易经》的这些话，反映了一个事实：创新的本质就是差异化。而最原始、也最有效的差异化，就是《易经》所说的“男女构精，万物化生”。1859 年，达尔文出版《物种起源》（*On the Origin of Species*），除了提出“物竞天择，适者生存”之外，也提出了“男女构精，万物化生”的道理。他把它称为“性择”（sexual selection）。达尔文说：“所有动物有雌有雄，它们有着相同的习性，但却在身体构造上、色泽上、花样上有所不同。这些不同是导因于‘性择’。”①

我们知道，变形虫是无性的，蒲公英、细菌也都是无性的，蜥蜴却是阴性的。有些生物是雌雄同体，有些生物甚至有 3 种不同的性别，有些生物甚至会变性。但人是两性。到底什么决定两性、单性、无性、多性、变性？无性生殖远比两性生殖速度快；如果“适者生存”的道理正确，那么世界应该是无性生物的天下。但事实相反，行“一阴一阳之谓道”的人类才是万物之首。为什么？答案就在达尔文的“性择说”。

正如企业间有着你死我活的竞争，生物为了繁衍子孙也是。“竞争”才是有性无性的决定因素。20 世纪 70 年代芝加哥大学的瓦伦（Leigh

① ... when the males and females of any animal have the same general habits ... but differ in structure, colour, or ornament, such differences have been mainly caused by sexual selection.

Van Valen)提出这样的理论，并且将它命名为“红后原则”。瓦伦认为，生物最大的敌人是寄生物。寄生物的目标是侵入细胞。细胞具有某种基因抗拒寄生物的入侵，但寄生物透过演化可以破解基因的抗拒，其后代就可以顺利进入细胞体。另一方面，宿主也在演化，合成新的基因，抗拒演化后的寄生物。如此竞争循环不已。

性的奥妙就在这儿了。如果是无性生殖或是近亲交配，基因就无法多样化。一旦基因被寄生物破解，宿主就只有向它们俯首称臣。因此，为了抵抗寄生物的入侵，生物体不仅要保持多样的基因组合，以备不时之需，更要进行两性（甚至远亲）生殖，使得下一代的基因更为复杂。

宿主透过远交储存多样的军备，以随时攻击入侵的寄生物。但自身细胞如何得到识别，不致被自家武器攻击呢？用军事术语来说，就是如何避免“友火”(friendly fire)。军队用的是制服，而生物用的是识别基因——告诉免疫系统不要误伤自家兄弟。对于这种识别系统，寄生物和宿主一样进入如上述的竞争循环，只是这回的战争性质是仿制与反仿制。而根本武器也是两性生殖，以复杂基因为基础，不断更换新的识别系统，让寄生物应接不暇。再以军事作为例子，就是敌人换上我军的服装，潜伏到我军的阵营中，让我军无法发觉，以伺机而动。军队面对这样的挑战，就运用口令、编码、译码等战术。

反观没有差异化，只有坐以待毙。香蕉就是最好的例子。我们今天食用的香蕉全都是人工无性繁殖的结果。好处是可以控制质量、大量生产。野生香蕉个小、子大、肉少，几乎没有经济价值（见图12－1）。

然而，“人工”香蕉虽然美味，但却有个致命缺点，就是躲不过病虫害。我们今天食用的人工香蕉叫作“卡芬迪”(Cavendish banana)。因为完全没有经过两性交配，所以也就没有差异化。它一直受到“巴拿马病”(panama disease)、黑斑症(black sigatoka)以及各种虫害的威胁。虽然经过植物学家不断地研究，“卡芬迪”抵御了种种生命威胁，但专家

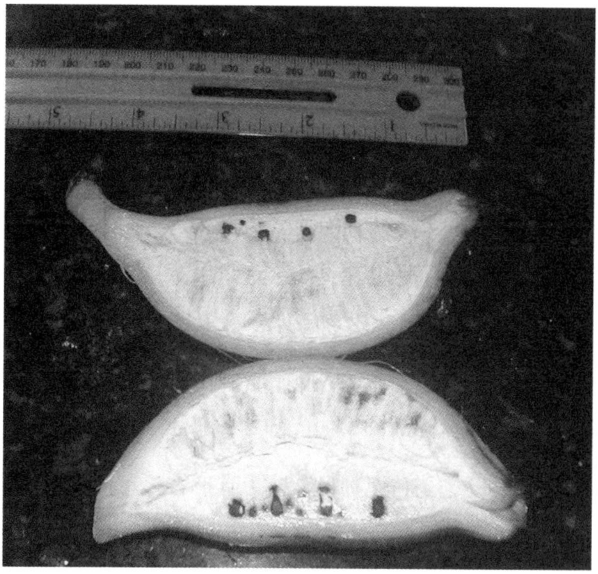

图 12—1 野生香蕉

估计，缺乏自身差异化的能力，“卡芬迪”还是很有可能在 20 年之内绝种。事实上，“卡芬迪”的前身“大麦克”(Gros Michel)曾经一度是独霸全球，但在 20 世纪 60 年代，几乎被巴拿马症赶尽杀绝。殷鉴不远，“卡芬迪”将有灭顶之灾是必然的，只是时间早晚。

《易经》与达尔文启发了我们对于“差异化”的认识：为了生存，我们必须差异化。而“差异化”在今天的商业环境里，有着更为重大的意义，就是不仅为了生存而已，“竞争”让企业非差异化不可。我们称缺乏差异化的产品或服务为“商品”(commodity)，而产品从与众不同、具有竞争优势，退化为没有竞争优势的商品，其过程称为“商品化”(commoditization)。商品化的一个好例子就是信息产品。许多人认为信息产品带给企业竞争优势。但是卡尔(Nicholas Carr)在 2003 年就提出，信息产品已经成为无可轩轾的商品了。[1] 卡尔认为，如同其他类似基础设备的产

① Nicholas Carr, IT Doesn't Matter, *Harvard Business Review*, May 2003.

品，信息产品非常容易堕化为商品。基础设备有个特征，就是越能够没有差异性，越能够推广，而大范围地推广是让基础设备效用提升的不二法门。例如火车，试想，如果各省的火车或是铁轨规格不一，那火车将如何在全国运行？信息科技也有类似的特征：如果操作系统除了微软窗口之外还有许多其他产品、如果 WiFi 的规格无法统一、如果字处理软件除了 MS Word 还有许多别的种类、甚至如果大家使用的社交网站都不一样，那么这些科技的价值就大打折扣。因为这样“非差异化反而增加效用”的特性，促使基础设备如信息科技无法成为创新的利器。因为创新就是要差异化。拥有这些科技，与创新差之千里。

有些科技在发明之初确实引发创新或产品本身的创新导致商业利润。但随着时间，这些发明也就成为商品，“食之无味，弃之可惜”了。烤面包机就是一例。1909 年，通用电气(General Electricity)推出烤面包机，当时运用了最先进的镍铬合金和红外线技术，之后也经过无数改良。时至今日，烤面包机绝对称不上高科技，许多公司有能力生产，不需要高科技公司。所以哥伦比亚商学院的葛伦沃德(Bruce Greenwald)教授有句名言：“在长期，所有东西都变成烤面包机。”[①]也就是说，在长期里，任何创新都成为无所差异的商品，产品的存续只有靠价格取胜。即使烤面包机在之后还是有些创新，但那些产品功能上或是外观上的创新都不是“改变游戏”(game changing)的创新。如果新产品或新服务只是与旧有的在功能上、外观上、使用方式上等形成些许差异，都不能算是创新，最多只能说是累加。真正的创新必须“改变游戏”。例如，创新改变了用户对于产品本质的认知、创新让该产品或是服务形成新的产业或至少跳脱出原有的产业、创新让原来的非使用者成为使用者、创新让该产业改头换面。这些才能说是严格意义的创新。

如果卡尔与葛伦沃德是对的，那么导致所有创新都步入商品化这条

---

① “In the long run, everything is a toaster.”

不归路的原因，一是产品本身不适合差异化，或是差异化无法“改变游戏”；二是竞争对手的加入，让一次性的创新很快就失去竞争优势。想要持续保持优势，就必须不断创新。这有点像一句话老话：“学如逆水行舟，不进则退。”只是把“学”改成“创新”就行了：“创新如逆水行舟，不进则退。”而谈到这点，就可以提出创新的下一个特质。

第二节　必须不断创新

许多人把中国文化当成“故旧”。无论是“整理国故”还是“破四旧”，都有把中国文化当成是陈旧、老旧的遗物看待。但是我们越读中国古书，越可以发现古人的先进思想。就拿创新而言，《易经》其实就已经有了“不断创新”（不只是创新而已）的看法：富有之谓大业，日新之谓盛德。《系辞传（上）·第五章》

（“道”给予万物丰富的资源，是伟大的事业。它让万物时时刻刻都有新的发展，是伟大的德行。）

“革”，去故也；“鼎”，取新也。《杂卦传》

（“革”卦的意义是除旧，“鼎”卦的意义是更新。）

此外《礼记·大学》也有：汤之《盘铭》曰：“苟日新，日日新，又日新。”《康诰》曰：“作新民。”《诗》曰：“周虽旧邦，其命维新。”是故君子无所不用其极。

（商朝的开国君主汤有个座右铭，叫作《盘铭》。《盘铭》写道：“若此日去旧布新，则日日为之，明日更为之。”《尚书·康诰》也提醒我们：“成为布新之民”。《诗经》也说：“周朝虽过百年，然所受之天命即为变法创新。”所以，君子竭力创新。）

这些文句都表示了古代圣哲对于创新的积极态度。所谓“富有之谓大业，日新之谓盛德”，古人通常是从道德哲学的角度来解释，认为“道”是盛德大业，无所不包、生机盎然。这样的说法固然有它在传统国学研究上的逻辑性，但却有点以管窥天。我们看待古书，实在没有必要非将它们抽离经济现实、而冠上道德紧箍咒不可。“富有”就是资源丰富，“日新”就是不断创新。上述的“革”“鼎”二卦，也可以解释成“创造性破坏”“不断创新”的意思。甚至“不断创新”还不够，要能够“out-innovate”。这个新创的英文字，意思就是“苟日新，日日新，又日新”，而且还要比别人更为创新。美国总统奥巴马在2001年1月的国情咨文(State of Union Address)就使用了这个字。他说：“我们要比其他国家更为创新、更加教育子民、进行更多的建设。”[①]我们提到孔子的话：“作《易》者，其有忧患乎?”传统的解释是说君子深怕自己德之不修、学之不讲。但在今天的经济环境里，这句话也给了我们很大的启示。就是“创新如逆水行舟，不进则退”。生存之道，只有比竞争对手更为创新。

科普作家迈特·瑞德里(Matt Ridley)写了一本书：《红色皇后》，就是从生物学的角度来说明竞争的“忧患”。在《爱丽斯镜中奇遇》[②]里，爱丽斯对正在跑步的红色皇后说，“在我们的国家，只要你跑得够久、够快，你就一定会到达一个不一样的地方。”

红色皇后回答：“这是什么慢调子的国家。你瞧，在这儿，我们必须拼命向前跑，才可以勉强维持在原地。你若想要跑到别处，就必须加倍速度。”

红色皇后所处的世界是个动态的世界。所有的事物都往前奔驰。虽贵为国母，但终生劳碌。希腊神话有个西西弗斯(Sisyphus)，他是科林斯(Corinth)的国王，因为触怒天庭，被罚将石头往山顶推。到了山顶，石头被重力拖下山，他又必须从头再来。红色皇后比西西弗斯还惨。西西弗斯的诅咒永无止境，但红色皇后除了永无止境之外，更是一刻不得停歇，像极了今日的竞争势态。

---

① http://www.whitehouse.gov/the－press－office/2011/01/25/remarks－president－state－union－address.“We need to out－innovate，out－educate，and out－build the rest of the world.”

② *Through the Looking-Glass，and What Alice Found There.*

日本与韩国的科技竞争就是鲜明的例子。在过去10年来,难道索尼(Sony)就无意创新吗?当然不是。如果我们调查全世界所有的公司,问它们是否创新,相信九成以上都说它们正在创新或至少有创新的意愿。但索尼这10年来的创新都是停留在“将东西做得更好”这个层次。而三星(Samsung)就不一样。他们的创新未必石破天惊,毕竟几乎也没有什么产品是三星原创的。但三星至少做到一点:与时俱进。所以说,当索尼还是看得目瞪口呆的爱丽斯,三星已经是“其有忧患”的红色皇后了。

要能够做到“与时俱进”未必容易。德国的管理学家伏波(Sven Voelpel)等人提出了一个“感知测定模型”(Sense-Testing Business Models),帮助公司与时俱进。他们大体把环境变量分为4类:顾客、科技、商业基础、利润。根据这4点,企业要问的是,顾客的偏好是否改变?顾客对产品价值的看法是否改变?科技的影响是否够大?科技的进步是否会改变形成产品价值的网络?公司组织是否可以应付环境的改变?又是否可以提供新的价值?厂商、顾客、员工关系是否会导致改变的必要?新的策略是否会改变既存的上下游关系?经过这些考虑之后,厂商再拟定策略方针、规划,决定创新的方向①。

彼得·德鲁克也提出可以窥见创新机会的端倪。(1)突如其来的成功,而且无法解释其来龙去脉。(2)实际状况与假设有所落差。所有的人看好的事,实际上却无疾而终;所有的人不看好的事,却悄然降临。(3)商业运行当中,总有些不尽如人意。此时创新可以为更有效率的运作方法起到画龙点睛的作用。(4)市场结构迅速转型,而且始料未及。(5)人口结构的改变。(6)大众的认知发生变化,例如口味改变,又如人们的金钱价值观念改变。(7)新知识的产生。② 这7点都表示市场可能有着一大片未开发的处女地,创新者应该抢占先机。

① Sven Voelpel, Escaping the Red Queen Effect in Competitive Strategy: Sense-testing Business Models, *European Management Journal*, Vol. 23, No. 1, pp. 37—49, February 2005.

② Peter Drucker, *Innovation and Entrepreneurship*.

但是“与时俱进”还不够。要在现代竞争环境中脱颖而出，还必须out-innovate、更要能够out-smart——比对手更精明。瑞德里拿猩猩的生殖竞争来做说明。生殖竞争就是“性”，它塑造了动物行为。例如母猩猩为了保证胎儿不被父亲以外的公猩猩攻击，就采取乱交策略，如此错乱公猩猩的认知，让公猩猩不敢对胎儿轻举妄动，因为任何伤害都有可能是伤害自己的子嗣。基于客观条件的限制，公猩猩虽然没有办法调整行为，但却在演化的过程当中改变物种——增大睾丸，在精子的数量上与同类对手争雄。

从这个故事看出，光说“创新如逆水行舟，不进则退”显然不够。“勤能补拙”“勤有功，戏无益”“学海无涯，唯勤是岸”等话，固然可以鞭策人心，但如果对手也懂得这些道理，而我们所能做的只有像红色皇后一样，不停地跑，那就“以有涯逐无涯，殆矣”。

从这个道理来看，三星的创新还没有得到个中滋味。即使伏波自己也非常明白，想办法“与时俱进”的创新思维，其实是仅得乎中，未得乎上。真正根本的创新是革命式的、是“语不惊人死不休”的。他认为，公司总是觉得要更努力，但其实他们所需要做的是洗心革面、事人之所未事[①]。而此处正好可以谈论《易经》所说的另外一个创新特质。

第三节　创新要能天翻地覆

我们在前面提到，中国文化绝非故旧。中国文化也绝非保守，甚至可以说时而激进。激进的创新思想在《易经·革卦》中委婉地表现了出来：

---

① “their first reaction to discontinuous (fast-changing, disruptive) competition. is to ‘work harder’, when what they need to do is to ‘unlearn’ what they know and ‘work differently’”.

象曰:革,水火相息,二女同居,其志不相得,曰革。……天地革而四时成,汤武革命,顺乎天而应乎人,革之时义大矣哉!

象曰:泽中有火,革;君子以治历明时。

第一段是象辞。它说,“革”卦的卦象是䷰,象征“泽”的“兑”在上,而象征“火”的“离”在下。“兑”又象征少女,而“离”又象征中年女子。所以是水上火下,不断斗争:火熄了又升、升了又熄。又表示两个女人互相冲突,终究会发生家庭革命。有人看到这样代表两个女人吵架的卦,不免会数落中华文化对女性的轻蔑。不过仔细想想,这不仅表示《易经》的诙谐,而且也提供了一个历史证据,就是上古时代中国女性的刚毅。这不是穿凿附会。历史考古几乎已经证实,在公元前1200多年前,中国商朝就产生了一位伟大的女性军事家:妇好,为武丁之妻。她带领过13 000人的大军,并且执行了中国历史上第一个伏击战。[①]

象辞接着说,天地经过革命,才产生了四季的变化。就像商汤、周武革命,是依顺天时、因应民心,“革”的时代意义太伟大了!

第二段是象辞。它说,水中有火,就是“革”。表示君子应该改元正朔、开创新时。这句话表面委婉,但实际蕴藏了激进的种子。“治历”就是修改历法。在中国,什么时候才会修改历法呢?就是该改朝换代的时候。所以说“革”卦是一个激励革命的卦。

“革”到了最高阶段,也就是“九五”“上六”,是《易经》的革命分类法、阶段说:

九五:大人虎变,未占有孚。

象曰:大人虎变,其文炳也。

上六:君子豹变,小人革面,征凶,居贞吉。

象传:君子豹变,其文蔚也。小人革面,顺以从君也。

“革”到了“九五”,就占了主体的位置,相当于“大人”,也就是伟大的

① http://baike.baidu.com/view/29998.htm.

人物。“大人”从事的革命，是严肃的主题，是如同老虎更换新毛，势必耳目一新、光彩夺目，不是修补装饰而已。

而到了“上六”阶段，革命已接近完成，就是“君子”革命擅场的时候了。君子的革命如同花豹换毛，一样绚烂耀眼。不过因为已经接近完成，所以革命不可躁进，必须按部就班。一般的百姓在这个阶段也进行革命。他们的革命固然不能影响天下，但顺着君子的革命，也可以在自身的范围内焕然一新。

我们顺着上节所说的“红后效应”来看“革”卦，可以做个有趣的联系：今日竞争环境如同红色皇后不停地跑步，想要在如此环境脱颖而出，只有效法“革卦”的精神。也就是说，不能像红色皇后一样傻乎乎地瞎跑，而是要能够改变游戏、另创新局。

我们来看一个大家都耳熟能详的例子：台式计算机、笔记本电脑、平板计算机的演变。这一系列演变只是计算机越做越轻巧而已吗？还是说这演变代表了革命性的进展？我们提过，真正的创新多少具备以下特点：(1)改变了用户对于产品本质的认知；(2)让该产品或是服务形成新的产业或至少跳脱出原有的产业；(3)让原来的非使用者成为使用者；(4)让该产业改头换面。

就如同“革”卦，不仔细看，还以为只是教人修修历法而已，但实际上藏着革命的种子。计算机的演变也是如此。不注意，还以为只是越来越精巧而已。其实，从桌上型到笔记本电脑，是将办公一事从办公室解放出来，使得人们可以随时照顾自己的事业。甚至将计算机成为生活的一部分，不再是硬生生的办公室自动化工具。

从笔记本电脑到平板计算机，又是另一次的飞跃。它让计算机不再只是人们所使用的工具，而且是人与这个世界沟通的中介。透过它，人们连接到了云端、到了世界有形无形的各个角落，做到了名副其实的“弹指乾坤”。计算机再也不只是生活的一部分，而是生活的延伸。

我们来看，计算机的演变的确都达到了我们对于创新的要求。它改变了用户对于产品本质的认知，因为原本只是办公室的工具成了生活的延伸。它改变了计算机产业、让该产业必须与通信产业结合。甚至这个产业再也不能只是“硬”的产业，而且必须是软硬兼备、“刚柔相推而生变化”[①]。我们已经看到，透过平板计算机作为媒介，整个 APP 产业提供了无数“软”的内容。只要透过“刚柔相摩”[②]的原理，计算机产业势必还可以进行更多的“万物化生”。所以计算机产业的演化，真的是“革之时义大矣哉”。诚如弗朗西斯·培根（Francis Bacon）所言：“不创新就毁灭，时间会无情地淘汰一切不与时俱进的企业。”[③]

第四节　创新往往来自失败与错误

我们常常说“失败为成功之母”。但我们所要阐述的不是这个童孺尽知的常识。如果管理的原则只是这些挖不出深刻内涵的常识，那就矮化了古人的智慧。“失败为成功之母”如果摆在中国文化例如《易经》的框架看，是一套深刻的管理思想[④]。它是“吉凶悔吝”的辩证关系。我们且看《易经·系辞传（上）·第二章》：

> 圣人设卦观象，系辞焉而明吉凶，刚柔相推而生变化。是故，吉凶者，失得之象也。悔吝者，忧虞之象也。变化者，进退之象也。刚柔者，昼夜之象也。六爻之动，三极之道也。是故，君子所居而安者，易之序也。所乐而玩者，爻之辞也。是故，君子居则观其象，而玩其辞；动则观其变，而玩其占。是以自天佑之，吉无不利。

《易经·系辞传（下）·第一章》：

① 《易经·系辞传（上）》。

② 亦出于《易经·系辞传（上）》。

③ “He that will not apply new remedies must expect new evils: for time is the greatest innovator”.

④ 我们会再论述，从创新的角度来看，往往是“成功为失败之母”。

八卦成列，象在其中矣。因而重之，爻在其中矣。刚柔相推，变在其中矣。系辞焉而命之，动在其中矣。吉凶悔吝者，生乎动者也。刚柔者，立本者也。变通者，趣时者也。吉凶者，贞胜者也。天地之道，贞观者也。日月之道，贞明者也，天下之动，贞夫一者也。

《易经·系辞传(下)·第十二章》：

八卦以象告，爻彖以情言，刚柔杂居，而吉凶可见矣。变动以利言，吉凶以情迁。是故爱恶相攻而吉凶生，远近相取而悔吝生，情伪相感而利害生。凡易之情，近而不相得则凶，或害之，悔且吝。

这几段包含了《易经》里面非常重要的几个观念。我们谈到《易经·系辞传》与创新、管理的时候会再白话翻译并且予以阐述。这里我们先看其中关于“成功”与“失败”的辩证关系，以及在管理上的应用。这三段话都提到“吉凶悔吝”。“吉凶”比较容易理解，而“悔吝”根据朱熹的解释，是由吉转凶(悔)或是由凶转吉(吝)的过程。[1] 简单说，这类似《道德经》所说的“祸兮福之所倚，福兮祸之所伏”，但更加强调了吉凶、祸福之间动态的转折。所以“吉凶悔吝”包含了几层道理。最简单的自然是“失败为成功之母”。这层道理用以励志可以，但没有太多管理的意涵。其次是曾子说的：“如得其情，则哀矜而勿喜。[2]”遇到好事，别太高兴，因为吉可以转为凶，而凶也可以转为吉。这也是做人的原则、甚至是基本原则，也欠缺管理意义。而我们想要强调的是如何运用失败，又如何“犯错”导致成功。

刘向的《新序》有个故事。燕易王在位的时候，国家大乱。齐闵王出兵伐燕，赶尽杀绝，将燕国的宝物悉数运回齐国。易王去世，燕国复兴，太子即位为燕昭王。昭王贤能，即位之后礼贤下士，并且用丰厚的报酬

① 朱熹《周易本义》：“盖吉凶相对，而悔吝居其中间。悔自凶而趋吉，吝自吉而向凶也。”

② 《论语·子张》。

招纳贤士。他向郭隗说："齐国因为我国动乱，而乘机攻破我国。朕知道我国势单力薄，没什么可以报酬先生的。但能够得到像先生这样的贤士，雪先王之耻，实在是我的愿望。如果先生觉得可行，还希望先生帮助。"郭隗就说："臣听说过去有君王以千金求千里马。过了 3 年还找不到。之后找到了一匹死马，就花了 500 两黄金买了它的骨头，向君王交差。君王大怒说："我是要你买活马，结果你拿死马交差了事！"那人回答："即使死马您也愿意拿五百两黄金求取，何况是活马？天下知道您这样的诚意与眼光，必然会为您找到活马。"果然不出 1 年，就得到了两匹千里马。如今陛下您希望得到贤才，就从我郭隗开始。像我这样的庸才都可以得到您的赏识，何况是更为贤能的人才呢？您心中的千里马马上就可以得到了。于是昭王就为郭隗盖了公馆，奉为国师。之后，乐毅自魏国前来、邹衍自齐国前来、剧辛自赵国前来，天下贤士竞相往燕国奉献。①

其中乐毅就是后来率领燕兵，几乎将齐国灭掉、只剩下莒和即墨两城的将领。这个故事明显地超越了"失败为成功之母""胜不骄败不馁"等人生教条，而是将"失败""错误"提升成为竞争优势。这是一种策略上的创新。斯坦福大学的劳勃·苏腾（Robert Sutton）在 *Weird Ideas That Work* 一书中提到："创意在既奖励成功、也奖励失败的情况下，得以精益求精。"② 著名设计公司 IDEO 的创始人戴维·凯利（David

---

① 燕易王时，国大乱，齐闵王兴师伐燕，屠燕国，载其宝器而归。易王死，及燕国复，太子立为燕王，是为燕昭王。昭王贤，即位卑身厚币，以招贤者。谓郭隗曰："齐因孤国之乱，而袭破燕、孤极知燕小力少，不足以报，然得贤士与共国，以雪先王之丑，孤之愿也。先生视可者得身事之。"隗曰："臣闻古人之君，有以千金求千里马者，三年不能得，马已死，买其骨五百金，反以报君。君大怒曰："所求者生马，安用死马捐五百金。"涓人对曰："死马且市之五百金，况生马乎？天下必以王为能市马，马今至矣。"于是不期年，千里马至者二。今王诚欲必致士，请从隗始。隗且见事，况贤于隗者乎？岂远千里马哉？"于是昭王为隗筑宫而师之。乐毅自魏往，邹衍自齐往，剧辛自赵往，士争走燕。

② Creativity is enhanced when you reward both success and failure and punish inaction.

Kelley)也说:“失败是我们文化的一部分。我们把它称为启发式的试错。”[①]老罗斯福总统也有类似的说法:“任何决策,最好的结果是做对了。次佳的结果是做错了。最差的就是什么也没做。”[②]

在以下的故事中,我们可以了解到如何因为不理会错误而导致成功,以及如何因为在乎错误、不采取行动,而错失良机。这个故事就是哥伦布发现美洲新大陆。

1453 年,东罗马帝国的首都君士坦丁堡(Constantinople)陷落于奥斯曼土耳其人手中。在此之前,欧洲人享受着通往亚洲畅通的道路,运送无数欧洲人需要的香料与丝绸。但君士坦丁堡的陷落,让这条交通线变得险阻多难。因此,开发亚洲新航线成了欧洲人亟待的发现。

哥伦布出众之处在于愿意冒险尝试在当时已经被接受、但没有人证实的观念——地球是圆的。当时的航海已经开始根据“地圆说”进行星象导航,也就是靠着星星与太阳的位置来判断船只的位置。甚至在哥伦布之前1 700年的古希腊时代,埃拉托斯特尼(Eratosthenes)根据夏至中午太阳与地球的斜角,已经计算出地球的圆周。他所推算出的数字——39 690公里,与真实的数字40 075相差不到 2%。在哥伦布时代,这个计算也普遍为知识分子接受。而根据这样的数字,一般欧洲学者认为,跨海西行到亚洲不切实际。但哥伦布却坚信自己“错误的”计算。他低估了地球的大小、高估了欧亚大陆的大小、也高估了日本与中国之间的距离。因此他认为从当时欧洲人认为的最西边加那利群岛(Canary Islands)到日本只需要3 700公里。这样的距离对于当时的远洋航海技术而言,还是可行的。

哥伦布在 1485 年以及 1488 年两度将自己的构想与计算呈给葡萄

---

① Stefan H. Thomke, *Experimentation Matters: Unlocking the Potential of New Technologies for Innovation*, “Failure is part of the culture. We call it enlightened trial and error.”

② In any moment of decision, the best thing you can do is the right thing, the next best thing is the wrong thing, and the worst thing you can do is nothing.

牙国王约翰二世(João Ⅱ de Portugal),并请国王提供船只。国王将哥伦布的计划交付手下的科学家。那些科学家一致认为,哥伦布异想天开。之后他试图说服热那亚(Genoa)以及威尼斯,得到的也是拒绝。1486 年,他寻求西班牙国王费迪南多二世(Fernando Ⅱ de Aragón el Católico)以及皇后伊莎贝拉一世(Isabel Ⅰ la Católica)的支持。他们交由专家审议,专家的结论也是认为不切实际。但是,西班牙的统治者受到葡萄牙因为海权扩张而成为大国的激励,一方面希望寻求一个成为强国的机会,另一方面也不希望计划落入他国之手,终于决定赞助哥伦布。1492 年 8 月 3 日,哥伦布启航了。10 月 12 日凌晨 2 点,终于看到了陆地。而在 3 天前,水手们扬言叛变,哥伦布答应他们 3 天内看不到陆地就返航。1493 年 3 月 4 日,哥伦布返回欧洲。因为暴风雨的关系,他第一个返航点不是西班牙,而是葡萄牙的首都里斯本,那个当初拒绝他、但现在后悔万分的国家。

和许多创新的悲剧一样,葡萄牙痛失发现美洲的机会并不是因为他们落人于后。相反地,葡萄牙当时是欧洲第一个、也可以说是唯一一个海洋霸权国家。在 15 世纪中叶,葡萄牙恩理克王子(Infante D. Henrique)就开始一系列航海探险准备,包括改进指南针、改良帆船等。经过将近一个世纪的努力,终于促成了迪亚士(Bartolomeu Dias)绕过非洲南端的好望角、达·伽玛(Vasco da Gama)抵达印度。而在葡萄牙迈步海洋之际,西班牙却陷于和摩尔人(Moors)的战争当中。所以葡萄牙在海洋探险上是超越西班牙的。而他们会拱手让出探索新大陆的机会,正是因为他们的成功。他们的成功导致他们无法容忍错误、他们的成功导致他们不在乎其他机会。如同创新理论经常提到的一句话:“成功导致自满”(success breeds complacency),正陶醉在“地理大发现”,并将眼光放在东行绕过非洲、探索亚洲的葡萄牙,失去发现美洲的机会,是命中注定的悲剧。

第十三章
“乾”卦与创新

古人认为《易经》是群经之首，而“乾”卦是《易经》的第一卦，重要性自然不言而喻。我们先列出“乾”卦的经典原文，接着便以当代创新的学理重新诠释“乾”卦。

> 乾：元、亨、利、贞。
>
> 彖辞：大哉乾元，万物资始，乃统天。云行雨施，品物流形。大明始终，六位时成，时乘六龙以御天。乾道变化，各正性命，保合大和，乃利贞。首出庶物，万国咸宁。
>
> 象辞：天行健，君子以自强不息。

《易经》所有的卦都包含卦辞、彖辞、象辞三部分。“乾”卦的卦辞本身讲述了“乾”能够发挥的作用，也就是“元、亨、利、贞”四个字。《文言》[1]对这四个字的解释是：

> 《文言》曰：“元”者，善之长也；“亨”者，嘉之会也；“利”者，义之和也；“贞”者，事之干也。君子体仁足以长人，嘉会足以合礼，利物足以和义，贞固足以干事。君子行此四德者，故曰“乾：元、

---

① 《文言》是解说《易经》“乾”“坤”两卦的文字。相传为孔子所作。

亨、利、贞”。

“元”是善的根本，“亨”是美好事物的会合，“利”是事物各得其宜的结果，“贞”是一切事物的骨干。君子体恤仁德就可以成为人中的佼佼者，当美好的事物会合的时候，就可以开始循着自然的规律向前发展。事物各得其宜，就是要能够让万物都可以得到应得的利益，没有偏颇。能够执着地固守纯正，那就诸事完备。君子做到这四点，也就达到了“乾卦”所标榜的“元、亨、利、贞”。

接着，“乾”卦借由彖辞对于“乾”这个字做了进一步的阐发。它认为：

“乾”卦是一切事物的开始，我们称之为“元”。它是多么伟大。人类生存靠的是“气”与“水”，而“乾元”施与万物气与水的表现方式就是“云行雨施”。得到气与水之后，万物就可以滋生滋长，变换出不同的物种、配合环境，以不同的形式存在。“乾元”的道理是恒久不变、始终光明的。就像四季推移，每一季都彰显出事物不同的生长变化。从万物的一生或是宇宙的发展来看，可以分为 6 个阶段：沉潜、显现、成长、跃动、飞腾、圆满。就像是龙驾驭在天上一般展现 6 种不同的状态。“乾元”发挥出来的这 6 种不同的变化，是条理分明，合乎“天命”的。万物都有其特性，以适应环境，这就是“乾元”的一种冥冥的规律。顺着天命的规律，就可以维持大地的祥和。这就是所谓的“利”与“贞”。乾元之道就是万事万物从无到有，以致天下平顺安宁的道理。

这段彖辞其实也就是“元、亨、利、贞”四个字的另外一种解释。“大哉乾元，万物资始，乃统天”说的是“元”；“云行雨施，品物流形”说的是“亨”；“大明始终，六位时成，时乘六龙以御天。乾道变化，各正性命，保合大和，乃利贞”说的是“利”与“贞”。

象辞是根据卦象，也就是六爻排列的方式，形象地总结一个卦的道理。以“乾”卦来说，都是六个阳爻，再也没有比这个更为至高无上的了。于是象辞就形容它是“天”。而天的运行是不终止的，于是说“天行健，君子以自强不息”。

“乾”卦的这三个部分(卦辞、彖辞、象辞)蕴藏着极为丰富的创新道理。首先,它告诉我们创新是必须有生命的,也就是说创新的因子必须嵌入组织的 DNA 当中。就像是“乾元”一般:它是促成万物的开始,并且按照自然的规律前进。于是万物自然滋长。如果没有一个最初的自然力量,接下来也就没有发展了。我们在此可以用马云以及他的阿里巴巴作例子。我们讲了许多欧美的例子。欧美固然在创新上先中国一着,但是若要问创新作为公司的 DNA,阿里巴巴却可以成为典范。

阿里巴巴集团的网站包括阿里巴巴 B2B 平台、撮合一般买家与卖家的淘宝网、第三方认证付款的支付宝等。全世界大概没有哪个公司可以在一个国家独占这 3 种不同的电子商务产业。以美国而言,B2B 包括 Ariba.com,Chemdex,BizBuyer.com 等,但 B2B 网站反而在美国式微。类似淘宝网的则是 eBay,而类似支付宝的则是 PayPal。PayPal 虽然后来为 eBay 收购,但在创始的时候是另外一批创新者的努力成果。我们不禁想问:为什么阿里巴巴可以发展出那么多创新实业?从经济学的角度来看,我们可以说阿里巴巴具备了垄断的地位,所以很容易继续多元化经营。从商业模式的角度来看,我们可以说它模仿美国那一套。但这些答案并不让人满意。因为第一,为什么其他垄断公司,例如无数的国有企业,就没有发展那么多的创新?第二,为什么创新的始祖们——美国那些电子商务公司在中国却全都铩羽而归呢?这些疑问的答案还是必须从阿里巴巴的 DNA 当中去寻找。[①]

1995 年 4 月马云初访美国,他看到了计算机。在此之前,他完全没碰过它。不仅如此,他还上了网。一般人看到新奇的事物,最多是不明就里,但是马云马上看到的是机会。他回国之后立即着手他的创业计划——中国黄页。他召集了 24 个朋友。其中之一的宋立兴回忆:“听马

① 以下关于马云以及阿里巴巴的历史主要取材于《阿里巴巴神话——马云的美丽新世界》,作者孙燕君。

云说晚上要和我们商量事情，我们都想会是一件好事。”但是马云侃侃而谈了好一阵子，却没人听得懂。在这样一个混沌不清的时候，中国黄页成立了。黄页主要的功用就是一套中国各个商家的网站总入口，载体是当时在美国才刚刚开始的互联网，而对象则是可以上网的人士。可以想见，在当时没有网络线的中国，中国黄页几乎让人觉得是海市蜃楼。

至今在网络上还流传着一部叫《书生马云》的短片，叙述着他当时如何在官僚体系下周旋、推销他那根本没人知道是怎么回事的虚拟产品。他在北京的宣传无功而返；他曾经在杭州喝醉酒，向路人大力宣扬网络；他也曾经策划开记者会宣扬网络，但是在最后关头却被有关部门禁止。总之，他经历过许多创业者必须经历的痛苦历程。在北京的公交车上，他喃喃自语：“再过几年，北京就不会这么对我；再过几年，你们都得知道我是干什么的，我在北京也不会这么落魄！”但是对马云最致命的打击还没到来。那是要等到中国黄页退出西湖网联（隶属南方公司）之后。之前，为了获得资金，马云决定让中国黄页归并在南方公司之下。但是南方公司并不是真心诚意地要经营中国黄页，而是要收购之后消灭它，好让他们自己的网站入口少掉一个竞争对手。更恶劣的是，南方公司自己又注册了一家全资公司，名字就叫作中国黄页。

抛头颅、洒热血的马云，却在尔虞我诈的商业环境里面落得一无所获。然而他却不死心。他的团队依旧存在，许多人誓死跟着他。雅虎的杨致远邀请他担任雅虎中国区总经理，他拒绝了。新浪网请他加盟，他也拒绝了。他要开创事业，这事业要真正属于他以及这些年来共同奋斗的伙伴。

经过无数辛酸，马云找到了事业方向——也就是我们现在熟知的阿里巴巴。大家都说阿里巴巴是中国的B2B。但与其这么说，不如说马云找到的是一个中国模式的电子商务：阿里巴巴与欧美的B2B截然不同，欧美的B2B多是纵向的联合。例如Chemdex做的是化工产业上下游厂商之间的联系。Ariba只做采购流程。欧美的B2B真的是厂商对厂商(Business to Business),而且几乎都牵涉大厂商。这里包含非常重要的长期合同协议的制定。但是阿里巴巴却主要针对中小企业以及一般平民买家,而且多是当下的交易(Spot Market)。所以,阿里巴巴从商业模式的角度上来说,打破了一般研究电子商务对所谓B2B、B2C、C2B、C2C等分隔,而创造了一个超越这套四分法的创新模式。所以确实是不折不扣的创新。

马云的阿里巴巴创业没多久就吸引了国际投资者的注目。而其中最值得一提的就是日本孙正义的软银(Soft Bank)对他的投资。马云事后表述他与孙正义接触的经历:“在六分钟内我们都明白对方是什么样的人:(1)都是迅速决断的人。(2)都是想做大事的人。(3)都是能实现自己想法的人。”而马云的这种特质,加上他对工作伙伴的气度,也吸引着相同特质的人齐上梁山。除了初期共同打拼的伙伴之外,其中最重要、也最有趣的是蔡崇信与关明生。蔡是中国台湾人,拥有耶鲁大学经济学士与法学博士学位。在加入阿里巴巴之前,他是瑞典Investor AB公司的副总裁,负责亚洲地区投资。重点是,并不是马云高薪聘人,而是蔡毛遂自荐。蔡崇信初次造访阿里巴巴之后,觉得那一群人都是“疯子”,但是那一群疯子却有着崇高的理想与实践想法的行动。所以他放弃了当时70万~80万美元的年薪,屈就月薪500元人民币的工作。由于他在资本市场的知名度以及能力,不仅促成了高盛公司(Goldman Sachs)对阿里巴巴的投资,并且将阿里巴巴规范化、制度化,让它成为一个真正现代化的公司。

而关明生是中国香港人,加入阿里巴巴时具有16年GE高层主管的经验。2000年美国的网络泡沫化,这场海啸很快也席卷到了中国,阿里巴巴也经历了一场生死存亡之争。关明生的到来,为阿里巴巴进行了整枝齐叶的工作。要整顿公司,必然得进行裁员,关明生大刀阔斧,做了马云做不到的事。不仅如此,关与马两人还进一步扩大公司训练。用马云自己的话来说,就是进行阿里巴巴的“延安整风运动”“抗日军政大学”。“延安整风运动”就是统一价值观、统一思想。马云总结了九大价值观，他称为“独孤九剑”，分别是群策群力、教学相长、质量、简易、激情、开放、创新、专注、服务与尊重。有趣的是，这里面尤其是简易、开放、创新、专注等，与《易经》阐发的许多道理不谋而合。“抗日军政大学”就是将培训制度化，训练阿里巴巴所需要的人才。而培训的两大重点项目之一还是贯彻价值观。马云所提出的“整风运动”“军政大学”，其过程对本书的读者而言应该并不陌生，那就是将马云的“隐性知识”转化为“显性知识”的过程。而从“乾”卦的角度来说，就是将属于马云内心隐性知识的创新，贯彻成为公司的 DNA。

我们在此就回到对于“乾”卦的理解。“乾”卦六爻都是阳。这表示着至高的创造发展的生机。它说：“大哉乾元，万物资始，乃统天。”如果摆在组织层次，就是组织初始的精神如果具有大度的生机，未来才有可能发展。

我们谈过许多《易经》与创新模式的道理，例如《易经》与开放创新、与决裂创新。但创新者的人格特质却较少着墨。而“乾”卦借由阿里巴巴，展现的就是创新者人格特质的道理。我们可以简单地罗列几条：

第一，创新者必须大度。“大哉乾元，万物资始，乃统天。”的道理就在此。我们在描述阿里巴巴创业的时候，特别举了一段马云伙伴的回忆：“听马云说晚上要和我们商量事情，我们都想会是一件好事。”如果不是马云的大度，一般人会因为他要召集会议而高兴吗？企业主管一定都有类似的心理经验，就是一提到开会就无奈。拼命地不想开会，但是会议就是那么多。可是马云的会却让大家趋之若鹜。为什么？就是他的大气。1995 年 12 月，中国黄页的股东之一决定撤资。当时公司还没赚钱，可是马云还是给了那位股东 1.5 万元，而他当时的投资只有 1 万元。这也是马云显现他大气的例子。

第二，“云行雨施，品物流形”。这代表了创新者人格的感召。我们要知道，马云身边除了创业初期的死忠之外，另外最重要的两个人物都在海外有着极高的地位：蔡崇信与关明生。这两个人物不在外商中的地位崇高，他们加入阿里巴巴并不是在它蒸蒸日上的时候，而是生死存亡的关头。马云也从来没有应允任何高薪。是他们疯了吗？如果他们一无所有，就像英文的一句话："Nothing to lose."那么放手一搏也值得。但他们不是。是他们看准了阿里巴巴商业模式的成功概率吗？可能是，但是那为什么是马云？当时想要在网络刚刚起步的时候逐鹿中原的豪杰比比皆是。而且像蔡崇信是负责在亚洲区的创投，每天遇到的都是充满理想的创业之士。但马云不一样：他大气，对人慷慨。他有着执着不放的毅力，所以通宵达旦工作，并越挫越勇。他果断迅速、想做大事、又有智慧知道如何实践自己的想法。所以吸引孙正义亲自下令注资马云。在创投界，能够实践自己想法的并非少数，但真正有智慧实践想法的人却并不多。是这些人格特质、领导魅力、创业智慧，让许多人愿意"屈就"。与其说"马云的"阿里巴巴，不如说他建立了一个平台，以创业的价值观吸引天下英豪各显身手。在阿里巴巴创建之时，马云就决断地将股份均分给 18 个创业伙伴。而其中 4 个人还是马云的学生。即使如此，马云对他们还是"一个也不能少"。到今天，叱咤风云的马云在阿里巴巴的股份却是出奇的少：仅有不到 9%。

第三，"大明始终，六位时成""乾道变化，各正性命"。创新不是一次性的爆发，而是在组织的 DNA 中永恒地跃动。之前提到阿里巴巴的"整风运动"就是将创新的 DNA 贯串组织的做法。此外，马云的创新思维、创业宏图一直没有断过，即使在阿里巴巴取得成功之后。阿里巴巴之后又有淘宝、支付宝就是证明。网络发展几十年了，许多人知道这个产业里面大浪淘沙，今日雄踞一方可能就是明日黄花，所以许多企业家都是兢兢业业，如临深渊、如履薄冰，不敢松懈。但与这精神同等重要的是，阿里巴巴从一开始就具备了创新的基因（大明始终），并且不断地巩固它（六位时成）。《系辞传（上）》说："方以类聚，物以群分。"阿里巴巴从创业开始就是一群创新者的结合。除了刚开始的 18 个创业者之外，还有蔡崇信、关明生等人。再透过“整风”，统一了创新者的价值观，并且在统一的价值观之下，分工合作（乾道变化，各正性命）。

我们以上用“乾”卦的彖辞以及阿里巴巴的例子解释了创新的特质。“乾”卦的六个爻还有七段爻辞，[①]配合着七段爻辞的还有孔子所批注的《文言传》。这些也都是创新的法门。

我们先顺着马云的例子来说。我们知道，马云在阿里巴巴之前创办与经营中国黄页。但是中国黄页失败了。即使在经营阿里巴巴的时候，马云也不是一帆风顺。就在2000年网络泡沫化的时候，阿里巴巴也面临严峻的挑战。也就是在那个时候，阿里巴巴展开了马云版本的“延安整风运动”“抗日军政大学”“南泥湾开荒”。正是这些内部的创新与控管活动，使得阿里巴巴在网络泡沫化之后重新出发，成就今天的事业。这样的发展过程，与《文言传》对“乾”卦第四爻“九四”的不谋而合。《文言传》提到

> 九四曰：“或跃在渊，无咎。”何谓也？子曰：“上下无常，非为邪也。进退无恒，非离群也。君子进德修业，欲及时也，故无咎。”

《易经》“乾”卦“九四”的爻辞说：“如同在水池中跳跃，没有差错。”是什么意思？孔子说：“在上或者在下，是没有常态的。千万不要以为上下变化是不正常的。前进或后退也没有个恒常不变的道理，所以时进时退并非异数。君子所要做的，应该是及时进德修业，才能够没有差错。”这里，《易经》所说的“进德修业”，一方面从个人的角度来说，就是个人的品

① 除了对六个爻批注之外，“乾”卦与“坤”卦各”还多出了“用九”与“用六”两个爻辞。

德学识。但是就组织而言，组织的德业并不是书读得多少、个人的修养多高，而是其DNA是否蕴含了不断成长创新的因子、是否可以在进退之间进行组织学习、创造性转化、甚至改造。针对君子与小人之德，孔子有段名言："君子之德，风；小人之德，草。草上之风，必偃。"[①]君子的德行像是风一样，而小人的德行就像是草。风吹在草上，草必定往风的方向倾倒。意思是说，君子的德行昭然若揭，足堪一般人的表率，可以起到上行下效的作用。而相对于君子，组织之德也是如此。我们可以说："组织之德，风；君子之德，草。草上之风，必偃。"用白话来说，就是"组织文化如风；员工行为如草。草在风下，必受影响。"组织是创新型的组织，吸引的人才就是创新型的人才。而透过组织学习，组织里的人才就可以更精进其创新。将《文言传》的"九四"与"君子之德风"合起来摆在阿里巴巴身上来看，就是阿里巴巴体现了"上下无常，非为邪也。进退无恒，非离群也"的道理，不但没有在消沉的期间怀忧丧志，反而借由沉潜的机会，发挥《易经》"潜龙勿用"的道理，及时地进行组织的"进德修业"，从而使得阿里巴巴可以在下一阶段中蓬勃发展。

我们看到这儿，似乎看到了一家公司的阶段发展，也看到了"乾"卦的发展论。其实"乾"卦确实是一套饶有兴味的发展论。我们来看它的七段爻辞：

初九：潜龙勿用。

九二：见龙在田，利见大人。

九三：君子终日乾乾，夕惕若，厉，无咎。

九四：或跃在渊，无咎。

九五：飞龙在天，利见大人。

上九：亢龙有悔。

用九：见群龙无首，吉。

① 《论语·颜渊》。

我们拿“乾”卦的爻辞对照阿里巴巴（或说马云）的发展，会发现有着密切的契合。是否记得，1995年，马云初访美国，看到了互联网，回国之后立即着手进行中国黄页。当时马云的发展就是“初九”的阶段。按照《易经》的发展理论，“初九”应该是“潜龙勿用”，但马云却迫不及待地希望自己能够成为中国互联网的鼻祖。这其实违反了《易经》的道理。《文言传》对“初九”有这样的解释：

> 初九曰“潜龙勿用”何谓也？子曰：“龙德而隐者也。不易乎世，不成乎名，遁世无闷，不见是而无闷。乐则行之，忧则违之，确乎其不可拔，‘潜龙’也。”

（什么是“潜龙勿用”？它是说有龙之德而能隐于下的人，随世俗而变易，不会贪心想要成名；隐遁于世外而不会烦闷，不被别人肯定也不会烦恼；能给世人带来欢乐的事就去做，有害于世的事，则不敢违背良心去做。能坚持这原则绝不轻易改变，这就是潜龙的修养！）

孔子从修养的观点出发，对“潜龙勿用”做了解释。不过这4个字对于组织发展，也有着启示的作用。重点是“龙德而隐者也”，在初始的阶段，应该沉潜。我们常说，机会是给准备好的人的，就是这个意思。

当然，“发展”与“准备”本来就是辩证的关系。准备过多，瞻前顾后，往往错失良机。所以，“潜龙勿用”与其说是要人不要出头，不如说是一种心态上的调整以及缜密的规划：在沉潜的阶段并不是无所事事，而是要充分为下一阶段做准备。沉潜的时候也可以有所行动，但是在心态上不应该只想着必须成功。我们如果可以为全世界的企业家作个调查，问问看他们有多少人是第一次就成功的，结果将是十分明显，就是第一次成功者少之又少。所以，创业要趁早，要能够适应失败、熟悉失败、不怕失败。不仅是“失败为成功之母”，而且要让失败成为淬炼成功的炼金石。这样才是“潜龙勿用”的积极意义。而如此观之，马云进行中国黄页，又不能说是违反了《易经》的道理，而算是积极性的“潜龙勿用”。

“乾”卦再往上到了“九二”的阶段，此一阶段的爻辞是“见龙在田，利见大人”。以马云来说，这就是从“中国黄页”到“阿里巴巴”的过程。有过“中国黄页”的经验（潜龙勿用），才淬炼出马云对于中国网络发展的理解（见龙在田），一套在西方完全没有的商业模式就此产生（利见大人）。马云的故事也显示，从“潜龙勿用”到“见龙在田”，不是简单地从沉潜到出发，而是从量变到质变。“中国黄页”的阶段，让马云看出中国当时什么是有的，什么是没有的。这里的“有”跟“没有”又是学问。如果已经有人做了，这样的“有”表示市场存在着竞争；如果没有人做，这样的“没有”就表示市场是块处女地。此时，“没有”代表了创新的机会。如果支持性的产业存在，那么这样的“有”就表示机会就在眼前；如果支持性产业不存在，这样的“没有”就表示必须发展一套创新的商业模式。这层道理说来饶舌，但如果使用一个矩阵就一目了然了，如表 13—1 所示。

表 13—1　　“乾”卦发展论之应用

<table>
<tr><td colspan="2" rowspan="2"></td><td colspan="2">是否有既存者</td></tr>
<tr><td>是</td><td>否</td></tr>
<tr><td rowspan="2">支持性产业是否存在</td><td>是</td><td>成熟产业，蓝海竞争</td><td>天赐良机</td></tr>
<tr><td>否</td><td>泡沫产业</td><td>完全创新（阿里巴巴）</td></tr>
</table>

中国黄页的失败就在于它是一个没有支持性产业的先驱概念。马云汲取了教训，所以再度创业的时候，就非常注意“时机”。1999 年准备开始“阿里巴巴”的时候，他认为电子商务在中国还得再等 3 年，因为银行与配送都没有准备好。于是他就展开了中国模式的 B2B：中小企业互相联结谋合的窗口。一般的电子商务或是任何商务都具备交易前、交易中、交易后 3 个阶段。“交易中”包含资金往来，而“交易后”则包含物流配送，这些在当时的中国都不成熟。于是就只有“交易前”最为可行。于是马云就将“交易前”做好、做大，形成了中国式 B2B 的阿里巴巴。在阿里巴巴做好“交易前”的工作之后，自然就形成了一个庞大的平台，也就顺势囊括了交易中与交易后的生意。

所以，在中国黄页与阿里巴巴的身上，我们可以了解从“潜龙”到“见龙”，是一种创新的过程。这不仅是化蛹为蝶的过程，因为中国黄页与阿里巴巴表示着不同的商业经营方向，也是根据中国环境调整的电子商务操作模式。但如果没有“潜龙”（中国黄页）的过程，马云是否能够智慧地掌握到“见龙”的契机，殊难预料。

附带一提的是，创新管理的一个重要环节是知识管理，而从“潜龙”到“见龙”，也可以说是一种知识管理的过程。“潜龙”是“隐”，而“见龙”是“显”，以知识管理的角度来看，就是将“隐性知识”转化为“显性知识”。这点，我们在《变易:变迁》一节中已经详细说明了。

“九二”之后是“九三”，就到了“君子终日乾乾，夕惕若，厉，无咎”的阶段。白话地说，就是“君子终日努力不懈，到了晚上依然戒慎恐惧，严谨惕励。因此不会发生过错”。从“潜龙”到“见龙”是从沉潜到萌发。而从“见龙”到“九三”，就到了创业的阶段。任何草创的公司，不管是高科技还是传统产业，草创阶段最高的准则就是不眠不休。以马云而言，这大概是从 1999 年 3 月阿里巴巴创建到网络泡沫之前，大约 18 个月的时间。在这 18 个月的时间里，马云的团队不眠不休。《亚洲华尔街日报》形容:“没日没夜地工作。屋子的地上有一个睡袋，谁累了就钻进去睡一会儿。”《富比士》说得好:“马云知道怎样用有限的种子资金坚持更长的时间。”

“九三”之后到了“九四”的“或跃在渊”，我们在之前已经提到了。是在 2000 年网络泡沫化、阿里巴巴面临严峻挑战的时候，进行的一连串组织改造的工作。

到了“九五”，就是“飞龙在天，利见大人”。阿里巴巴真正成为中国网络的巨人。

从《易经》“乾”卦的阶段论来看，阿里巴巴还没有达到“上九”或是“用九”的阶段。2013 年 5 月，马云宣布退休，也许这会展开阿里巴巴的下一个阶段。

我们将马云的历史与《易经》“乾”卦相互对照，一方面从《易经》“乾”卦的“发展阶段论”来更清楚地琢磨这一段网络发展史的轨迹，另一方面则从马云的历史来印证《易经》“乾”卦“发展阶段论”的有效性。任何理论必须经过实证的检验，这点对于任何形式的“阶段论”尤其重要。物理研究的验证是没有回旋余地的：对就是对、错就是错。但在心理学、社会学、管理学、甚至化学，“阶段论”必须要经过反复再三的实证考验。当它对现象可以做合理的解释，人们才会接受它。例如非常有名的马斯洛(Abraham Maslow)的“需求阶段论”(hierarchy of needs)，将人的需求从基本到高级分为生理的、安全的、情感的、尊严的、自我实现的。心理学与管理学根据这个理论进行演绎，都发展出相当实用的心理咨询与管理的法则，马斯洛的“需求阶段论”也因此奠定了权威的地位。

心理学有阶段论，而化学也有类似阶段论的“周期表”。学过化学的人知道，化学元素周期表是按照原子数目来排列的。但是为什么氦(He)、氖(Ne)、氩(Ar)、氪(Kr)、氙(Xe)、氡(Rn)会在同一行，而锂(Li)、钠(Na)、钾(K)、铷(Rb)、铯(Cs)、钫(Fr)又会在同一行呢？基本的原因当然是具有类似属性的化学元素就在同一行，但是，世界上就是充满了巧合，当化学元素按照一定的换行原则，类似属性的元素就会归在同一行。这就是俄国化学家门捷列夫(Dmitri Ivanovich Mendeleev)伟大的发现。他将化学元素按照当前的换行原则进行排列，发现了一定的规律。而且重点是，在许多人怀疑他的“比附”之时，有3个元素的发现，适时地将周期表圆满地填补。这3个元素分别是锗(Germanium, Ge)、镓(Gallium, Ga)以及钪(Scandium, Sc)。这3个元素在门捷列夫发表周期表之前尚未发现，所以一些化学家对他的挑战就是，必须要找到这3个元素，而且他们必须服从门捷列夫周期表之下同一行(族)元素的类似特性。而这3个元素的发现，让批评门捷列夫的人们无话可说。同一时期，德国的梅尔(Julius Lothar von Meyer)也发展了周期表，但梅尔却没有在历史上取得像门捷列夫的地位。为什么？就是门捷列夫根据周期表进行了预测，预测证实了周期表的正确性。

在管理学界也有类似的"阶段论"，那就是诺兰（Richard L. Nolan）的"发展阶段模型"（stages of growth model）。诺兰可以说是信息管理学的先驱。20 世纪 70 年代，他根据信息科技的发展，认为组织的发展可以有着 6 个不同的阶段。分别是初始（initiation）、扩散（contagion）、控制（control）、整合（integration）、数据管理（data administration）、成熟（maturation）。这与"乾"卦的"潜龙勿用""见龙在田""终日乾乾""或跃在渊""飞龙在天""亢龙有悔""群龙无首"确有几分神似。《易经》的阶段论经过了几千年，证实是一套博大精深的预测理论。但是中国《易经》的阶段论有几分是诺兰所没有的。第一，它强调阴阳的交替，也就是从隐性（潜龙勿用）转为显性（见龙在田）的过程。现代知识管理在数千年之后才惊觉到这种转化的重要性。第二，在"成熟"（飞龙在天）之上，"乾"卦更有着"亢龙有悔"这样的一种循环式的谕示。这不仅是道德上要人虚怀若谷，更重要的是为了组织的长治久安，也必须经历过一定时期的"悔"。我们曾经提过，1982 年，彼得斯（Tom Peters）与瓦特曼（Bob Waterman）出版了一本书：《追求卓越》（*In Search for Excellence*）。书中列举了 43 家卓越公司，但数年之后，1/3 的公司陷入财务危机。这并不是作者有眼无珠，而是商场就是大浪淘沙。不仅不进则退，而且昨日成功往往就正是今日失败的因子。所以说，如果企业希望永续的话，"悔"应该是企业发展的阶段之一。"悔"就是不断地反省，不断地在成功与失败之间进行辩证性的思考，不断地在赚钱之外想着企业应尽的社会责任。

第三，在"上九"之上，还有个"用九"："见群龙无首，吉。"这又是西方阶段论者完全无法想象得到的。从占卜的程序来看，"用九"就是六个爻都是"老阳"。以最简单的掷钱法来说，也就是 3 个铜板 6 次投掷都是背面。通常当两个背面、一个正面是"少阴"，但全是背面却成了"老阳"。这就是《易经》的特殊的辩证法。"用"其实可以解释成"使用""运用""利用”。“用九”里面有着“群龙”，所以“用九”就是运用管理群龙的方式，而这方式不是阳刚，却是由“极阴”（六个背面）所辩证而成的“老阳”，让群龙们各显身手。所以说“见群龙无首，吉。”

《附录》——《易经》“乾”卦全文

乾：元、亨、利、贞。

彖辞：大哉乾元，万物资始，乃统天。云行雨施，品物流形。大明始终，六位时成，时乘六龙以御天。乾道变化，各正性命，保合大和，乃利贞。首出庶物，万国咸宁。

象辞：天行健，君子以自强不息。

表 13－2　“爻辞”与“小象辞”发展阶段论

爻辞	小象辞
初九：潜龙，勿用。	潜龙勿用，阳在下也。
九二：见龙在田，利见大人。	见龙在田，德施普也。
九三：君子终日乾乾，夕惕若，厉，无咎。	终日乾乾，反复道也。
九四：或跃在渊，无咎。	或跃在渊，进无咎也。
九五：飞龙在天，利见大人。	飞龙在天，大人造也。
上九：亢龙有悔。	亢龙有悔，盈不可久也。
用九：见群龙无首，吉。	用九，天德不可为首也。

《文言》曰：“元”者，善之长也；“亨”者，嘉之会也；“利”者，义之和也；“贞”者，事之干也。君子体仁足以长人，嘉会足以合礼，利物足以和义，贞固足以干事。君子行此四德者，故曰“乾：元、亨、利、贞”。

初九曰：“潜龙勿用”，何谓也？子曰：“龙、德而隐者也。不易乎世，不成乎名，遁世无闷，不见是而无闷。乐则行之，忧则违之，确乎其不可拔，潜龙也。”

九二曰：“见龙在田，利见大人，”何谓也？子曰：“龙德而正中者也。庸言之信，庸行之谨，闲邪存其诚，善世而不伐，德博而化。”《易》曰：“见龙在田，利见大人，君德也。”

九三曰:“君子终日乾乾、夕惕若、厉、无咎”。何谓也?子曰:“君子进德修业,忠信,所以进德也,修辞立其诚,所以居业也。知至至之,可与几也,知终终之,可与存义也。是故居上位而不骄,在下位而不忧,故乾乾因其时而惕,虽危无咎矣。”

九四曰:“或跃在渊,无咎。”何谓也?子曰:“上下无常,非为邪也。进退无恒,非离群也。君子进德修业,欲及时也,故无咎。”

九五曰:“飞龙在天,利见大人”。何谓也?子曰:“同声相应,同气相求。水流湿,火就燥,云从龙,风从虎,圣人作而万物覩。本乎天者亲上,本乎地者亲下,则各从其类也。”

上九曰:“亢龙有悔”,何谓也?子曰:“贵而无位,高而无民,贤人在下位而无辅,是以动而有悔也。”

“潜龙勿用”,下也;“见龙在田”,时舍也;“终日乾乾”,行事也;“或跃在渊”,自试也;“飞龙在天”,上治也;“亢龙有悔”、穷之灾也。乾元“用九”,天下治也。

“潜龙勿用”,阳气潜藏。“见龙在田”,天下文明。“终日乾乾”,与时偕行。“或跃在渊”,乾道乃革。“飞龙在天”,乃位乎天德。“亢龙有悔”,与时偕极。乾元“用九”,乃见天则。

“乾”“元”者,始而亨者也。“利贞”者,性情也。乾始能以美利利天下,不言所利,大矣哉!

大哉乾乎!刚健中正,纯粹精也。六爻发挥,旁通情也。“时乘六龙”、以“御天”也,“云行雨施”、天下平也。君子以成德为行,日可见之行也。“潜”之为言也,隐而未见,行而未成,是以君子“弗用”也。

君子学以聚之,问以辩之,宽以居之,仁以行之。《易》曰“见龙在田、利见大人”,君德也。

九三重刚而不中,上不在天,下不在田,故“乾乾”因其时而“惕”,虽危“无咎”矣。

九四重刚而不中,上不在天,下不在田,中不在人,故“或”之。“或”

之者、疑之也，故“无咎”。

夫“大人”者、与天地合其德，与日月合其明，与四时合其序，与鬼神合其吉凶，先天而天弗违，后天而奉天时。天且弗违，而况于人乎？况于鬼神乎？

“亢”之为言也，知进而不知退，知存而不知亡，知得而不知丧。其唯圣人乎！知进退存亡而不失其正者，其唯圣人乎！

第十四章

《易经》的宏观与微观创新思想——以稻盛和夫管理哲学佐证

从事管理工作久了都知道，不管管理方法再高明，环境参数的改变，势必造成管理方法、决策过程的改变。因此，如何适应变局，是每个管理者都必须思考的问题。这就是为什么我们要讨论《易经》与创新。可以这么说，创新就是适应变局的方法论。而《易经》是这方法论的其中一种，而且是非常具有逻辑性的一种。

当下已经有些前辈进行了《易经》与管理的探讨，但目前为止，并没有人提出《易经》与创新的关联。其实，《易经》可以看成是一部创新之书。《易经》的英文翻译是 *The Book of Change*——变化之书。司马迁在《史记》提到："《易》着天地阴阳、四时五行，故长于变……"而创新就是求变。这些简单的词句都可以表明，在本质上，《易经》本身就是一部关于变化，并且在变化中求创新的书。我们当然还可以找到许多《易经》在于求变的词句，但在此先不一一举例。

《易经》与创新是一套体系，要全方位了解并不容易。但我们可以掌握几个简单的重点。首先，要从前人未发现的角度来了解《易经》。我们在此说的是创新，而这个主题从《易经》成书开始，并没有受到重视，即使今人开始谈论《易经》与管理，但熟悉创新的人都可以体会，创新与管理是相关的概念，但它们绝对不能等同，甚至于还有互相抵触的地方。例如，管理有时强调纪律，但创新一旦在纪律之下被规范化，那几乎就与创新绝缘了。

第二，既然《易经》在本质上就是创新之书，那我们就要从易理的脉络中、从实际的例子中去认识《易经》所说的创新的道理。《易经》阐述的创新道理很多，前几章已经介绍了。本章要阐述的是《易经》发展了一套对于万事万物的宏观的、总体的思想。我们可以说是"天道"。接着在这些总体思想的安排下，衍生了较为微观的、个体的人生哲学。我们可以说是"人道"。《易经》并且认为这套哲学体系可以转化为事功，也可以说是一种管理哲学。而这套管理哲学的发挥之处，就是创新。

笔者将会以稻盛和夫[①]的经营管理做例子，来看看到底《易经》可以在创新上给我们什么启示。我们可以先提示一下。稻盛和夫的管理哲学可以分为两面：一是基本的做人原则，二是阿米巴变形虫组织。做人的基本道理与中国文化的关系是不言而喻的，因为许多人认为，儒家哲学就是道德哲学。但这样看问题了无新意，而且儒家哲学绝对不仅仅是道德哲学。从《易经》谈到阿米巴组织，其实是从《易经》的哲学体系观照现代企业成功之道；而此成功之道，就在以《易经》为基础的创新理论当中。而且，我们也将看到，稻盛和夫的做人道理与以阿米巴为代表的创新思维，又是有着一而二、二而一的不可分的关系。

那现在就让我们来看什么是《易经》。《易经》简单说就是中国古人了解世界的系统方法。上古时代没有文字，先民就创造了结绳记事。[②]但结绳所能记的事毕竟非常有限，于是就发展了两套系统。一套就是文

① Inamori Kazuo.

② 《系辞传》："上古结绳而治，后世圣人易之以书契，百官以治，万民以察，盖取诸夬。""古者包牺氏之王天下也，仰则观象于天，俯则观法于地，观鸟兽之文，与地之宜，近取诸身，远取诸物，于是始作八卦，以通神明之德，以类万物之情。"

字，而另外一套就是八卦，也就是《易经》的根本。文字用来记录已经发生的事或日常可以沟通的事。但在上古时代或即使到了现代科学可以预测天气的时代，人们还是有许多无法理解或掌握的事。即使现代的天气预报相对准确，也没有任何科学系统可以完全掌握台风动向。而这种对于人们无法预知的事，先民就发展八卦、发展《易经》，用《易经》的话来说，就是“以通神明之德，以类万物之情”。简单说，就是八卦的功用，上可融通天地造化，下可区分万事万物，所以可以用来预测未来、断定吉凶。

《易经》以阴阳为基础，发展出八种基本元素，也就是八卦。所谓“太极生两仪，两仪生四象，四象生八卦。”这八卦分别是乾、兑、离、震、巽、坎、艮、坤。

这八卦以八个卦象为代表，每个卦象是 3 条线。这八卦的名词与顺序是必须要知道的，但它们的卦象不必强记。以下这张图与表格可以帮助我们记忆卦象、与了解八卦。我们先看图 14－1。

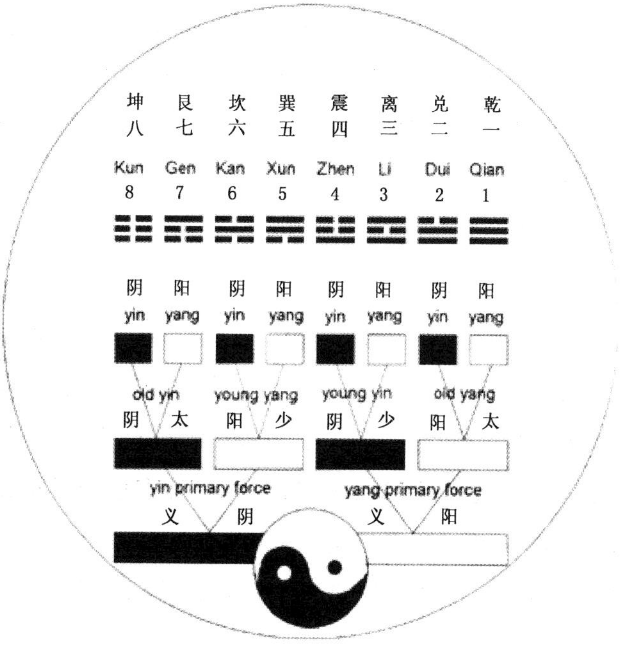

图 14－1　太极两仪四象八卦图

这张图分为三层，由下而上分别是太极的阴阳两仪、四象然后是八卦。每一层都是左阴右阳。例如兑卦就是阳阳阴，也就是☱。我们再从两仪往上看——阴阳阴，就成了☵，也就是“坎”卦。

我们再看一份表格。如表 14—1 所示。

表 14—1　　八卦符号二进制表

乾	Qían	☰	111
兑	Duì	☱	110
离	Lí	☲	101
震	Zhèn	☳	100
巽	Xùn	☴	011
坎	Kǎn	☵	010
艮	Gèng	☶	001
坤	Kūn	☷	000

这张表格显示，八卦的排列符号是一套二进制的数学系统。以直线“⚊”代表一，以缺线“⚋”代表零，就是从 111 到 000。注意卦象是从下往上看的。所以“兑”卦的数字序列是 110。如果有人问 010 是什么。010 在此一二进制中是第六位，所以就是“坎”卦。

按照以上两种排列说明，先天八卦[①]可以画成我们经常看见的八卦图，如图 14—2 所示。

从“乾”卦到“坤”卦不仅是一个象征圆满与变动的圆形，而且是具有成长因子的螺旋顺序。我们先看左方由上而下分别是乾、兑、离、震。之后就如同螺旋般地到了右上方的巽，然后往下是坎、艮、坤。大家如果接触创新或是管理理论就可以发现，许多模型是螺旋形，表示生长—凋零—再生长的过程。这其实就是《易经》的一个重要的道理——“生生不息”。用现代管理学的话来说，就是永续经营。现代人

① 另有后天八卦，按照地理方位排列。在此不叙。

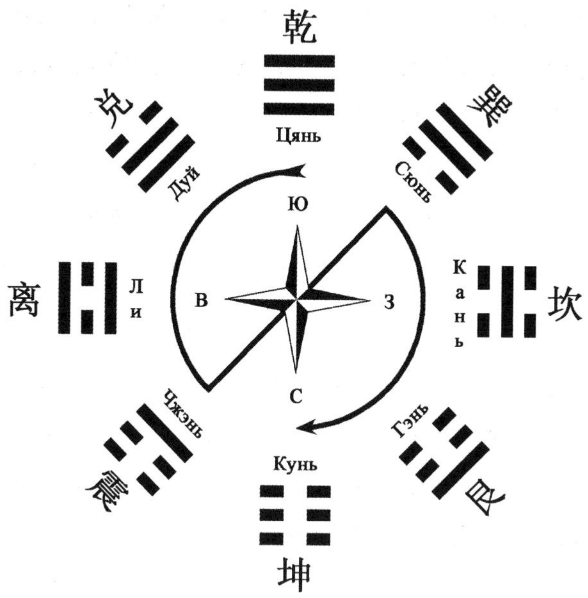

图 14—2　先天八卦图

谈永续经营的时候往往只是简单地认为不要让组织走向死亡，或是条条块块地举出永续经营的原则。《易经》则是从本体、生命成长的角度解释永续，用八卦图表示永续的有机性、圆满、生生不息。这“生生不息”是具有深刻的意义的。为什么是生生不息而不是生而不息呢？一方面“生生”二字表示创生生命，而不是产生对象。摆在管理上，就是说组织应该是个生机盎然的生命体。既然如此，死板而僵化的制度就是最不好的管理方式。

另一方面，先秦儒家在阐述“生生”的时候，是这样说的：“富有之谓大业，日新之谓盛德，生生之谓易，成象之谓乾，效法之谓坤。”①在形容《易经》最高的道德境界的时候，先秦儒家以“富有”来形容物质生命，以“日新”来形容精神生命。“富有”容易理解，但什么是“日新”呢？《大学》(*The Great Learning*)说，“苟日新，日日新，又日新”，意思就是要不断

---

① 《易经·系辞传(上)》。

地创新。而且八卦的有机性也显示,这"日新"是创造发育出新的生命、新的气象,而不是复制旧有的东西。这其实也是创新的真谛。

我们再从八卦往下讲,八卦相叠,就成了六十四卦。简单来说,就是代表着六十四种不同的情境。原本八卦的三个爻,一重迭,就成了六个爻。例如六十四卦中的第三卦是"屯"①卦,卦象是䷂,其实就是八卦中的震卦在下面,坎卦在上面,下震上坎。这六个爻从下到上,既是六个不同的位置,也是六个不同的时段。也就此衍生出《易经》中"时"与"位"两种不同的概念。"位"就是六个爻的位置,"时"就是从最底层的"初"到最上层的"上"六个阶段。刚才提到的"屯"卦,从下到上的六个爻是初九(阳爻就用九),六二(阴爻用六),六三,六四,九五(这里又是阳爻),最后是上六。这就是"初"到"上"的六个阶段。

相传周文王为每一个卦写了卦辞,也为每个卦的每一个爻写了爻辞。这卦辞加爻辞就成了《易经》的主体。例如,真正《易经》里关于"乾"卦的内容,应该如表14—2,卦辞只有"元、亨、利、贞"四个字。

表14—2　　《易经》的书写架构

乾	䷀	乾上 乾下
乾:元、亨、利、贞。		
	初九:潜龙,勿用。	
	九二:见龙在田,利见大人。	
	九三:君子终日乾乾,夕惕若,厉,无咎。	
	九四:或跃在渊,无咎。	
	九五:飞龙在天,利见大人。	
	上九:亢龙有悔。	
	用九:见群龙无首,吉。	

① 音同"谆"。

但是，我们现在讲的《易经》不只是卦辞与爻辞，还包括诠释《易经》整体、卦辞与爻辞的“十翼”。请看表 14—3。

表 14—3　　《易经》的书写架构

乾	䷀	乾上 乾下
乾：元亨利贞。		
象传：	大哉乾元，万物资始，乃统天。云行雨施，品物流形。大明始终，六位时成，时乘六龙以御天。乾道变化，各正性命，保合大和，乃利贞。首出庶物，万国咸宁。	
象传：	天行健，君子以自强不息。	
	初九：潜龙，勿用。	
象传：	潜龙勿用，阳在下也。	
	九二：见龙在田，利见大人。	
象传：	见龙在田，德施普也。	
	九三：君子终日乾乾，夕惕若，厉，无咎。	
象传：	终日乾乾，反复道也。	
	九四：或跃在渊，无咎。	
象传：	或跃在渊，进无咎也。	
	九五：飞龙在天，利见大人。	
象传：	飞龙在天，大人造也。	
	上九：亢龙有悔。	
象传：	亢龙有悔，盈不可久也。	
	用九：见群龙无首，吉。	
象传：	用九，天德不可为首也。	

《十翼》是用来解释《易经》的道理，又称为《易传》。内容包括：《象传》上下、《象传》上下、《系辞传》上下、《说卦传》、《序卦传》、《杂卦传》及《文言传》等十部文章典籍的总称，相传是孔子与其弟子所作。

如同表 14—3 所显示，象辞是解释卦辞，象传有两种：大象传解释卦辞，小象传解释爻辞。“十翼”非常重要。没有“十翼”，《易经》就只有卦辞与爻辞，也就是只有占卜的作用。有了“十翼”之后，《易经》才真正成为一套思想体系。

我们就以“乾”卦来说。“乾”卦的卦辞很简单，就是“元、亨、利、贞”四个字。很明显，卜到这个卦，代表了吉祥。但什么是“元、亨、利、贞”呢？这只有到了“十翼”中的“彖辞”才赋予了哲学、人生、道德、天道上的意涵。也就是从“大哉乾元，万物资始，乃统天”，到“首出庶物，万国咸宁”的一段话。

> 彖辞：大哉乾元，万物资始，乃统天。云行雨施，品物流形。大明始终，六位时成，时乘六龙以御天。乾道变化，各正性命，保合大和，乃利贞。首出庶物，万国咸宁。
>
> 大象辞：天行健，君子以自强不息。

这“彖辞”与“大象辞”的搭配挺有意思的。我们至少有两点可以观察：

首先，它们提示了《易经》所要阐述的天道——“万物资始”，就是指“乾”创生万物。以西方基督教哲学来看，就是《圣经·创世纪》(Genesis)。但中国哲学并没有设定一个造物主，然后由他来创造世界。中国哲学是将创造孕育天地的过程归结于自然。所以《易经》说“天地氤氲[1]，万物化醇[2]”。“氤氲”就是阴阳两气混沌交互的现象，所以是一种自然主义。现代科学也有所谓的“宇宙大爆炸”(big bang)、爆炸之后宇宙充满了“混沌气云”(primordial gas clouds)，从而产生宇宙万物的说法。而《老子》也说“道法自然”。这就是《易经》与当代科学接近的一套解释宇宙生成的宇宙论(cosmology)。除了用“万物资始，乃统天”来解释“元”之外，《易经》的彖辞也解释了亨、利、贞。参照当代哲学家吴怡的解释，亨，是指“大明终始”，也是指天道的周流不息。利、贞，是指“各正性命，保合太和”，也就是说人禀天道，各得性命之正；而人能保此性命之

---

① 音 yin yùn。

② 《系辞传(下)》吴怡《易经系辞传解义》《导读》。

正，便可与天道相和相合。[1]”附带一提的是，中国文化中所称的“性命”，并不仅仅是“生命”(life)，而是天地的性格。什么是天地的性格？这就回到我们刚才所说的，“生生不息”的“生”。所以《易经》又说，“天地之大德曰生”[2]。

从彖辞对亨、利、贞的解释中我们又可以知道，《易经》不仅是提出一个简单的宇宙生成说(万物资始、天地氤氲)，还要从而赋予天道一些特性，并且还谕示了人与天道的相合与相和。请注意，一个是“合”，表示结合、配合；一个是“和”，表示和谐。也就是说，要能够与天道相合和，人就要有所作为，这就是“大象传”的一句我们熟知的话：“天行健，君子以自强不息”。由于“乾”卦象征的是天，就是我们现在知道的宇宙。而宇宙至少在非常长的时间——137.7 亿年的时间里，是不停止地在生长的。所以从天道来对照人道，就是自强不息的精神。

其次，我们之前提到“十翼”，其中的“大象传”和“彖辞”一样，是用来解释“卦辞”的。各位不妨再看一下“乾”卦的“彖辞”和“大象传”：

> 彖辞：大哉乾元，万物资始，乃统天。云行雨施，品物流形。大明始终，六位时成，时乘六龙以御天。乾道变化，各正性命，保合大和，乃利贞。首出庶物，万国咸宁。
>
> 大象辞：天行健，君子以自强不息。

这“彖辞”与“大象辞”的搭配挺有意思的。我们如果读过经济学就知道，经济学分为宏观经济学与微观经济学；又称为总体经济学与个体经济学。这“彖辞”可以说是作为宏观总体的观照、就是告诉我们《易经》的天道。《乾》象征天，有其天道，而其他六十三卦也都借着“彖辞”，发挥了宏观的哲学思想；而“大象辞”则从宏观的哲学思想中，衍生出一套微观的个体准则。

---

① 吴怡《易经系辞传解义》《导读》。

② 《系辞传(下)》宋儒张载所言。俗称“横渠四句”，因张载为陕西凤翔郿县(今陕西眉县)横渠镇人。原出于《宋元学案·横渠学案(上)》。

例如“坤”卦说：“至哉坤元，万物资生，乃顺承天。”是一套生长体系。而其“大象传”就说：“地势坤，君子以厚德载物。”又从一套总体的观照，贯串成为人道思想，教育学者要能厚德载物——累积德性，兼容并蓄，海纳百川。这样的总体与个体的配对，贯串《易经》所有的六十四卦。第三卦象征萌芽的“屯”的“彖辞”说：“屯，刚柔始交而难生，动乎险中，大亨贞。”“大象传”就说：“君子以经纶”。第四卦象征启发童蒙的“蒙”说：“蒙，山下有险，险而止，蒙。蒙亨，以亨行时中也。”“大象传”就说：“君子以果行育德”。一直到最后一卦“未济”，“彖辞”说：“虽不当位，刚柔应也”。“大象传”就说：“君子以慎辨物居方”。

讲到这里，我们先可以用《易经·系辞传》的一段话做个小结：“形而上者谓之道；形而下者谓之器；化而裁之谓之变；推而行之谓之通；举而错之天下之民，谓之事业。”在我们说明宏观微观、总体个体、天与人之间的易理之后，各位应该就可以领悟这段文字的前两句了。有趣的是，《易经》并没有就此而止。它还说：“化而裁之谓之变；推而行之谓之通；举而错之天下之民，谓之事业。”也就是说，从天人之道下来，《易经》要阐述的是创新的理论（化而裁之谓之变）与创新的实践（推而行之谓之通），并且还有就是管理的道理（举而错之天下之民，谓之事业）。所以，《易经》不仅仅可以当成管理与创新的参考，而且它根本就是管理、创新之书。甚至可以说，不能从《易经》理解管理与创新的道理，《易经》只懂了一半。

在提出一套抽象的思维之后，《易经·系辞传》认为，还有创新理论、创新实践、管理学需要探讨。所以《系辞传》在解释什么是“易”的时候就说：“夫易，开物成务。冒天下之道，如斯而已者也。”这句话甚至有点将《易经》的天道、人道取鱼忘筌的意思，直接从事功的角度看《易经》，认为就是开创与成就事业。从比较传统意义上来看，这事业包括“为天地立心，为生民立命，为往圣继绝学，为万世开太平”[①]的情操理想。并且也

① 宋儒张载所言。俗称“横渠四句”，因张载为陕西凤翔郿县（今陕西眉县）横渠镇人。原出于《宋元学案·横渠学案（上）》。

包括我们现在所说的企业。《易经》怎么会讲到企业？这是不是我们穿凿附会？绝对不是。在《系辞传(下)》第二章就对“开物成务”有所说明，列举出当时各个行业，包括农业、渔业、商业、交通等。我们方才提到张载的“为天地立心”，这是中国历史上在宋代对于易理的发挥。其他各朝代也有发挥。但是《易经》明明写着“开物成务”、也明明做了行业分析，历代各家都忽略了。所以说从创新、从管理的角度来探索《易经》，是“为往圣继绝学”的工作。这项工作的意义从历史上来看是有凭有据的。而既然是“为往圣继绝学”，就要从文化的底蕴中去探索，而不是凭空瞎说。

从以上的逻辑可以知道，《易经》与管理或是《易经》与创新，在中华文化当中是门传承的学问，古人说：“仁以为己任，不亦重乎?”就表示这些都是很大的题目，需要相当的功夫探究。我们今天就仅仅从稻盛和夫的管理哲学来简单地谈一下这个题目，作为将来全面讨论的入门。我们先简单地介绍一下稻盛和夫。除了我们的介绍之外，网络上也有许多信息。稻盛和夫有两大传奇。第一是开创了两家全球五百大的企业：京瓷与KDDI。另外就是重整在2010年宣布破产的日本航空。稻盛和夫受到日本政府的委托，以78岁高龄领导该公司，并于次年让日航的利润达到历史最高点，并在2012年重新上市。稻盛和夫自己归纳出两大管理原则：一是“大义”，二是阿米巴(Amoeba)组织。

我们先来谈大义。大义简单说就是稻盛和夫归纳出的道德原则，作为指导企业经营者的方针。稻盛和夫将道德原则归纳为“六项精进”与“十二条原则”。企业经营者具备这些德性，就会感召部属，使得全公司具有“大义”。

道德作为一个健全社会的基本要求，自然不应该从功利的角度来审视。但道德与公司治理确实有逻辑上的关联。这点，稻盛和夫自己阐明得非常清楚：他坦承当年创立京瓷时，其实只是单纯想让自己的技术问世，“这样的话，公司的目标就会和个人私心、利益纠结在一起，这样的公司是没办法上下一心的”。经过反省，稻盛和夫提出以“追求全体员工物

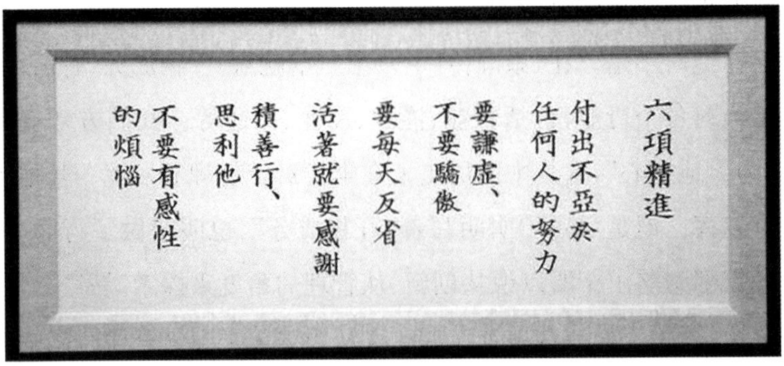

图 14—3　道德原则之六项精进

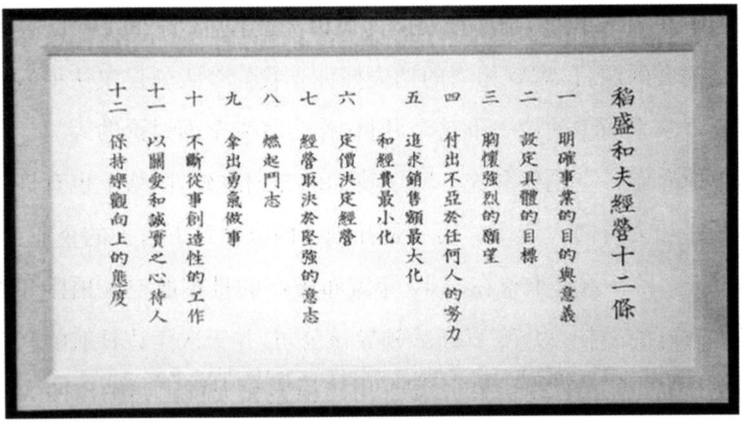

图 14—4　道德原则之十二条原则

质与精神两方面的幸福”作为企业目标。这也是稻盛和夫创业生涯重要的转折点。此一目标让企业员工才不会觉得自己只是为一点点薪水卖命，而好处都让大老板拿去。我们不能说为一点点薪水卖命的就不是人才。但绝对可以肯定的是，当人才被迫不得不为五斗米折腰，人才也将钝化。相反地，如果公司员工都觉得自己的努力可以提升自我在物质与精神上的价值，公司也会因而达成企业目标。

而阿米巴组织可以说就是稻盛和夫将上述“大义”管理理念具体化成显性的组织架构。网络上对于稻盛和夫的阿米巴组织已多有介绍。

简单说，就是将组织细分成许多个微小的集团，每个集团都是独立的运作单位，集生产、会计、经营于一体，并且自成一个利润中心。就像是阿米巴变形虫一样：可以不断地裂解，而裂解之后的每一个小单位都是独立的生命。为什么这种阿米巴式的经营方式会为人称道，尤其在今天呢？原因其实非常简单，就是企业主到底希望员工是“听话的猪”，还是会思考的行动家？如果是后者，那就应该充分授予员工自主权，如此才能充分激发员工的潜能。为什么员工成为会思考的行动家比成为“听话的猪”要好？这首先可以从美国的制度史来看。美国民主政治的特性就在于尊重每个人、国家组织从建国开始就是散漫的聚合。这样的组织架构大大地区别于人类以往历史的皇权，也是造就美国成为世界第一流国家的根本道理。其次，当前是个不创新即有可能被淘汰的时代，员工潜能的激发更为重要。谷歌就是最好的例子。关于谷歌的经营管理网络上也多有报道，笔者在此也不予赘述。现代人的教育程度提高，至少比几十年前更具有专业知识，自主意识也与以往大为不同。如果将人才当成螺丝钉，而不是当成企业的资产，这样的企业是很难动员员工的脑力资源的，也就谈不了创新，长远来看也就没有竞争力。

我们一直强调阿米巴组织的优越性，那么如何建立这样的组织架构呢？这就回到了我们谈到的稻盛和夫第一个管理原则：“大义”。中国有个词，叫作“德行”，将道德与行为合成一个词。这个词也是从《易经》而来的。《易经》的《节卦・大象传》说：“君子以制数度，议德行”。“德”“行”两字并列，表示有德才可以行。无德便不能行。然而，中国思想在谈德行的时候，大多从个人的道德修养来谈“君子之道”，却忽略了“管理”也是“君子之道”要考虑的方面。这是我们今人必须补充的地方。刚才《易经》的话前半段不是说了吗？“君子以制数度”。换言之，《易经》这句话简单地建立了“制度—德—行”的关联。从稻盛和夫的实例来说，他的“制度”就是建立在“德”与“行”的互动关系之上。我们可以图 14－5 表示。

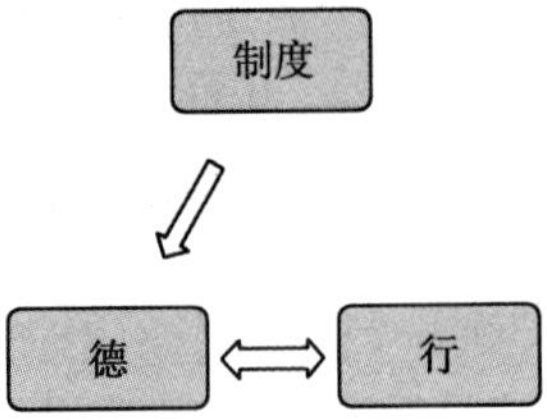

图 14—5 《易经》“制度—德—行”的关联图

如果我们了解“节”卦的卦义就知道,《易经》哲学并没有要求君子要节衣缩食、做苦行僧。它说:“苦节,不可贞。”反而是说如果成了苦行僧,就不吉祥了。这个“节”与其说是节制,不如说是调节。《易经》的“节”卦要我们做到的是“说[①]以行险,当位以节,中正以通”:在喜悦中进行冒险的工作,但是在既定的目标下步步为营,并且不偏不倚地行动着。这不就是创新者的基本态度吗?而要让这样符合中庸之道的创新实践能够不逾矩,就必须有一定的制度作为最基本的公约数。制度不是僵化人的,就如同“节”卦所说,“苦节,不可贞”。僵化的制度反而不符合《易经》的精神,因为没有在“当位以节,中正以通”的条件下“说以行险”。所以我们说,制度是基本的公约数,也就是一般俗话说的,法律没有规定的,都可以做。一旦公约数制定之后,求的就是发展。

我们回到稻盛和夫的制度——以“大义”为体、“阿米巴组织”为用,以做到“说以行险,当位以节,中正以通”。而“大义”的内涵就是“六项精进”与“十二条原则”,也就是公司的最大公约数。公司以此最大公约数为基础,“说以行险”。这整套商业模式,就是“君子以制数度,议德行”。为什么“制数度,议德行”会在一起说呢?以美国来说,美国如果将道德拿掉,这个国家的许多制度是不可能执行的。例如最简单的就是退货。美国所有公司当然会将退货列为公司的潜在成本,所以容许退货。但如果每个人都将婴儿车、西装等商品用一次之后就蓄意退货、免费享用,那

① 音同“悦”。

美国这套消费福利也就不可能执行。所以诚实是美国这个国家的最大公约数。而对于稻盛和夫而言，“六项精进”与“十二条原则”不仅是道德的期许，更是最大公约数，在这个最大公约数之上，建立起阿米巴组织，达到透明考核、公平竞争、高度效率、激发潜能、良性互动等组织目标，也就是“德行”中的“德”。这些都是成功建立阿米巴组织的要件。阿米巴成立之后，人才得以发挥，以达成创新，也就是“德行”中的“行”。所以在制度之下，以“德”为体，以“行”为用，最终达到“节”卦的最高境界：“天地节而四时成，节以制度”。如同美国这套激发人类潜能的制度，如果没有基本的道德就无法建立一样，没有了“六项精进”与“十二条原则”，阿米巴组织反而是在大组织内形成群雄争霸。而在另外一方面，即使公司员工在进入组织之前并没有“六项精进”与“十二条原则”或其他道德意识，进入组织之后见贤思齐，也将符合最大公约数的要求。

我们最后做个简单的结论。本书立论了《易经》从宏观与微观的角度诠释了创新，这就是“彖辞”与“大象传”的互为所用。而其中的“节”卦又说明了这个形而上的宏观与微观思想的实践方法，就是“君子以制数度，议德行”。而在德与行结合的原则之下，说明了具体的行动方略（例如“说以行险”）。其中发挥一连串道理最好的证据，就是稻盛和夫的经营哲学。